LEARNING SPANISH THE MODERN WAY. 2

SECOND EDITION

EDIN BRENES

MARGARET ADEY

GEORGE E. SMITH

JAMES E. McKINNEY

Revised by PROTASE E. WOODFORD

LEARNING SPANISH THE MODERN WAY

SECOND EDITION

2

WEBSTER DIVISION, McGRAW-HILL BOOK COMPANY
St. Louis · New York · San Francisco
Dallas · Toronto · London · Sydney

ACKNOWLEDGMENTS

The planning, development and publication of the second edition of *Learning Spanish the Modern Way* were carried out with the assistance of many individuals who are experts in one or more aspects of modern foreign language instruction. The authors wish to express their appreciation to Mrs. Josephine Bruno Pane, Lecturer in Methods, Rutgers University, New Brunswick, New Jersey, to Thomas Kelly, Language Laboratory Director, Somerville High School, Somerville, New Jersey, and to Mr. Edward Reyes, Coordinator of Foreign Languages, Bassett Unified School District, La Puente, California, for their many helpful and valuable suggestions.

Illustrations: Lee W. Brubaker

LEARNING SPANISH THE MODERN WAY. 2

ISBN 07-007558-1

6 7 8 9 10   VH   76 75 74 73 72 71 70

ABOUT THE AUTHORS

Edin Brenes is Professor of Spanish at Purdue University. A native of Costa Rica, he is the author of several books which are widely used in high school and college Spanish courses.

Margaret Adey teaches Spanish in the William B. Travis High School in Austin, Texas, where she pioneered in the introduction of language laboratories. Mrs. Adey is also Director of the Spanish Workshop in Monterrey, Mexico, and is past president of the Austin Chapter of the AATSP.

George E. Smith is Director of the Indiana Language Program at Indiana University. In 1959 and 1960, Dr. Smith was Supervisor of Foreign Languages for the Title III NDEA Program in Indiana. He has also served as Consultant to the U. S. Office of Education. Dr. Smith has been President of the Department of Foreign Languages of the NEA and was Director of the NDEA Institute for State Supervisors of Foreign Languages during the summer of 1966.

James E. McKinney is Chairman of the Department of Foreign Languages at Western Illinois University. A former high school teacher in Texas and Illinois, Dr. McKinney has also served as Head Supervisor of the Foreign Language Teacher Training Program at Purdue University.

Protase E. Woodford is Associate Examiner of Foreign Languages with the Educational Testing Service, Princeton, New Jersey. Mr. Woodford has taught all levels of Spanish from elementary through college. He was a demonstration teacher at the University of Texas during the NDEA Institute of 1965. During his career, Mr. Woodford has served as chairman of foreign language departments in New Jersey high schools and has been a member of the College Entrance Examination Board Spanish Achievement Test Committee.

PREFACE

Learning Spanish the Modern Way is a fully articulated audio-lingual-visual system of language learning materials of which the student text is the indispensable core. This second edition of the second level text and the accompanying annotated Teacher's Edition, tape program, workbook, motion pictures and tests constitute a complete introductory course which is challenging to the student, stimulating to the teacher and flexible enough to allow for a wide variety of activities and applications in the secondary school curriculum.

The principal goal of foreign language study is to learn to communicate one's thoughts, needs, wants and reactions in another language. *Learning Spanish the Modern Way* is designed to ensure rapid acquisition of the listening, speaking, reading and writing skills necessary for meaningful communication in both spoken and written Spanish. It presents the student with a highly structured, logical sequence of opportunities to learn, to practice and to use Spanish in a stimulating and enjoyable context. It invites and allows the teacher to participate to the maximum degree and to adapt the content and format to the needs of varying classroom situations.

Spanish, whether spoken or written, is more than a discipline to be studied as part of a secondary school learning sequence. It is the language of nations whose people use it to communicate the events of everyday life and it is the language of a rich culture. *Learning Spanish the Modern Way 2* continues to give students an appreciation based on understanding of that cultural heritage and of that special quality which is the Spanish-speaking world.

At the beginning of the text there is a comprehensive review of all the structural material presented in level 1. *Lección quince* is repeated at the beginning of level 2 for added continuity.

Since the listening-speaking progression is established in level 1, level 2 reinforces the listening-speaking skills through reading-narratives which deal with the many interesting aspects of Hispanic culture. All of the units are organized according to the following plan.

Reading-narratives are the vehicles for the initial presentation of vocabulary and structure patterns. They also serve to introduce information concerning the Spanish-speaking world. The reading-narratives are accompanied by drawings or photographs which are visual cues for rapid understanding of the context. They are also accompanied by comprehensive checks in the form of brief questionnaires. Side notes with the reading-narratives define specific words and expressions and help to expand vocabulary acquisition.

Expansión is a series of drills based on lines of the reading-narrative. They are designed to expand vocabulary and to point out structural patterns to be drilled in the structure section.

Estructura treats each of the major structural points presented in the reading-narrative. A varied series of oral exercises including substitution drills, transformation drills, question and answer drills and guided conversation drills provides ample practice in each specific point and leads to a brief grammatical generalization in English. A test drill serves as a final check before moving to the next item. Each chapter also contains review sections covering structures presented previously.

An additional narrative is found in each unit. These narratives are usually more challenging than the previous reading-narratives of the unit. These serve to provide additional information concerning the history, geography, art and literary achievements of the Hispanic world. To assist the student, certain key words from these selections are presented for study prior to reading the narrative. These words or expressions are defined in Spanish and are presented in the order in which they appear in the text. A questionnaire follows this narrative.

Para escribir consists of exercises especially designed for making the transfer from the spoken to the written forms of the language. Special attention is given to the vocabulary and structures which are presented within the lesson just completed.

Para conversar appears at the end of each unit. This short dialog serves to introduce vocabulary of a very conversational nature and provides a balance between everyday expressions and the more sophisticated language of the reading-narrative.

Verb charts, Spanish-English vocabulary and a grammatical index are included at the end of the text.

TO THE STUDENT

You are about to continue on your exciting adventure of learning a foreign language. Remember that the rewards to be reaped in speaking a language other than your own are infinite. A language helps in many careers and is a great asset to anyone who ever travels to a foreign country. With the jet age in which we live it is highly probable that you will have the opportunity to visit another country.

Knowledge of another language opens to you a new world where you come to understand people who live and think differently from you. To be able to communicate fluently with a person from a foreign country in his own language is exciting. Seek out Spanish-speaking people in your area and attempt to speak with them. You will find it fun. They will appreciate it too since you are striving to learn the language of which they are so proud.

Much of the work you will do in second year Spanish will be quite different from the work you did in first year. You will now be asked to read many more stories. These stories will help you to learn more about the peoples of the Hispanic world: their background, their history, their art, their literature. As the teacher asks you to talk about these reading selections, feel free to speak as much as you can. Do not be afraid to make errors. Practice makes perfect and the more you speak and use the language the better you will come to know it.

Every language behaves in a particular way and has special characteristics that make it different from every other language. There are many similarities between Spanish and English, but there are enough differences to make it helpful from time to time to attempt to determine the special organization of Spanish and to examine its structure. When a specific characteristic has been identified, you will be better equipped to apply your skills later in a similar situation which you may not have studied. For this reason certain structural or grammatical patterns and characteristics are identified in this text and are the subject of special drill material and a descriptive statement.

In preparing your written assignments be as careful as you can. Check your work before handing it in. Many careless errors can be avoided.

In case you should have forgotten some of the material from the first year, a great deal of opportunity is provided for review work throughout this book. Remember to pay close attention at all times. This is most important in learning a foreign language.

To be fluent in a foreign language is a quality that too few Americans possess. Strive for it and your life will be greatly enriched as a result.

CONTENTS

REPASO

EL PRESENTE DE LOS VERBOS

VERBOS EN –AR

a. Sigan el modelo.

Yo hablo español.
Tú
Tú hablas español.

Yo	
Tú	
El	
Uds.	
Ud.	español.
Nosotros	
Ellas	
Juan y yo	

Nosotros miramos la televisión.
Carlos
Carlos mira la televisión.

Nosotros	
Carlos	
Teresa y yo	
Yo	
Tú	la televisión.
Ellos	
Ud.	
Uds.	
Ella	

b. Contesten a las siguientes preguntas.

¿Hablas con el profesor?
¿Cantas bien?
¿Compras un regalo?
¿Miras la televisión?
¿Terminas la lección?
¿Visitas el monumento?
¿Estudian Uds. mucho?
¿Trabajan Uds.?
¿Toman Uds. el almuerzo en la escuela?
¿Miran Uds. la televisión?
¿Viajan Uds. en el verano?

c. Sigan las instrucciones.

Lorenzo, pregúnteles a las muchachas qué compran.
Muchachas, contéstenle que Uds. compran revistas españolas.

Sarita, pregúntele a Luisa de qué habla.
Luisa, contéstele que Ud. habla de la clase de hoy.

Martín, pregúnteles a ellos a quién llaman.
Felipe, contéstele que Uds. llaman al profesor.

Patricia, pregúntele a Vicente si los chicos caminan a casa.
Vicente, contéstele que no, que no caminan a casa.

Teresa, pregúnteles a los chicos si estudian francés.
Paco, contéstele que no, que Uds. estudian español.

EL PRESENTE DE *DAR, IR, ESTAR*

a. Sigan el modelo.

Yo doy un regalo a Carlos.
María.
María da un regalo a Carlos.

Yo	
María	
Ellos	
Tú	
Uds.	un regalo a Carlos.
Nosotros	
Juan y yo	
Yo	

Nosotros vamos al centro.
Yo
Yo voy al centro.

Nosotros	
Yo	
Ellos	
Teresa	
Uds.	al centro.
Elena y yo	
Tú	

Yo estoy en la clase.
Tú
Tú estás en la clase.

Yo	
Tú	
Los alumnos	
El alumno	
Nosotros	
El profesor y yo	en la clase.
Tú	
Uds.	
Yo	
Ud.	

b. Contesten a las siguientes preguntas.

¿Das el periódico a tu padre?
¿Vas a España?
¿Estás en la escuela?
¿Das un regalo a María?
¿Vas al museo?
¿Estás en México?

c. Sigan las instrucciones.

Roberto, pregúntele a Teresa si su amiga está en clase.
Teresa, contéstele que no, que está en casa.

Arturo, pregúntele a Martín si él está bien.
Martín, contéstele que no, que Ud. está enfermo.

Luisa, pregúnteles a José y a Juan cuándo van a la biblioteca.
José y Juan, contéstenle que Uds. van a la biblioteca a la una.

Marta, pregúntele a María adónde va.
María, contéstele que Ud. va a clase.

Tomás, pregúntele a Carlos qué le da al profesor.
Carlos, contéstele que Ud. le da la tarea.

VERBOS EN –ER

a. Sigan el modelo.

El come en el restaurante.
Nosotros
Nosotros comemos en el restaurante.

El	
Yo	
Ella	
Uds.	en el restaurante.
María y yo	
Tú	
Ellos	

b. Contesten a las siguientes preguntas.

¿Comen Uds. en la cafetería?
¿Beben Uds. café?

¿Venden Uds. la casa?
¿Leen Uds. el periódico?
¿Comes mucho o poco?
¿Lees el libro?
¿Vendes el coche?

c. Sigan el modelo.

Ramón lee mucho, ¿y tú?
Yo leo mucho también.

Ramón lee mucho, ¿y tú?
Ellos leen el libro, ¿y· Uds.?
Nosotros leemos el artículo, ¿y Raúl?
Raúl lee el periódico, ¿y las chicas?
Las chicas leen poco, ¿y Ud.?
Yo leo revistas, ¿y la profesora?

VERBOS EN –IR

a. Sigan el modelo.

El escribe la carta.
Nosotros
Nosotros escribimos la carta.

El	
Nosotros	
Yo	
Juanita y María	
María y yo	la carta.
Tú	
Uds.	
Tú y yo	
Ella	

b. Sigan el modelo.

Abro· la puerta.
Abrimos la puerta.

Abro la puerta.
Escribo la carta.

Vivo en Madrid.
Subo ahora.
Recibo muchos regalos.
Divido el trabajo.

c. Sigan las instrucciones.

Nicolás, pregúntele a Tomás si recibe muchas
   cartas.
Tomás, contéstele que sí, que Ud. recibe
   muchas cartas.

Dorotea, pregúnteles a María y a Anita si
   viven en la casa nueva.
María, contéstele que sí, que Uds. viven en la
   casa nueva.

Marta, pregúntele a Carolina si Teresa escribe
   el artículo.
Carolina, contéstele que sí, que Teresa escribe
   el artículo y que Ud. también lo escribe.

VERBOS DE CAMBIO RADICAL (E A IE)

a. Sigan el modelo.

Yo pienso ir a España.
Nosotros
Nosotros pensamos ir a España.

Yo
Nosotros
Tú
Alicia | ir a España.
El
Uds.
María y yo

Nosotros queremos estudiar.
El
El quiere estudiar.

Nosotros
El
Yo
Tú y yo
Ellos | estudiar.
El alumno
Tú
Uds.

b. Contesten a las siguientes preguntas.

¿Cierras la puerta?
¿Comienzas a las ocho?
¿Piensas salir ahora?
¿Quieres comer aquí?
¿Empiezas el trabajo?
¿Quieren Uds. volver?
¿Piensan Uds. terminar hoy?
¿A qué hora comienza la clase?
¿A qué hora cierran la tienda?
¿Quiere Paco mirar la televisión?

VERBOS DE CAMBIO RADICAL (O A UE)

a. Sigan el modelo.

Juan puede ir al cine.
Nosotros
Nosotros podemos ir al cine.

Juan
Nosotros
El
Ellos | ir al cine.
Yo
Tú
Uds.

Ellos vuelven pronto.
Carlos y yo
Carlos y yo volvemos pronto.

Ellos
Carlos y yo
Los chicos
Tú | pronto.
Yo
Uds.
Nosotros

b. Sigan las instrucciones.

María, pregúntele a Carlos si vuelve mañana.

Carlos, contéstele que sí, que Ud. vuelve mañana.

Tomás, pregúnteles a Dona y a Elena si vuelven pronto.

Dona, contéstele que sí, que Uds. vuelven pronto.

Enrique, pregúnteles a Antonio y a Carmen si pueden ir a la fiesta.

Antonio, contéstele que sí, que Uds. pueden ir a la fiesta.

Tomás, pregúntele a Guillermo si puede jugar al fútbol.

Guillermo, contéstele que sí, que Ud. puede jugar.

VERBOS DE CAMBIO RADICAL (E A I)

a. Sigan el modelo.

Ellos repiten la lección.
Nosotros
Nosotros repetimos la lección.

Ellos	
Nosotros	
Yo	
Tú	la lección.
Juan	
Los alumnos	
Elena y yo	

b. Sigan el modelo.

María pide un favor. ¿Y tú?
Yo pido un favor también.

Nosotros pedimos un favor. ¿Y Ud.?
Tú pides un favor. ¿Y María?
Carlos pide un favor. ¿Y Uds.?
Ellos piden un favor. ¿Y yo?
Yo pido un favor. ¿Y los niños?

c. Sigan las instrucciones.

María, pregúnteles a Juan y a Carmen si piden algo.

Juan, contéstele que sí, que Uds. piden un favor.

Guillermo, pregúnteles a Anita y a Juana si sirven la comida.

Anita, contéstele que sí, que Uds. sirven la comida.

Dona, pregúnteles a Juan y a Paco si repiten la pregunta.

Juan, contéstele que sí, que Uds. repiten la pregunta.

Carlos, pregúnteles a Tomás y a Celia si miden el papel.

Tomás, contéstele que sí, que Uds. miden el papel.

VERBOS IRREGULARES EN EL PRESENTE

a. Sigan el modelo.

El hace un viaje.
Yo
Yo hago un viaje.

El
Yo
Tú
Ellos   } un viaje.
La familia
Uds.
Nosotros

Ellos tienen sed.
Yo
Yo tengo sed.

Ellos
Yo
Nosotros
Los niños   } sed.
El niño
Tú
Uds.

Yo digo la verdad.
Nosotros
Nosotros decimos la verdad.

Yo
Nosotros
Juan
Todos   } la verdad.
Carlos y yo
Uds.
Tú

b. Contesten a las siguientes preguntas.

¿Haces un viaje a España?
¿Dices la verdad?
¿Tienes el libro?
¿Traes el paquete?
¿Vienes temprano?
¿Sales ahora?
¿Sabes la pregunta?
¿Conoces a Juan?
¿Traen Uds. el regalo?
¿Hacen Uds. un sándwich?
¿Tienen Uds. tiempo?
¿Salen Uds. mañana?
¿Vienen Uds. con Roberto?
¿Dicen Uds. la verdad?
¿Saben Uds. bailar?
¿Conocen Uds. al profesor nuevo?

EL FUTURO DE LOS VERBOS

a. Sigan el modelo.

Ellos hablarán con el profesor.
El
El hablará con el profesor.

Ellos	
El	
Uds.	
Nosotros	con el profesor.
Ud.	
Yo	
Tú	
Yo	

Ellas leerán el periódico.
Yo
Yo leeré el periódico.

Ellas	
Yo	
Ella	
Uds.	el periódico.
Nosotras	
Ud.	
Yo	
Tú	

Nosotros viviremos en México.
Tú
Tú vivirás en México.

Nosotros	
Tú	
La familia	
Uds.	
Nosotras	en México.
Ud.	
Yo	
Tú	
Las chicas	

b. Sigan el modelo.

¿Pasará Ud. por la puerta?
Sí, pasaré por la puerta.

¿Pasará Ud. por la puerta?
¿Estará Ud. allí esta noche?
¿Estudiará Ud. el español?
¿Comerá Ud. a las tres?
¿Leerá Ud. este libro?
¿Escribirá Ud. la carta?
¿Recibirá Ud. el paquete?
¿Vivirá Ud. en la misma casa?

c. Sigan las instrucciones.

Juan, pregúntele a Carlos si bajará a la sala.
Carlos, dígale que sí, que Ud. bajará a la sala.

Tomás, pregúntele a Miguel si comprará el coche.
Miguel, dígale que sí, que Ud. comprará el coche.

María, pregúntele a Rosa si beberá el café.
Rosa, dígale que sí, que Ud. beberá el café.

Paco, pregúntele a Juanita si comerá en el restaurante.
Juanita, dígale que sí, que Ud. comerá en el restaurante.

Manuel, pregúntele a José si vivirá en España.
José, dígale que sí, que Ud. vivirá en España.

Anita, pregúntele a Conchita si escribirá una composición.
Conchita, dígale que sí, que Ud. escribirá una composición.

d. Repitan.

El vendrá a la fiesta.
El tendrá que hacer un viaje.

El pondrá la mesa.
El podrá venir mañana.
El sabrá contestarlo.
El me dirá la verdad.
El hará un viaje.
El querrá visitar a Madrid.

e. Sigan el modelo.

Yo vendré a las ocho.
Tú
Tú vendrás a las ocho.

Yo	
Tú	
El	
Ellos	
Uds.	a las ocho.
Nosotros	
Ud.	
Yo	
Tú	

María hará la comida.
Ellos
Ellos harán la comida.

María	
Ellos	
Uds.	
Nosotras	la comida.
Ud.	
Yo	
Tú	

f. Contesten a las siguientes preguntas.

¿Tendrán Uds. que hacerlo?
¿Harán Uds. un viaje a México?
¿Tendrán Uds. que llevar mucho?
¿Podrán Uds. ir a la capital?
¿Sabrán Uds. hablar español?

¿Dirán Uds. «adiós» a todos?
¿Querrán Uds. ver los monumentos?
¿Vendrán Uds. a las ocho?
¿Pondrán Uds. la mesa?

g. Sigan las instrucciones.

Antonia, pregúntele a María qué tendrá que hacer.
María, dígale que Ud. tendrá que escribir una carta.

Miguel, pregúntele a Paco si pondrá la mesa.
Paco, dígale que sí, que Ud. pondrá la mesa.

Juan, pregúntele a Pedro qué querrá hacer.
Pedro, dígale que Ud. querrá ir al centro.

Ana, pregúntele a Juanita cuándo vendrá.
Juanita, dígale que Ud. vendrá mañana.

Diego, pregúntele a Carlos cuándo dirá «adiós».
Carlos, dígale que Ud. dirá «adiós» antes de salir.

h. Contesten a las siguientes preguntas en la forma afirmativa.

¿Tomará Ud. un refresco?
¿Comerán Uds. a las ocho?
¿Vendrá Ud. mañana?
¿Vivirán Uds. en Colorado?
¿Pondrá Ud. el sombrero en la maleta?
¿Estarán Uds. en México?
¿Aprenderá Ud. el español?
¿Tendrán Uds. bastante dinero?
¿Verán Uds. a unos amigos?
¿Será Ud. feliz?

i. Sigan el modelo.

¿Baja Ud. ahora?
¿No, bajaré más tarde.

¿Baja Ud. ahora?
¿Come Ud. ahora?
¿Va Ud. ahora?
¿Viene Ud. ahora?

¿Estudia Ud. ahora?
¿Escribe Ud. ahora?
¿Comienza Ud. ahora?
¿Viene Ud. ahora?
¿Lo quiere Ud. ahora?
¿Lo sabe Ud. ahora?
¿Puede Ud. terminar ahora?
¿Lo hace Ud. ahora?

EL PRETERITO DE LOS VERBOS

VERBOS EN –AR

a. Sigan el modelo.

Tú hablaste español.
Yo
Yo hablé español.

Tú	
Yo	
Ellos	
El	español.
Ud.	
Nosotros	
Carlos	

Nosotros esperamos el tren.
Ellos
Ellos esperaron el tren.

Nosotros	
Ellos	
Ud.	
Yo	
Tú	el tren.
Carlos y María	
Juan y yo	
Uds.	

b. Sigan el modelo.

Miro la televisión.
Miré la televisión.

Buscamos el libro.
Espera el tren.
Estudian mucho.
Hablas bien.
Visitamos el monumento.
Viajo por México.
Mi padre trabaja allí.
Llaman a Paco.
Tomas el desayuno.

Repaso **9R**

VERBOS EN –ER E –IR

a. Sigan el modelo.

Nosotros comimos tarde.
Yo
Yo comí tarde.

Nosotros
Yo
Ellos
Carlos
Tú   tarde.
Todos
María y yo
Ud.

El vendió el coche.
Tú
Tú vendiste el coche.

El
Tú
Elena
Ellos
Yo   el coche.
Nosotros
Ud.
Uds.

Uds. escribieron la carta.
Tú
Tú escribiste la carta.

Uds.
Tú
Ellos
Elena   la carta.
Nosotros
Yo

b. Sigan las instrucciones.

María, pregúntele a Tomás si comió en aquel restaurante.

Tomás, contéstele que sí, que Ud. comió en aquel restaurante.

Elena, pregúntele a Carlos cuándo volvió de México.

Carlos, contéstele que Ud. volvió en junio.

Guillermo, pregúntele a Celia si Carlos aprendió la lección.

Celia, contéstele que sí, que Carlos aprendió la lección.

Juan, pregúnteles a David y a Ricardo si vendieron el coche.

David, contéstele que sí, que Uds. vendieron el coche.

Roberto, pregúntele a Sarita si Dona y Bárbara volvieron ayer.

Sarita, contéstele que sí, que ellas volvieron ayer.

David, pregúntele a Teresa si ella escribió la carta.

Teresa, contéstele que sí, que Ud. escribió la carta.

Isabel, pregúnteles a Juan y a Carlos si salieron anoche.

Juan, contéstele que sí, que Uds. salieron anoche.

Carmen, pregúntele a Patricia si David subió a las montañas.

Patricia, contéstele que sí, que David subió a las montañas.

Diego, pregúntele a Alfredo si las chicas recibieron el regalo.

Alfredo, contéstele que sí, que las chicas recibieron el regalo.

VERBOS DE CAMBIO RADICAL (E A I)

a. Sigan el modelo.

Yo pedí un favor.
El
El pidió un favor.

Yo	
El	
Ellos	
Ud.	
Uds.	un favor.
Tú	
Nosotros	
María	
Los chicos	

b. Contesten a las siguientes preguntas.

¿Pidió Juan la carta?
¿Pidieron permiso los chicos?
¿Sirvió Elena la comida?
¿Sirvieron el almuerzo las chicas?
¿Repitió la lección el profesor?
¿Repitieron la lección los alumnos?
¿Pediste un favor?
¿Serviste la comida?
¿Repetiste la lección?
¿Preferiste volver temprano?
¿Pidieron Uds. un favor?
¿Sirvieron Uds. la comida?
¿Repitieron Uds. la frase?

VERBOS DE CAMBIO RADICAL (O A U)

a. Sigan el modelo.

Yo dormí bien anoche.
El
El durmió bien anoche.

Yo	
El	
Nosotros	
Los niños	
Uds.	bien anoche.
Tú	
María	

VERBOS IRREGULARES

a. Sigan el modelo.

Yo estuve en España el año pasado.
Carlos
Carlos estuvo en España el año pasado.

Yo	
Carlos	
Ellos	
Nosotros	en España el año pasado.
Tú	
María y yo	
Uds.	

Nosotros hicimos un viaje.
Ellos
Ellos hicieron un viaje.

Nosotros	
Ellos	
Tú	
Ud.	
Yo	un viaje.
Mi familia	
Mi hermano y yo	
Ellas	

Ellos se lo dijeron.
Ud.
Ud. se lo dijo.

Ellos	
Ud.	
Nosotros	
Tú	
Carlos	se lo
Carlos y María	
Yo	
Uds.	

b. Contesten a las siguientes preguntas.

¿Hiciste la tarea?
¿Pudiste salir?
¿Pusiste el libro en la mesa?
¿Anduviste por el parque?
¿Estuviste en México?
¿Tuviste el dinero?
¿Dijiste la verdad?
¿Trajiste la carta?
¿Supiste la razón?
¿Quisiste salir?

EL PRETERITO DE *IR*

Sigan el modelo.

Yo fui a Caracas.
María
María fue a Caracas.

Yo	
María	
Uds.	
Tú	a Caracas.
Ellos	
Nosotros	
Mi madre	

LOS MANDATOS

MANDATOS FAMILIARES

a. Sigan el modelo.

Miguelito, ¡baja pronto!
               acaba
Miguelito, ¡acaba pronto!

Miguelito, ¡ | baja
acaba
llama
regresa
termina
comienza | pronto!

b. Sigan el modelo.

Papá, ¿cuándo debo acabar?
¡Acaba ahora mismo!

Papá, ¿cuándo debo acabar?
Papá ¿cuándo debo comenzar?
Papá, ¿cuándo debo llamar?
Papá, ¿cuándo debo regresar?
Papá, ¿cuándo debo terminar?

c. Sigan el modelo.

Por favor, Luis, vende todo.
                trae
Por favor, Luis, trae todo.

Por favor, Luis, | vende
trae
repite
lee
escribe
come | todo.

d. Sigan el modelo.

Mamá, ¿tengo que comer?
Sí, come.

Mamá, ¿tengo que comer?
Mamá, ¿tengo que escribir?
Mamá, ¿tengo que leer?
Mamá, ¿tengo que repetir?
Mamá, ¿tengo que subir?

MANDATOS FAMILIARES CON VERBOS IRREGULARES

a. Repitan.

Pon el libro aquí.
Ten cuidado.
Ven acá.
Sal ahora.
Haz uno nuevo.
Di algo.
Ve a casa.
Sé bueno.

b. Sigan el modelo.

Papá, ¿pongo las cosas en la mesa?
Sí, hijo, pon las cosas en la mesa.

Papá, ¿pongo las cosas en la mesa?
Papá, ¿digo lo que pasó?
Papá, ¿hago otro?
Papá, ¿salgo en ese tren?
Papá, ¿vengo por la tarde?
Papá, ¿voy con Antonio?

MANDATOS FAMILIARES EN FORMA NEGATIVA

a. Sigan el modelo.

Oye, tú, ¡no hables más!
            camines
Oye, tú, ¡no camines más!

Oye, tú, ¡no | hables / camines / prepares / mires / juegues | más!

b. Sigan el modelo.

Juan, ¿debo caminar más?
No, hombre, ¡no camines más!

Juan, ¿debo caminar más?
María, ¿debo tomar más?
Papá, ¿debo trabajar más?
Elvira, ¿debo jugar más?
Papá, ¿debo estudiar más?
José, ¿debo esperar más?

c. Sigan el modelo.

Paco, ¡no escribas tanto!
            corras
Paco, ¡no corras tanto!

Paco, ¡no | escribas / corras / admitas / duermas / pidas / sirvas / subas | tanto!

d. Sigan el modelo.

¿Corro o no?
No, no corras.

¿Corro o no?
¿Asisto o no?
¿Lo admito o no?
¿Duermo o no?
¿Lo pido o no?
¿Lo repito o no?
¿Lo sirvo o no?
¿Subo o no?

e. Sigan las instrucciones.

Daniel, dígale a Olivia que no sufra la prueba.
Ignacio, dígale a Felipe que no siga con eso.
Laura, dígale a Benjamín que no suba.
Josefina, dígale a Alicia que no pida más.
Leonardo, dígale a su hermano que no asista
    al concierto.
Pedro, dígale a Tomás que no abra las
    ventanas.

f. Sigan el modelo.

No, niño. No vengas.
            vayas
No, niño. No vayas.

No, niño. No | vengas / vayas / salgas / digas | .

No los pongas allí.
      tengas
No los tengas allí.

No los | pongas / tengas / hagas / traigas | allí.

g. Sigan el modelo.

¿Vengo o no?
No, no vengas.

¿Vengo o no?
¿Lo traigo o no?
¿Hago más o no?
¿Salgo o no?
¿Los pongo allí o no?
¿Se lo digo o no?
¿Voy o no?

MANDATOS FORMALES

a. Sigan el modelo.

Señor, ¡acabe pronto!
        hable
Señor, ¡hable pronto!

Señor, ¡ | acabe / hable / llame / pague | pronto!

Señores, ¡acaben pronto!
          hablen
Señores, ¡hablen pronto!

Señores, ¡ | acaben / hablen / llamen / paguen | pronto!

b. Sigan el modelo.

Señor, ¿tengo que bajar?
Sí, baje Ud.

Señor, ¿tengo que bajar?
Señor, ¿tengo que pagar?
Señor, ¿tengo que cantar?
Señor, ¿tengo que contestar?
Señor, ¿tengo que jugar?

c. Sigan el modelo.

Señor, ¿tenemos que bajar?
Sí, bajen Uds.

Señor, ¿tenemos que bajar?
Señor, ¿tenemos que cantar?
Señor, ¿tenemos que contestar?
Señor, ¿tenemos que jugar?
Señor, ¿tenemos que observar?

d. Sigan el modelo.

¡Coma Ud.!
 Abra
¡Abra Ud.!

¡Coma / ¡Abra / ¡Suba / ¡Repita / ¡Siga | Ud.!

e. Sigan el modelo.

¡Abran Uds.!
 Coman
¡Coman Uds.!

¡Abran	
¡Coman	
¡Asistan	
¡Corran	Uds.!
¡Escriban	
¡Lean	

f. Sigan el modelo.

¿Repito o no?
Repita Ud. o no repita Ud., no importa.

¿Repito o no?
¿Leo o no?
¿Asisto o no?
¿Abro o no?
¿Pido o no?
¿Sirvo o no?
¿Subo o no?
¿Vuelvo o no?

g. Sigan el modelo.

¡Venga Ud.!
¡Vengan Uds.!

¡Venga Ud.!
¡No haga Ud. eso!
¡Vaya Ud.!
¡No los ponga aquí!
¡Traiga Ud. los otros!
¡Diga Ud. todo!
¡Sepa Ud. la verdad!
¡Tenga Ud. paciencia!

h. Sigan las instrucciones.

Juan, mande a los señores que esperen.
Pedro, diga a la señorita que vuelva mañana.
Antonio, mande a los chicos que acaben pronto.
Señor, mande al hombre que no diga más.
Agustín, mande a los muchachos que no se
 vayan.
Rafael, diga a Benjamín que lea la lista.
Felipe, mande a los amigos que no hagan ruido.
Señor, diga al muchacho que abra las puertas.
Marcos, dígales a todos que no caminen tan
 despacio.

ADJETIVOS

ADJETIVOS QUE TERMINAN EN −O

a. Repitan.

El libro es bueno.
La chica es buena.
Los diálogos son buenos.
Las muchachas son buenas.

b. Sigan el modelo.

¡Qué delgado es ese chico!
 guapo
¡Qué guapo es ese chico!

	delgado	
	guapo	
¡Qué	bajo	es ese chico!
	alto	
	bueno	

¿Es nueva la ciudad?

¿Es	nueva magnífica vieja pequeña antigua	la ciudad?

Tengo dos libros rojos.

Tengo dos libros	rojos. buenos. negros. curiosos. nuevos.

Mis amigas no son delgadas.

Mis amigas no son	delgadas. altas. feas. bajas. bonitas.

No me gusta la casa blanca.

No me gusta	casa perro cafetera cuaderno blusa	

Los señores están contentos.

	señores muchachas amigos señoritas chicos	están	

¡Qué chicos más buenos!

¡Qué	chicos niña muchachas señor profesores amiga	más		!

c. Sigan el modelo.

El comedor es pequeño. ¿Y la sala?
La sala es pequeña también.

El comedor es pequeño. ¿Y la sala?
La catedral es blanca. ¿Y el hotel?
El horno es magnífico. ¿Y la cafetera?
El avión es nuestro. ¿Y el camión?

Los diálogos son buenos. ¿Y las preguntas?
Las casas son modernas. ¿Y los bancos?
Los hombres son cortos. ¿Y las mujeres?
Las chicas son morenas. ¿Y los chicos?

El monumento es viejo. ¿Y los edificios?
Las sillas son pequeñas. ¿Y la mesa?
La pregunta es correcta. ¿Y las respuestas?
Los alumnos son malos. ¿Y las alumnas?

El jamón es delicioso. ¿Y las papas?
Las lámparas son eléctricas. ¿Y el horno?
La caja es roja. ¿Y los papeles?
Los pantalones son nuevos. ¿Y la corbata?

ADJETIVOS QUE TERMINAN EN –E

a. Sigan el modelo.

Roberto es grande.
          inteligente.
Roberto es inteligente.

Roberto es | grande.
           | inteligente.
           | interesante.

María es grande.

María es | grande.
        | inteligente.
        | interesante.

¡Qué chicos más tristes!

¡Qué chicos más | tristes
              | inteligentes | !
              | alegres
              | grandes

¡Qué chicas más tristes!

¡Qué chicas más | tristes
              | inteligentes | ! ,
              | alegres
              | grandes

b. Sigan el modelo.

Mi mamá está triste.
    amigos
Mis amigos están tristes.

| mamá
| amigos
| profesor | .
| amigas
| hermana

c. Cambien cada oración para emplear la palabra indicada.

El perro es inteligente.
___chicas _____.
_____ grandes.
___ señora _____.
_____ enorme.
___ mesas _____.
_____ verdes.
___ libro _____.
_____ interesante.
___profesores _____.

ADJETIVOS QUE TERMINAN EN CONSONANTE

a. Contesten a las siguientes preguntas.

¿Es Carlos un chico feliz?
¿Es María una chica feliz?
¿Tiene Carlos un libro difícil?

¿Tiene Carlos una novela difícil?
¿Es joven el perro?
¿Es joven la chica?
¿Es azul el papel?

¿Es azul la flor?
¿Son felices los niños?
¿Son felices las señoras?
¿Son fáciles los ejercicios?
¿Son fáciles las lecciones?
¿Son grises los coches?
¿Son grises las faldas?

b. Sigan el modelo.

El horno es azul. ¿Y las sillas?
Las sillas son azules también.

El horno es azul. ¿Y las sillas?
Las paredes son grises. ¿Y el escritorio?
La chica es feliz. ¿Y los chicos?
Los periódicos son superiores. ¿Y las revistas?

ADJETIVOS DE NACIONALIDAD

a. Sigan el modelo.

Este muchacho es español.
                    inglés.
Este muchacho es inglés.

Este muchacho es
| español.
| inglés.
| alemán.
| francés.

Es una señora española.

Es una señora
| española.
| inglesa.
| alemana.
| francesa.

¿Son españoles los chicos?

¿Son
| españoles
| ingleses
| alemanes
| franceses
| los chicos?

Tengo unas amigas españolas.

Tengo unas amigas
| españolas.
| inglesas.
| alemanas.
| francesas.

b. Sigan el modelo.

Carlos es español. ¿Y Luisa?
Luisa es española también.

Carlos es español. ¿Y Luisa?
Las chicas son francesas. ¿Y los chicos?
Ana es alemana. ¿Y sus padres?
Los hombres son ingleses. ¿Y la mujer?
El cuadro es español. ¿Y la novela?
Su madre es irlandesa. ¿Y su padre?
Los estudiantes son franceses. ¿Y los profesores?

ADJETIVOS POSESIVOS

a. Contesten a las siguientes preguntas según el modelo.

¿Tienes tu cuaderno? Sí, tengo mi cuaderno.
¿Tienes tus cartas? Sí, tengo mis cartas.

¿Tienes tu libro?
¿Tienes tus cuadros?

¿Tienes tu revista?
¿Tienes tus maletas?
¿Tienes tu coche?
¿Tienes tus lápices?
¿Tienes tu invitación?
¿Tienes tus composiciones?

b. Contesten a las siguientes preguntas según el modelo.

¿Tienen Uds. su cuaderno? Sí, tenemos nuestro cuaderno.

¿Tienen Uds. sus cartas? Sí, tenemos nuestras cartas.

¿Tienen Uds. su cuadro?
¿Tienen Uds. sus ejercicios?
¿Tienen Uds. su maleta?
¿Tienen Uds. sus fotografías?
¿Tienen Uds. su coche?
¿Tienen Uds. sus lápices?
¿Tienen Uds. su reservación?
¿Tienen Uds. sus composiciones?

c. Sigan las instrucciones.

María, pregúntele a Carlos si vende su coche.
Carlos, contéstele que sí, que Ud. vende su coche.

Tomás, pregúntele a Carmen si busca sus papeles.
Carmen, contéstele que sí, que Ud. busca sus papeles.

Enrique, pregúntele a Paco si va a la fiesta con su novia.
Paco, contéstele que sí, que Ud. va a la fiesta con su novia.

Teresa, pregúntele a Elena si tiene sus notas.
Elena, contéstele que sí, que Ud. tiene sus notas.

d. Sigan el modelo.

El coche de Juan es nuevo. Su coche es nuevo.
La casa de los Gómez es bonita. Su casa es bonita.

El coche de Juan es nuevo.
La casa de los Gómez es bonita.
La falda de María es elegante.
Las ideas de Carlos son buenas.
La fiesta de María y Elena es mañana.
Los cuadros de Goya son interesantes.

COMPARATIVO Y SUPERLATIVO

a. Sigan el modelo.

Carlos es más alto que Tomás.
        gordo
Carlos es más gordo que Tomás.

		alto		
		gordo		
Carlos es más		bajo		que Tomás.
		joven		
		inteligente		

b. Contesten a las siguientes preguntas según el modelo.

¿Quién es más alto, Juan o Enrique?
Juan es más· alto que Enrique.

¿Quién es más alto, Juan o Enrique?
¿Quién es más inteligente, María o Elena?
¿Quién es más bonita, Teresa o Carmen?
¿Quién es más joven, Guillermo o Roberto?
¿Quiénes son más fuertes, los niños o las niñas?
¿Quiénes son más ricos, los Gómez o los López?
¿Quiénes son más independientes, los gatos o los perros?

c. Sigan el modelo.

María es la más inteligente de la clase.
                    bonita
María es la más bonita de la clase.

María es la más | inteligente
bonita
rica
alta
pequeña
seria | de la clase.

d. Contesten a las siguientes preguntas según la indicación.

¿Quién es el más alto de la clase? (Tomás)

¿Quién es el más fuerte de todos? (Enrique)

¿Quién es la más bonita de las tres? (María)

¿Cuál es la ciudad más grande del mundo? (Tokio)

¿Cuál es el país más grande de Latino-américa? (El Brasil)

¿Cuál es la ciudad más industrial de España? (Barcelona)

¿Cuál es el deporte más popular de los Estados Unidos? (el fútbol)

SER Y ESTAR

a. Sigan el modelo.

Carlos es profesor.
          poeta.
Carlos es poeta.

Carlos es | profesor.
poeta.
estudiante.
hombre.
pintor.

Tomás es bueno.

Tomás es | bueno.
malo.
guapo.
inteligente.
alto.
pequeño.

María es italiana.

María es | italiana.
mexicana.
española.
francesa.
inglesa.
americana.

b. Contesten a las siguientes preguntas según la indicación.

¿Qué es Tomás? (poeta)

¿Qué es María? (secretaria)

¿Qué es el señor Gómez? (profesor)

¿De qué nacionalidad es Tomás? (mexicano)

¿De qué nacionalidad es Teresa? (alemana)

¿Cómo es el niño? (pequeño)

¿Cómo es la profesora? (inteligente)

¿Cómo es la lección? (interesante)

¿Cómo es el libro? (fácil)

¿De qué color es la casa? (blanca)

¿De qué color es la blusa? (roja)

c. Sigan el modelo.

Juan está cansado.
          bien.
Juan está bien.

Juan está | cansado.
bien.
mal.
enfermo.

El agua está fría.

El agua está | fría.
| caliente.
| sucia.
| helada.

d. Contesten a las siguientes preguntas.

¿Cómo estás hoy?
¿Cómo está tu madre?
¿Cómo están tus hermanos?
¿Cómo están los niños?
¿Cómo está el agua?
¿Cómo está la sopa?
¿Cómo está la comida?

e. Sigan el modelo.

Carlos es de México.
                   España.
Carlos es de España.

Carlos es de | México.
| España.
| Italia.
| Francia.
| Madrid.
| Lima.
| Roma.

María está en Caracas.

María está en | Caracas.
| la escuela.
| Chile.
| California.
| la tienda.
| España.

f. Contesten a las siguientes preguntas.

¿De dónde es Juan?
¿Dónde está Juan ahora?
¿De dónde son tus padres?
¿Dónde están tus padres ahora?
¿De dónde es el profesor?
¿Dónde está el profesor ahora?
¿Dónde está María?
¿Dónde está el libro?
¿Dónde está Madrid?
¿Dónde está tu casa?

IR A CON INFINITIVO

a. Sigan el modelo.

El va a visitar la ciudad.
Ellos
Ellos van a visitar la ciudad.

El	
Ellos	
Nosotros	
Ud.	
Yo	a visitar la ciudad.
Tú	
Yo	
Uds.	

Yo voy a comer algo.

Yo	
Nosotros	
Juan y yo	
Uds.	
María y Ud.	a comer algo.
María y tú	
María	
Tú	
Ellos	

b. Sigan el modelo.

¿Va Ud. a pasar dos días aquí?
Sí, voy a pasar dos días aquí.

¿Va Ud. a pasar dos días aquí?
¿Va Ud. a comer?
¿Va Ud. a salir?
¿Va Ud. a estar en España?
¿Va Ud. a ser médico?
¿Van Uds. a tomar una limonada?
¿Van Uds. a hacer un viaje?
¿Van Uds. a leer el periódico?
¿Van Uds. a recibir buenas notas?
¿Van Uds. a tener tiempo?

c. Sigan el modelo.

¿Estudia Ud. ahora?
No. Voy a estudiar más tarde.

¿Estudia Ud. ahora?
¿Entra Ud. ahora?
¿Baja Ud. ahora?
¿Come Ud. ahora?
¿Lee Ud. ahora?
¿Escribe Ud. ahora?
¿Sube Ud. ahora?
¿Comienza Ud. ahora?
¿Viene Ud. ahora?
¿Duerme Ud. ahora?
¿Vuelve Ud. ahora?

d. Sigan el modelo.

Voy a comer a las seis. ¿Y Uds.?
Vamos a comer a las seis también.

Voy a comer a las seis. ¿Y Uds.?
Voy a arreglar la maleta. ¿Y él?
Voy a vivir en San Francisco. ¿Y tú?
Voy a volver temprano. ¿Y ellos?
Voy a comprar el sombrero. ¿Y ella?

PRONOMBRES

PRONOMBRES DE COMPLEMENTO DIRECTO

a. Sigan los modelos.

Recibí las instrucciones.
Las recibí.

Recibí los cuadros.
Los recibí.

Recibí las instrucciones.
Recibí los cuadros.
Recibí las cartas.
Recibí las corbatas.
Recibí las flores.
Recibí los papeles.

b. Sigan el modelo.

Compramos el coche.
Lo compramos.

Compramos el coche.
Compramos el televisor.
Compramos la silla.
Compramos la máquina.
Compramos el escritorio.
Compramos el cuaderno.
Compramos la cafetera.

c. Sigan el modelo.

Carlos me llama.
     te
Carlos te llama.

Carlos | me / te / nos / los / las / me | llama.

d. Sigan el modelo.

Ellos me buscan.
          (el libro)
Ellos lo buscan.

Ellos me buscan.

(el libro)
(a Luis)
(esta revista)
(a nosotros)
(a Pablo y a Miguel)
(el periódico)
(a mí)
(a ti y a mí)
(unas blusas)

PRONOMBRES DE COMPLEMENTO DIRECTO CON INFINITIVOS

Sigan el modelo.

¿Lo compró Andrés?
No, pero va a comprarlo.

¿Lo compró Andrés?
¿La llamó Andrés?

¿Te invitó Andrés?
¿Los miró Andrés?
¿Me buscó Andrés?
¿Nos vio Andrés?
¿Las llevó Andrés?

COMPLEMENTO DIRECTO CON PARTICIPIO PRESENTE

Sigan el modelo.

¿Están buscando los libros?
Sí, están buscándolos.

¿Están buscando los libros?
¿Están limpiando la casa?
¿Están sacando las fotos?

¿Están pagando la cuenta?
¿Están mezclando los líquidos?
¿Están leyendo tu artículo?
¿Están pintando el edificio?
¿Están llamando a Jorge?
¿Te están buscando?
¿Los están mirando a Uds.?

COMPLEMENTO DIRECTO CON IMPERATIVOS

a. Sigan el modelo.

Señor, llame a los muchachos.
Señor, llámelos.

Señor, llame a los muchachos.
Señorita, busque las cartas.
Juana, trae la limonada.
Señores, lean el artículo.
Pedro, arregla tu cuarto.
Papá, llama a María.
Luis, invita a Jorge y a mí.
Muchachos, hagan la maleta.

b. Sigan las instrucciones.

Lorenzo, pregúnteles a los muchachos si piensan comprar su coche.
Mariano, contéstele que Uds. van a comprarlo pronto.

Elisa, mande a Sarita que limpie la sala.
Sarita, dígale que Ud. no quiere limpiarla.

Señor, mande a los hombres que terminen el trabajo ahora.
José, dígale que Uds. no pueden terminarlo ahora.

Antonio, pregúntele a Susana si va a tomar la limonada.
Susana, contéstele que Ud. está tomándola.

PRONOMBRES DE COMPLEMENTO INDIRECTO

a. Sigan el modelo.

Juan va a traerme los billetes.
       traerte
Juan va a traerte los billetes.

Juan va a | traerme / traerte / traerle / traernos / traerles | los billetes.

b. Sigan el modelo.

¿Jorge sigue escribiendo cartas a Dolores?
Sí, sigue escribiéndole cartas.

¿Jorge sigue escribiendo cartas a Dolores?
¿Luis sigue llevando artículos a Uds.?
¿Nicolás sigue haciendo favores para Ud.?
¿Ellos siguen sirviendo el desayuno a los señores?
¿Sigue Ud. contestando el teléfono para Gómez?
¿Juana sigue enseñando español a los niños?
¿Felipe sigue cortando el césped para nosotros?
¿Ellos siguen cambiándote los billetes?
¿Ella sigue escogiendo las corbatas para su esposo?

DOS COMPLEMENTOS

a. Sigan el modelo.

¿Ella va a comprarte la chaqueta?
Ya me la compró.

¿Ella va a comprarte la chaqueta?
¿Ella va a comprarte el periódico?
¿Ella va a comprarte el coche?
¿Ella va a comprarte la falda?
¿Ella va a comprarte la sartén?

b. Sigan el modelo.

¿Piensas darle el regalo?
Sí, voy a dárselo.

¿Piensas darle el regalo?
¿Piensas repetirle la frase?
¿Piensas pagarle la cuenta?
¿Piensas pintarle el cuadro?
¿Piensas ofrecerle tu casa?
¿Piensas hacerle el chocolate?
¿Piensas traernos los periódicos?

PRONOMBRES PERSONALES CON PREPOSICIONES

a. Sigan el modelo.

Nunca hacen nada sin mí.
           ti.
Nunca hacen nada sin ti.

Nunca hacen nada sin | mí. / ti. / él. / ella. / Ud.

Estos son para Uds.

Estos son para | Uds.
ellos.
ellas.
nosotros.
mí.
ti.

b. Sigan el modelo.

¿Van sin Juan?
Sí, van sin él.

¿Van sin Juan?
¿Van sin nosotros?
¿Van sin ti?
¿Van sin mí?
¿Van sin Uds.?
¿Van sin las muchachas?
¿Van sin ti y sin Laura?

c. Sigan el modelo.

¿Pasó cerca de Ud.?
No, pasó lejos de mí.

¿Pasó cerca de Ud.?
¿Pasó cerca de Elena?
¿Pasó cerca de Uds.?
¿Pasó cerca de mí?
¿Pasó cerca de los señores?
¿Pasó cerca del profesor?

d. Sigan el modelo.

Ellos irán conmigo.
          contigo
Ellos irán contigo.

Ellos irán | conmigo.
contigo.
con él.
con ella.
con Ud.
con Uds.
conmigo.

e. Sigan el modelo.

Volverán con Marcos.
¿Con él?
Sí, con él.

Volverán con Marcos.
Hablarán contigo.
Se reunirán con Uds.
Jugarán con los ingleses.
Asistirán conmigo.
Saldrán con Leonor.
Trabajarán con Ud.
Estudiarán con nosotros.
Viajarán con Beatriz y con Luisa.
Seguirán con los Gómez.
Bajarán contigo.

VERBOS REFLEXIVOS

a. Sigan el modelo.

Ella se levanta temprano.
Juan
Juan se levanta temprano.

Ella	
Juan	
Ud.	se levanta temprano.
El muchacho	
La señorita	
Mi hermano	

¿A qué hora se acuestan Uds.?

	Uds.?
	ellos?
¿A qué hora se acuestan	Juan y Pepe?
	ellas?
	Ud. y Bernardo?
	los chicos?

Nosotros nos vamos pronto.

	vamos	
Nosotros nos	despedimos	pronto.
	acostamos	
	levantamos	

¿Cuándo te acuestas?

	acuestas?
¿Cuándo te	levantas?
	vas?
	despides?

Me acuesto muy temprano.

	acuesto	
	levanto	
Me	voy	muy temprano.
	despido	
	lavo	

b. Sigan el modelo.

¿Cuándo se va Pedro?
El se va pronto.

¿Cuándo se va Pedro?
¿Cuándo se levanta Ud.?
¿Cuándo te vas?
¿Cuándo se acuestan los niños?
¿Cuándo se despiden Uds.?
¿Cuándo me voy?
¿Cuándo te vistes?

c. Sigan las instrucciones.

Roberto, pregúntele a María si se levantó
   temprano hoy.
María, dígale que Ud. se levantó a las seis.

Andrés, pregúntele a Federico si se dirigió a
   la capital.
Federico, dígale que Ud. se dirigió al campo.

Ava, pregúntele a Tomás si Martínez ya se fue.
Tomás, dígale que Martínez se fue ayer.

Enrique, pregúntele a Gerardo si se peinó.
Gerardo, dígale que Ud. nunca se peina.

Ignacio, dígale a Luisa que Uds. ya se van.
Luisa, dígale que Ud. se va también.

A PERSONAL

a. Contesten a las siguientes preguntas en la forma afirmativa.

¿Ves la pintura?

¿Ves a María?

¿Miras la televisión?

¿Miras a Paco?

¿Sabes la lección?

¿Conoces a Teresa?

¿Buscas el cuaderno?

¿Buscas a tu amigo?

b. Sigan el modelo.

Veo la mesa.

María.

Veo a María.

Veo | mesa.
| María.
| niño.
| monumento.
| televisión.
| mi madre.
| Carlos.
| revista.

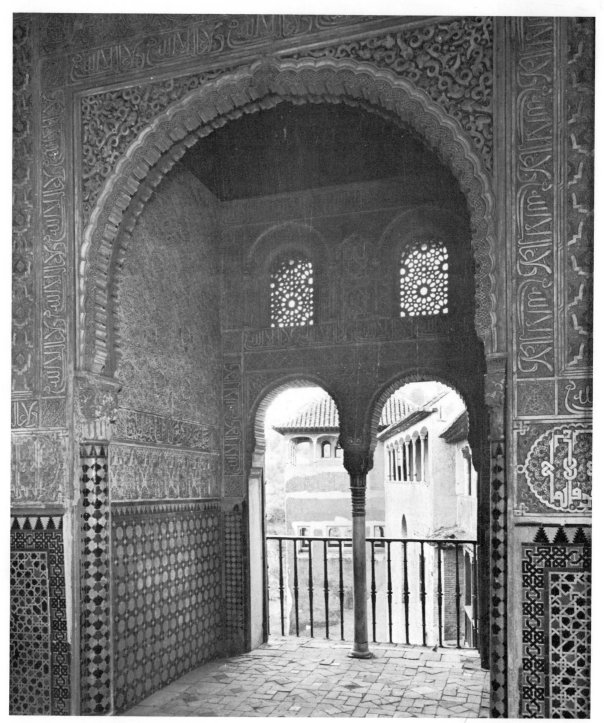

Spanish National Tourist Office

LA UNIVERSIDAD

EN LA PRIMERA VISITA a la Ciudad Universitaria, lo que más nos sorprendió fue su arquitectura. Los edificios son de arquitectura moderna mezclada con la tradición azteca.

Aquí vemos a los estudiantes que caminan por las aceras blancas que contrastan con el césped verde. Este es el edificio de la Rectoría. El fresco que vemos es parte de un pequeño teatro dentro del edificio. Es un edificio alto . . . tiene quince pisos . . . y está construido de piedra gris.

La monumental estatua del antiguo presidente de México, Miguel Alemán, quien construyó la Ciudad Universitaria, está a un lado del edificio de la Rectoría.

sorprender *(v.)* maravillar o conmover con una cosa rara o incomprensible

mezclar *(v.)* unir dos o más cosas en una

acera *(s.f.)* la orilla de la calle destinada para el tránsito de la gente que va a pie

césped *(s.m.)* hierba corta que se encuentra en los patios (grass)

rectoría *(s.f.)* oficinas de la administración de una universidad

piedra *(s.f.)* substancia mineral más o menos dura

Universidad de México

1

La biblioteca es el edificio más imponente de la Universidad. Toda la historia de México . . . desde la época azteca hasta la Revolución . . . está representada en los mosaicos de sus paredes. Estos se hicieron con piedras de colores traídas de muchas regiones de la república.

En este lado de la biblioteca, al centro, podemos leer Viva la Revolución y, a la derecha, Tierra y Libertad.

Estas tres niñas, que llevan el uniforme de una escuela superior, miran hacia la biblioteca. Quizás piensan en su futura educación en la Universidad. Ya más cerca, vemos la entrada principal de la biblioteca.

biblioteca (s.f.) edificio o sala destinado a la lectura de libros y que contiene un considerable número de libros

imponente (adj.) impresionante; que infunde respeto

época (s.f.) período de tiempo, como la época de los romanos

pared (s.f.) generalmente un cuarto tiene cuatro paredes

entrada (s.f.) sitio por donde se entra; puerta principal de una casa o edificio

Preguntas

1. ¿Qué nos sorprende más de la Ciudad Universitaria?
2. ¿Cómo es la arquitectura?
3. ¿Qué influencia se ve en la arquitectura?
4. ¿Por dónde caminan los estudiantes?
5. ¿Cómo son las aceras?
6. ¿Con qué contrastan las aceras?
7. ¿Qué es la Rectoría?
8. ¿Qué hay dentro del edificio de la Rectoría?
9. ¿Qué forma parte del teatro?
10. ¿Cuántos pisos tiene la Rectoría?
11. ¿De qué se hizo el edificio?
12. ¿Es grande o pequeña la estatua que vemos?
13. ¿De quién es la estatua?
14. ¿Quién fue él?

15. ¿Qué tiene que ver Miguel Alemán con la Universidad?
16. ¿Dónde está la estatua?
17. ¿Qué hay en las paredes de la biblioteca?
18. ¿Qué describen?
19. ¿Qué épocas están representadas?
20. ¿De qué se hicieron los mosaicos?
21. ¿Qué se puede leer en una pared de la biblioteca?
22. ¿Qué hacen las tres niñas?
23. ¿Asisten a la Universidad?
24. ¿Cómo se visten ellas?
25. ¿En qué pensarán?
26. ¿Qué hay más cerca?

EXPANSION

a. Sigan el modelo.

Aquí vemos a los estudiantes.
                    edificios.
Aquí vemos los edificios.

Aquí vemos	estudiantes.
	edificios.
	señoras.
	jóvenes.
	biblioteca.
	teatro.
	actores.
	Rectoría.

La estatua está	detrás	del edificio.
	delante	
	enfrente	
	a la izquierda	
	a la derecha	
	cerca	
	lejos	

ESTRUCTURA

PENSAR – TRES TIEMPOS

a. Sigan el modelo.

El profesor piensa que estudiamos.
Ella
Ella piensa que estudiamos.

El profesor	
Ella	
Uds.	
Tú	que estudiamos.
Mis padres	
Tú y tu papá	
Ud.	

b. Sigan el modelo.

Nunca pensamos en eso.
(yo)
Nunca pienso en eso.

(nosotros)		
(yo)		
(Uds.)		
(María)		
(Marta y María)	Nunca	en eso.
(Luis y yo)		
(tú)		
(tú y yo)		

c. Sigan el modelo.

Ella pensó que fuimos.
Tú
Tú pensaste que fuimos.

Ella	
Tú	
Ud.	que fuimos.
Pablo y Tomás	
Los chicos	

d. Sigan el modelo.

Ellos pensaron en la casa.
Mis padres
Mis padres pensaron en la casa.

Ellos	
Mis padres	
Nosotros	
La señora de Méndez	en la casa.
Yo	
Tú	

e. Sigan el modelo.

Mañana no pensarán así.
(Manuel)   Mañana no pensará así.

(ellas)		
(Manuel)		
(Manuel y yo)		
(Manuel y José)	Mañana no	así.
(Uds.)		
(yo)		
(tú)		

f. Sigan el modelo.

Yo lo pensaré más.
Ud.
Ud. lo pensará más.

Yo		
Ud.		
Rafael y Marcos		
Rafael y yo		
Los señores	lo	más.
Ella		
Tú		
Tú, Luis y yo		
Tú y Luis		

The forms of the verb **pensar** in the present, preterite and future tenses are:

present	preterite	future
pienso	**pensé**	**pensaré**
piensas	**pensaste**	**pensarás**
piensa	**pensó**	**pensará**
pensamos	**pensamos**	**pensaremos**
(pensáis)	**(pensasteis)**	**(pensaréis)**
piensan	**pensaron**	**pensarán**

Contesten a las preguntas con atención al tiempo.

¿Piensas que hará buen tiempo?

¿Qué pensaron los señores?

¿Pensarás en nosotros?

¿Qué pensaron Uds. del partido?

¿Piensan Uds. volver pronto?

¿Ella pensó en llamar?

¿Piensa Carlos vender su coche?

COMPARACION DE ADJETIVOS

a. Repitan.

Mi casa tiene diez cuartos. Es grande.

La casa de Pablo tiene doce cuartos. Es más grande.

La casa de Elena tiene veinte cuartos. Es la más grande.

Este edificio tiene veinte pisos. Es alto.

Ese tiene treinta pisos. Es más alto.

Aquél tiene cuarenta pisos. Es el más alto.

b. Terminen las oraciones.

Juan pesa cien kilos. Es gordo.

Tomás pesa ciento diez kilos. Es _____.

Roberto pesa ciento veinte kilos. Es _____.

Esta carta es de tres páginas. Es larga.

Esa tiene cinco páginas. Es _____.

Aquélla es de ocho páginas. Es _____.

Esta máquina tiene sólo un año. Es nueva.

Esa tiene sólo seis meses. Es _____.

Aquélla tiene sólo un mes. Es _____.

El coche de Luis tiene diez años. Es viejo.

Tu coche tiene quince años. Es _____.

Mi coche tiene veinte años. Es _____.

c. Escuchen y contesten a las preguntas.

Mi escuela tiene cien estudiantes.
La escuela de Jorge tiene trescientos.
La escuela de Raúl tiene ciento cincuenta.
¿Cuál de las escuelas es la más grande?
¿Cuál es la más pequeña de las tres?

El Edificio Fulano tiene cincuenta pisos.
El Edificio Mengano tiene cuarenta y cinco.
El Edificio Zutano tiene treinta y nueve.
¿Cuál de los edificios es el más alto?
¿Cuál es el más bajo?

La casa de Carlos tiene cinco años.
La de José tiene diez.
La de Luis tiene quince.
¿Cuál de las casas es la más nueva?
¿Cuál es la más vieja?

d. Contesten a las preguntas.

De las ciudades del mundo, ¿cuál es la más grande?
¿Quién es el más alto de la clase?
¿Cuál de sus clases es la más pequeña?
¿Quién es más alto que Ud.?
¿Cuál es más rápido, el coche o el avión?
¿Quién es el más inteligente de su clase?
¿Quién es más alto, Ud. o su papá?
¿Quién es el más gordo de su familia?
¿Cuál de sus clases es la más interesante?
¿Qué estado es más grande, California o Colorado?
¿Qué estado es el más grande?
¿Qué ciudad es más antigua, San Agustín o Jamestown?
¿Quién es la más bonita de la clase?
¿Qué ciudad es la más grande de México?

The comparative form of an adjective is usually constructed by placing the word **más** before the adjective. The superlative is formed by using the appropriate article with **más** and the adjective.

hermoso   **más hermoso**   **el más hermoso**

María es bonita, Concha es más bonita, pero Pilar es la más bonita de todas.

Sigan el modelo.

Juan es el más guapo.
Elena
Elena es la más guapa.

Juan
Elena
Jorge
Las chicas   más
Los chicos
Miguel

COMPARACION DE ADJETIVOS IRREGULARES

a. Repitan.

Raúl es bueno.
Pepe es mejor que Raúl.
Juan es el mejor de los tres.

Raúl es malo.
Pepe es peor que Raúl.
Juan es el peor de los tres.

Pepe tiene quince años.
Juan tiene diecisiete años. Es mayor que Pepe.
Luis tiene veinte años. Es el mayor de los tres.

Luis tiene veinte años.
Juan tiene diecisiete años. Es menor que Luis.
Pepe tiene quince años. Es el menor de los tres.

b. Contesten a las preguntas.

En su familia, ¿quién es el mayor?
¿Quién en su familia es menor que Ud.?
¿En qué clase saca Ud. las mejores notas?
¿Tiene Ud. un hermano mayor o menor?
¿Quién es mayor, su madre o su padre?
¿Qué nota es peor, una *A* o una *B*?
¿Qué nota es la peor?

c. Sigan el modelo.

Los libros son buenos.
   casa
La casa es buena.

libros
casa
cuartos
corridas
arquitectura
frescos
biblioteca
cuadro

d. Sigan el modelo.

Esa chaqueta es peor.
   café
Ese café es peor.

chaqueta
café
comida
estudiantes
edificio
estatuas

e. Sigan el modelo.

Esta revista es mejor.
   zapatos
Estos zapatos son mejores.

revista
zapatos
parte
universidad
cafeteras
periódico
toro

f. Sigan el modelo.

Pepe es el mayor.
María
María es la mayor.

Pepe
María y Elena
Yo
Tú
Tú y yo
Mi hermano
Ellas
Ud.
La señora de Alvarez
Nosotras

The following comparative forms are irregular:

mejor **mayor**
peor **menor**

The superlative forms are constructed by placing the appropriate article before the comparative form.

Juan es el peor estudiante.
Carmen es la mayor de la clase.

Cambien cada oración para emplear la palabra indicada.

Manolo es el mejor estudiante.
Juan _____.
_____ peor _____.
Pepita _____.
_____ mayor _____.
Pablo y Beto _____.
_____ menores _____.

LA UNIVERSIDAD (CONTINUACION)

EN RELIEVE y en color, vemos aquí una representación simbólica de los trabajadores de todos los países y de todos los tiempos. Por delante de este edificio largo, de color amarillo brillante, pasan unos estudiantes que van de prisa a sus quehaceres.

Hoy es día de matrícula para la escuela de verano. Los alumnos forman grupos en este largo corredor. Unos esperan su turno sentados en un banco cerca de la ventana y conversan; otros van hacia las oficinas a completar su matrícula.

relieve *(s.m.)* representación en que las figuras salen del plano: En un mapa en relieve, se ve la altura de las montañas.
quehacer *(s.m.)* ocupación, trabajo, cosas que hacer
matrícula *(s.f.)* la lista o el catálogo de nombres de las personas que toman parte en un curso
alumno *(s.m.)* sinónimo de estudiante
conversar *(v.)* hablar

Universidad de México

Esta muchacha sola camina hacia uno de los edificios más interesantes de la Ciudad Universitaria. El fresco que tenemos delante representa la conquista de la energía. En la arquitectura de este edificio podemos observar la combinación de líneas rectas y curvas que es característica de la arquitectura moderna y que es de gran efecto. Un trabajador corta el césped.

Al fondo vemos uno de los edificios de la Facultad de Medicina. Los estudiantes se agrupan al pie de las rampas que otros estudiantes usan para ir de un lugar de la Facultad de Medicina a otro.

Como. hemos visto, en casi todos los edificios de la Ciudad Universitaria hay frescos que simbolizan las actividades de las diferentes escuelas de la Universidad. Y éste que tenemos delante, pintado en colores brillantes, simboliza la salud y la vida.

conquista *(s.f.)* acción de conquistar: Hernán Cortés conquistó a México.

recto *(adj.)* sin curvas: La línea recta es la más corta entre un punto y otro.

cortar *(v.)* dividir una cosa o separar sus partes con algún instrumento

fondo *(s.m.)* en un cuadro o una fotografía, la parte detrás

agrupar *(v.)* formar un grupo

lugar *(s.m.)* un sitio; un espacio que se puede ocupar

pintar *(v.)* figurar o representar una cosa con líneas o colores: Leonardo Da Vinci pintó la **Mona Lisa.** Rivera pintó frescos.

salud *(s.f.)* estado normal del organismo humano

La Universidad **9**

Preguntas

1. ¿Qué simboliza la representación?
2. ¿Cómo es el edificio?
3. ¿Para qué están allí los estudiantes?
4. ¿Qué hacen los chicos sentados en el banco?
5. ¿Qué clase de líneas vemos en el edificio de arquitectura moderna?
6. ¿Qué representa el fresco?
7. ¿El edificio al fondo es parte de qué facultad?
8. ¿Cómo van los estudiantes de un lugar a otro en la Facultad de Medicina?
9. ¿Qué simbolizan los frescos de la Universidad?
10. ¿De qué es símbolo el último fresco?

EXPANSION

a. Sigan el modelo.

Es un edificio.
            largo.
Es un edificio largo.
                  de color amarillo.
Es un edificio largo de color amarillo.

Es un edificio|.
            |largo.
            |de color amarillo.
            |brillante.

Es una imagen|.
            |simbólica.
            |de los trabajadores.
            |de todos los países.
            |y de todos los tiempos.

Hoy es día de matrícula|.
            |para la escuela.
            |de verano.

Unos esperan su turno|.
            |sentados.
            |en un banco.
            |cerca de la ventana.

Ella camina|.
            |hacia uno de los edificios.
            |más interesantes.
            |de la Ciudad.
            |Universitaria.

Los jóvenes se agrupan|.
            |al pie.
            |de las rampas.

b. Sigan las instrucciones.

Alberto, pregúntele a Paco si ya se matriculó.
Paco, contéstele que no, que Ud. se matriculará mañana.

Margarita, mande al trabajador que corte el césped.
Pedro, contéstele que Ud. lo cortó ayer.

Anita, pregúntele a Teresa si sabe quién pintó aquel fresco.
Teresa, contéstele que Ud. no sabe.

Esteban, dígale a Anita que Ud. piensa que lo pintó Rivera.
Teresa, contéstele que él tiene razón.

Francisco, pregúntele a Luis si todavía asiste a la Facultad de Medicina.
Luis, contéstele que no, que Ud. cambió para Farmacia.

Susana, pregúntele a Rosa qué arquitectura le gusta más.

Rosa, contéstele que Ud. prefiere la arquitectura colonial.

Diego, pregúntele a Pablo cuál es la distancia más corta entre dos puntos.

Pablo, contéstele que es una línea recta.

Linda, pregúnteles a los amigos adónde van tan de prisa.

Ramón y Pedro, contéstenle que Uds. tienen muchos quehaceres.

REPASO

a. Repitan.

A mí me gusta la Universidad.
A Juan le gusta la escuela.
A ti te gusta el museo.
A nosotros nos gusta el teatro.
A Uds. les gusta el fresco.
A Juan y a Pepe les gusta la estatua.

b. Sigan el modelo.

A mí me sorprende la arquitectura. ¿Y a ti?
A mí me sorprende también.

A mí me sorprende la arquitectura. ¿Y a ti?
A Pepe le gustan las afueras. ¿Y a Uds.?
A Tomás le interesa el museo. ¿Y a tu hermano?
A Luis le enseñan la casa. ¿Y a ellas?
A los señores les falta tiempo. ¿Y a Ud.?
A ti te dicen la verdad. ¿Y a mí?
A Uds. les darán regalos. ¿Y a nosotros?
A mí me falta dinero. ¿Y a Roberto?

c. Cambien cada oración para emplear la palabra indicada.

Juan me dice que no hay clase.
_____ clases.
_____ te _____ .
_____ tiempo.
_____ dijo _____ .
Ellos _____ .
_____ nos _____ .

d. Sigan las instrucciones.

Luisa, pregúntele a Marta si le interesa el fútbol.

Marta, contéstele que no, que no le interesa.

Pancho, pregúntele al chico si le dijeron los resultados.

Manolo, contéstele que se los dijeron ayer.

e. Cambien las oraciones del singular al plural o viceversa.

Nunca cerramos las puertas.
Yo vuelvo a las siete.
Nos acostamos muy tarde.
Comienzo por la mañana.
¿Cuál prefieres?
Queremos hacer un viaje.
¿Puedo ir contigo?
Ellos piensan que es verdad.
Me siento enfrente de la clase.
Tenemos que salir esta tarde.
Vengo más tarde.
El nunca se viste bien.
Siempre pensamos en eso.

f. Sigan las instrucciones.

Guillermo, pregúntele a Andrés si piensa ir al partido.

Andrés, contéstele que no, que no piensa ir.

Bárbara, pregúnteles a los chicos si vuelven mañana.

Chicos, contéstenle que no, que vuelven el lunes.

Isabel, pregúnteles a los chicos adónde quieren ir.

David y Tomás, contéstenle que Uds. quieren ir a la ciudad.

g. Sigan el modelo.

¿Qué tienes tú?
        ella?
¿Qué tiene ella?

¿Qué	tú?
	ella?
	nosotros?
	yo?
	Ud.?
	Paco?
	ellos?

h. Sigan el modelo.

¿Cuándo vuelve Ud.?
        nosotros?
¿Cuándo volvemos nosotros?

¿Cuándo	Ud.?
	nosotros?
	Uds.?
	ellos?
	tú?
	mamá?
	yo?

i. Repitan los siguientes nombres de colores.

rojo	blanco
amarillo	gris
verde	negro
azul	

El papel es blanco.
La noche es negra.
El equipo de béisbol de Boston lleva medias rojas.
El cielo es azul.
En el otoño los árboles cambian de verde en amarillo o rojo.
El césped es verde.
La piedra es gris.

j. Contesten a las preguntas.

¿Cuáles son los colores de los EE.UU.?
¿Cuáles son los colores de su escuela?
¿De qué color es el mar?
¿De qué color es su camisa?
¿De qué color son sus zapatos?
¿De qué color es la escuela?
¿De qué color es el césped?
¿De qué colores es el libro de español?
¿De qué color es la pared?
¿De qué color es la acera?
¿De qué color son las nubes?
¿Con qué luz nos paramos en la calle?
¿De qué color es su casa?
¿De qué color es el vestido de la profesora?
¿De qué color es la nieve?

k. Sigan el modelo.

La piedra es gris.
        piedras
Las piedras son grises.

piedra
piedras
acera
cuadro
nubes
ropa
ojos
vestido

l. Cambien cada oración para emplear la palabra indicada.

El vestido es amarillo.
— flores _____.
— casa _____.
_____ verde.
— sillas _____.
— césped _____.
— abrigo _____.
_____ negro.
— café _____.
— corbata _____.
— pantalones _____.
— toro _____.
— tiza _____.
_____ roja.
— tierra _____.
— calcetines _____.

m. Contesten a las siguientes preguntas en la forma afirmativa y en la negativa, según el modelo.

¿Debo hablar?
Sí, habla.
No, no hables.

¿Debo hablar?
¿Debo llamarlo?
¿Debo comer?
¿Debo leerlo?
¿Debo asistir?
¿Debo escribirles?
¿Debo venir?
¿Debo ponerlo allí?

n. Contesten a las siguientes preguntas según el modelo.

Señor, ¿me manda a estudiar?   *(sí)*
Sí, estudie Ud.
Señor, ¿nos manda a estudiar?   *(no)*
No, no estudien Uds.

Señor, ¿me manda a estudiar?   (sí)
Señor, ¿nos manda a estudiar?   (no)
Señor, ¿nos manda a terminarlo?   (sí)
Señor, ¿me manda a terminarlo?   (no)
Señor, ¿nos manda a volver?   (sí)
Señor, ¿me manda a volver?   (no)
Señor, ¿me manda a leerlo?   (sí)
Señor, ¿nos manda a leerlo?   (no)
Señor, ¿nos manda a sufrir la prueba?   (sí)
Señor, ¿me manda a sufrirla?   (no)
Señor, ¿nos manda a hacer el trabajo?   (no)
Señor, ¿me manda a hacerlo?   (sí)

o. Sigan las instrucciones.

Mande al señor que se levante.
Mande a su amigo que se levante.
Mande a los señores que se vayan.
Mande a la señorita que vuelva mañana.
Mande a su amigo que no diga nada.
Mande al niño que se lave.
Mande a los señores que lean el artículo.
Mande a los niños que se vistan en seguida.
Mande al señor que le llame a Ud.
Mande a su amigo que no piense en eso.
Mande a la señora que los visite a Uds.

p. Cambien las siguientes oraciones del tiempo presente en el futuro, según el modelo.

Lorenzo estudia mucho.
Lorenzo estudiará mucho.

Lorenzo estudia mucho.
Ellos leen las revistas.
¿Compras el cuadro?
Vuelvo más tarde.
Mis amigos no resisten el frío.
Luis y yo asistimos a la clase.
¿A qué hora vienen Uds.?
¿Puedes ir con nosotros?
Carlos me dice todo.

Los alumnos se agrupan en el centro.
El trabajador corta el césped.
No tengo tiempo.

q. *Sigan las instrucciones.*

Anamari, pregúnteles a los amigos si vendrán
mañana.

Alberto y Paco, contéstenle que no, que vendrán el domingo.

Pepe, pregúntele a Diego qué hará con la
máquina.

Diego, contéstele que Ud. la venderá.

Eduardo, pregúnteles a ellos si les gustará
asistir.

José y Carlos, contéstenle que preferirán no
tener que ir.

Enrique, pregúntele a su papá si Ud. podrá
tener el coche.

Papá, contéstele que sí, pero tendrá que volver
temprano.

María, pregúntele a Teresa si hablará con el
profesor.

Teresa, contéstele que sí, que Ud. hablará con
el profesor.

Esteban, pregúntele a Jorge si volverá mañana.

Jorge, contéstele que sí, que Ud. podrá volver
mañana.

Elena, pregúnteles a Guillermo y a Enrique si
estarán en casa.

Enrique, contéstele que sí, que estarán en casa.

r. *Cambien cada oración para emplear la palabra indicada.*

El lo comprará mañana.

_____ verá _____.

Tú _____.

_____ el jueves.

_____ tendrás _____.

__ las _____.

Universidad de Salamanca

14   *Lección quince*

Universidad de Salamanca

LA UNIVERSIDAD DE SALAMANCA

Edad Media época aproximadamente desde el siglo V hasta el siglo XV

elegido elected

había forma impersonal del verbo *haber* (there were)

era forma del verbo *ser* (he was)

La Universidad de Salamanca es la más antigua de España. Es mucho más vieja que la de Madrid aunque no tan grande. Durante la Edad Media fue para España lo que fue Oxford para Inglaterra, Boloña para Italia y la Universidad de París para Francia. Durante la Edad Media los cursos se dieron en latín. Fue Salamanca la primera universidad de Europa que permitió asistir a las mujeres. En esa época había más de seis mil estudiantes. No solamente fue el rector elegido por los estudiantes sino que también era estudiante. Ahora el rector es profesor.

En nuestro siglo fue profesor de griego y después rector de la Universidad una de las mayores figuras de la literatura española y de la filosofía. Su nombre se conoce en todo el mundo. Es don Miguel de Unamuno.

Hoy la Universidad de Salamanca es la segunda de España y allí estudian personas de todas partes del mundo.

Preguntas

1. ¿Es Madrid la universidad más vieja de España?
2. ¿Cuál es más grande, la Universidad de Madrid o la de Salamanca?
3. ¿Cómo se llama la más antigua universidad de Inglaterra? ¿La de Italia?
4. En la Edad Media, ¿cuál fue la lengua de enseñanza?
5. ¿Pudieron asistir las mujeres a la Universidad de Salamanca?
6. ¿Más de cuántos estudiantes había allí en la Edad Media?
7. ¿Quiénes eligieron al rector?
8. ¿Fueron estudiantes los rectores?
9. ¿Hoy día son estudiantes los rectores?
10. ¿Cuál es «nuestro» siglo?
11. ¿De qué era profesor don Miguel de Unamuno?
12. ¿Es famoso Unamuno?
13. ¿Qué escribió Unamuno?
14. ¿Es Salamanca hoy la universidad más importante de España?
15. ¿Sólo estudian allí españoles?

PARA ESCRIBIR

a. Emplee las siguientes palabras en oraciones originales, según el modelo.

mezclar
Mezclamos chocolate con la leche.

mezclar	la entrada
sorprender	pequeño
la acera	gris
el césped	antiguo
el fresco	imponente
la piedra	la pared
construir	la época

b. Siga el modelo.

	¡Tráigame esa lista!
(a María)	¡Tráigale esa lista!
(a mí)	
(a María)	
(a Juan y a Pepe)	
(a nosotros)	
(a la profesora)	¡ _____ esa lista!
(a mi amigo)	
(a mí)	
(a los señores)	

c. Siga el modelo.

	Me interesan los frescos.
(a Pepe)	Le interesan los frescos.
(a mí)	
(a Pepe)	
(a Pepe y a mí)	
(a mis amigos)	
(a ti)	
(a ti y a mí)	
(a ti y a Luis)	
(a Ud. y a Carlos)	
(al señor Gómez)	
(a Ud.)	_____ interesan los frescos.
(a su hermana)	
(a los estudiantes)	
(al profesor)	
(a tu padre)	
(a Martín)	
(a ellas)	
(a Ud. y a mí)	
(a nosotras)	

d. Siga las instrucciones.

Mande a los chicos que le compren un cuadro.

Pregúntele al señor si a él le gustan las corridas.

Pregúnteles a los señores si les interesa la arquitectura.

Mande a su amigo que les enseñe el fresco a Uds.

Pregúntele al muchacho si puede venderle esa corbata.

Mande a los niños que le digan la verdad a su mamá.

Dígale al señor que él puede pagarle la cuenta.

Pregúntele al muchacho si les escribió a sus padres.

Mande a los señores que les señalen el monumento a Uds.

Pregúnteles a los chicos si Ud. puede traerles algo.

Mande a la señorita que le presente a sus hermanos.

Dígale a su amigo que eso le sorprende mucho a Ud.

e. Cambie las oraciones del singular al plural o viceversa.

El chico piensa en eso.

No pensamos que ellos volverán.

Nunca pienso en esas cosas.

¿Qué piensan Uds.?

¿Piensan tus hermanos que volverán?

Pienso terminar en un mes.

Nosotros pensamos en nuestros padres.

¿En qué piensas?

f. Conteste a las preguntas con atención al tiempo.

¿Qué pensarán sus padres?

¿En qué pensaste?

¿Pensaron Uds. en los resultados?

¿Pensó Ud. en las posibilidades?

¿Pensaron ellos asistir a la fiesta?

¿Cuándo piensan ellos volver?

¿En qué pensará su amigo?

¿Qué pensará el profesor?

g. Termine las oraciones según el modelo.

Pepe es alto.
Juan es más alto que Pepe.
Luis es el más alto.

Pepe es alto.
Juan _____.
Luis _____.

Este edificio es alto.
Ese _____.
Aquel _____.

María es bonita.
Eloísa _____.
Ramona _____.

Mi cuadro es antiguo.
Tu _____.
Su _____.

Este artículo es interesante.
Ese _____.
Aquel _____.

Esta revista es mala.
Esa _____.
Aquella _____.

Mis clases son buenas.
Tus _____.
Sus _____.

El artículo de Ramón es largo.
_____ Pablo _____.
_____ Elena _____.

Tomás y Juan son guapos.
Luis y Miguel _____.
Alfonso y Manuel _____.

Mi carta es corta.

Tu _____.

Su _____.

Sus libros son interesantes.

Mis _____.

Tus _____.

h. Conteste a las preguntas.

¿Cuál es más grande, la Universidad de Madrid o la de Salamanca?

¿Cuál es la más antigua, la Universidad de Salamanca, la de Madrid o la de México?

¿Quién es el más alto de la clase?

¿Quién es el mejor estudiante?

¿Cuál es más grande, la cocina o la sala?

¿Quién es el más inteligente de la clase?

¿Qué libro fue el más interesante que leyó Ud.?

i. Cambie cada oración para emplear la palabra indicada.

María y Elena son guapas.

_____ feas.

María _____.

Juan _____.

_____ inteligente.

Ellas _____.

_____ altas.

Luisa _____.

Pepe y Pablo _____.

El edificio _____.

Las estatuas _____.

_____ grandes.

El museo _____.

La universidad _____.

j. Conteste a las preguntas.

¿Cuáles son los colores de la bandera de los EE.UU.?

¿De qué color es el cielo?

¿De qué color es el césped?

¿De qué color es el café?

¿Cuáles son los colores de su casa?

¿De qué color es su coche?

¿Cuáles son los colores nacionales de México?

¿Qué «color» representa una falta total de color?

Cuando hace mal tiempo, ¿de qué color es el cielo?

k. Cambie las siguientes oraciones según el modelo.

Cómprelo, señor.

      señores.

Cómprenlo, señores.

      Pepe.

Cómpralo, Pepe.

Cómprelo, señor.

_____ señores.

_____ Pepe.

Vengan Uds., señores.

_____ señor.

_____ Pepe.

Levántate, Pepe.

_____ señor.

_____ señores.

No tenga Ud. cuidado, señor.

_____ señores.

_____ Pepe.

No digan Uds. eso, señores.

_____ Pepe.

_____ señor.

Vuelve mañana, Pepe.

_____ señor.

_____ señores.

Enséñeme la máquina, señor.

_____ señores.

_____ Pepe.

Fiesta en Panamá

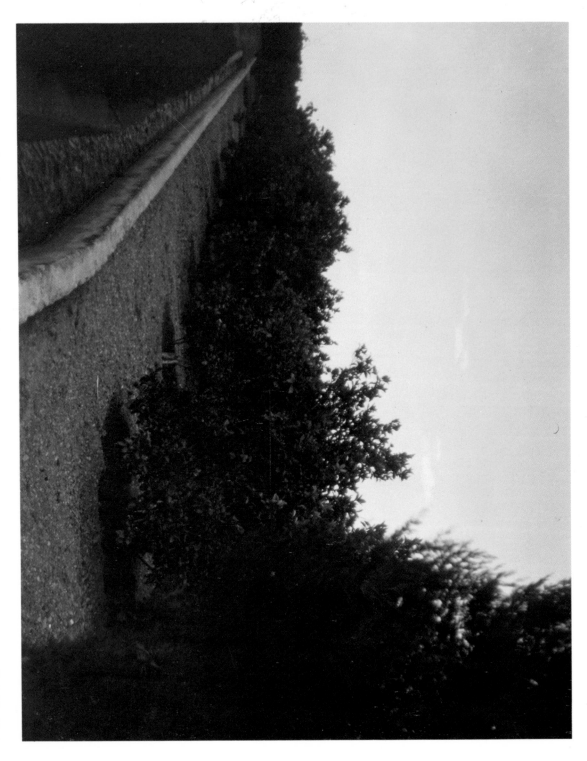

Regando la tierra, Valencia

P. E. Woodford

No se vayan Uds., señores.

_____ señor.

_____ Pepe.

Lávate las manos allí, Pepe.

_____ señor.

_____ señores.

Venga Ud. conmigo, señor.

_____ señores.

_____ Pepe.

Suban a la torre, señores.

_____ señor.

_____ Pepe.

Acuéstate temprano, Pepe.

_____ señor.

_____ señores.

Tómelo, señor.

_____ señores.

_____ Pepe.

l. Emplee las siguientes palabras en ora-ciones originales.

el relieve	recto
la matrícula	cortar
matricular	el fondo
el quehacer	agrupar
el alumno	el lugar
conversar	pintar
la conquista	la salud

m. Cambie las siguientes oraciones del tiempo pretérito en el futuro, según el modelo.

Ayer yo hablé con Paco.
Mañana
Mañana yo hablaré con Paco.

Ayer yo hablé con Paco.
Mañana _____.

Ayer asistimos a un concierto.
Mañana _____.

Ayer ellos acabaron el trabajo.
Mañana _____.

Ayer tú contestaste el teléfono.
Mañana _____.

¿A qué hora comieron Uds. ayer?
¿_____ mañana?

Ella lo compró ayer.
_____ mañana.

Ayer le enseñamos los frescos.
Mañana _____.

Ayer no le interesó el lugar.
Mañana _____.

Ayer les invité a la fiesta.
Mañana _____.

Ayer hicimos unos cuentos.
Mañana _____.

Ayer nos levantamos a las seis.
Mañana _____.

¿Te gustó el partido ayer?
¿_____ mañana?

¿Lo pudiste hacer ayer?
¿_____ mañana?

Ayer recibieron los resultados.
Mañana _____.

Ayer cambié el cheque.
Mañana _____.

¿Dónde comenzaron ayer?
¿_____ mañana?

¿Tuviste bastante tiempo ayer?
¿_____ mañana?

n. Es Ud. por el momento un estudiante nuevo en la Universidad de México. Conteste a las preguntas.

¿De dónde es Ud.?

¿Dónde va a vivir en la Ciudad de México?

¿Qué cursos va a seguir?

¿Qué representan los frescos que se ven por todas partes?

¿Qué tiene que hacer el primer día?

¿Dónde lo puede hacer?

¿Cómo es el edificio?

¿De qué fue construído?

¿Qué estatua se ve en la Universidad de México?

¿Por qué está allí?

¿Qué frases se pueden leer en las paredes de los edificios?

¿Dónde se puede ver representada toda la historia de México?

¿Qué hacen los chicos mientras esperan matricularse?

¿Qué hay en el edificio de la Rectoría?

o. Basada en las respuestas a las 14 preguntas anteriores, escriba una composición de 100 o más palabras sobre la Universidad de México y su «primer día» allí.

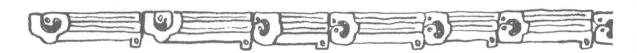

PRONUNCIACION

Initial b vs. intervocalic b		*Initial d vs. intervocalic d*	
bajo	lo bajo	digo	lo digo
bello	lo bello	debo	lo debo
bueno	lo bueno	describo	lo describo
busco	lo busco	deseo	lo deseo
vende	lo vende	dirijo	lo dirijo
verde	lo verde	demás	lo demás

Intervocalic d vs. intervocalic r		*Single r vs. trilled r*	
codo	coro	foro	forro
lodo	loro	para	parra
todo	toro	caro	carro
cada	cara	pero	perro
entrada	entrará	si era	sierra
indicada	indicará	queremos	querremos

EN EL COLEGIO

ESTA ES LA ENTRADA a la Universidad de las Américas, un colegio situado cerca de la Ciudad de México, en el camino de Toluca.

Hoy es un hermoso día de primavera y hace sol. A esta hora de la mañana . . . son casi las diez . . . todos los estudiantes tienen clases y por eso son pocos los que andan por el patio del colegio.

Dos profesores conversando pasan despacio. Un hombre camina al lado del edificio. Como podemos observar, la arquitectura de este colegio, construido en un sitio rodeado de árboles y plantas tropicales, es muy variada. Otro profesor viene hacia nosotros y sigue hacia la biblioteca.

camino *(s.m.)* carretera, vía pública

hermoso *(adj.)* precioso, muy bonito

andar *(v.)* sinónimo de caminar

despacio *(adv.)* lo contrario de rápido: El coche va más despacio que el avión.

rodear *(v.)* poner a todos lados de una cosa

Los estudiantes están para salir de sus clases. — ¿Adónde vas? — pregunta una muchacha.

— ¡Allí! — contesta su amigo, señalando con el dedo.

Los estudiantes, que ahora están reunidos en la puerta del edificio, conversan y se preparan a ir a sus clases una vez más.

dedo (s.m.) cada una de las cinco partes prolongadas en que terminan las manos y los pies

reunirse (v.) agruparse: Los muchachos se reúnen en la botica.

Preguntas

1. ¿Qué parte del colegio se ve primero?
2. ¿Está en la capital la Universidad de las Américas?
3. ¿En qué estación estamos?
4. ¿Qué tiempo hace?
5. ¿Qué hora es?
6. ¿Por qué no hay muchos estudiantes en el patio?
7. ¿Qué hacen los dos profesores?
8. ¿Cómo es la arquitectura?
9. ¿Cómo es la vegetación?
10. ¿Adónde va otro profesor?
11. ¿Dónde se agrupan los estudiantes?
12. ¿Qué hacen allí?
13. Después de hablar, ¿adónde irán los chicos?
14. ¿En qué estación estamos aquí ahora?
15. ¿Hace sol hoy?
16. ¿Hace frío o calor?
17. ¿En qué estación tenemos las vacaciones?
18. ¿Cuántas estaciones hay en el año?
19. ¿Cuáles son las estaciones del año?
20. ¿Cómo es la arquitectura de su escuela?
21. ¿Tiene muchos árboles y plantas la escuela?
22. ¿Dónde se reúnen los estudiantes de su escuela?
23. ¿Está su escuela en una ciudad?
24. ¿A qué hora salen Uds. de la escuela?

EXPANSION

a. Sigan el modelo.

Hoy es un hermoso día|.
|de primavera.
Hoy es un hermoso día de primavera.

Hoy es un hermoso día|.
|de primavera.
|y hace sol.

Un hombre camina|.
|al lado.
|del edificio.

Los estudiantes están reunidos|.
|en la puerta.
|del edificio.

Un profesor viene|.
|hacia nosotros.
|y sigue.
|hacia la biblioteca.

ESTRUCTURA

REPASO DE LOS PRONOMBRES DESPUES DE UNA PREPOSICION

a. Sigan el modelo.

Este regalo es para ella.
                      él.
Este regalo es para él.

Este regalo es para
| ella. |
| él. |
| ti. |
| mí. |
| Ud. |
| Uds. |
| nosotros. |

Nadie irá sin
| ellos. |
| ellas. |
| nosotros. |
| mí. |
| ti. |
| Ud. |
| él. |

El mosaico está detrás de
| Ud. |
| mí. |
| Uds. |
| nosotros. |
| ti. |

El señor vino hacia
| nosotros. |
| ti. |
| ellos. |
| mí. |
| nosotras. |
| Ud. |

Universidad de Madrid   G. Szabados

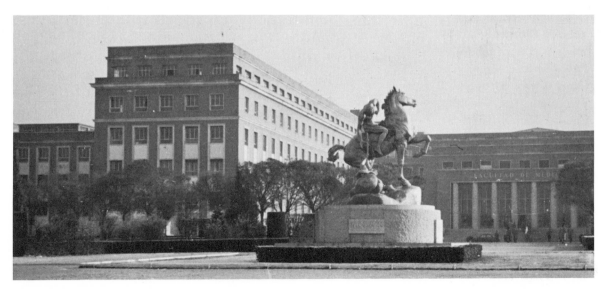

Manuel quiere ir
- conmigo.
- con nosotros.
- contigo.
- con ella.
- con Uds.

¿Quién llegó
- con ellos?
- contigo?
- con Ud.?
- con Uds.?
- conmigo?
- con él?
- con nosotros?

b. Contesten a las siguientes preguntas según el modelo.

¿Vas con Juan?
Sí, voy con él.

¿Vas con Juan?
¿Hablas con tu hermano?
¿Quieres volver sin Luis?
¿Vives cerca de Tomás?
¿Compras un regalo para Susana?
¿Estás cerca de Elena?
¿Vas sin Carmen?
¿Vuelves con tu madre?
¿Va Roberto contigo?
¿Canta Elena contigo?
¿Vive Paco cerca de ti?
¿Camina Ramón hacia ti?
¿Es para ti este regalo?
¿Estudias con tus hermanos?
¿Haces un viaje con Juan y Enrique?
¿Está María detrás de Tomás y Miguel?
¿Puedes asistir con María y Teresa?
¿Estás cerca de Carmen y Lupita?
¿Va María con Uds.?
¿Viene Carlos hacia Uds.?
¿Vive Carlos cerca de Uds.?

c. Contesten a las siguientes preguntas según el modelo.

¿Roberto va a ir sin ti?
Sí, él va a ir sin mí.

¿Roberto va a ir sin ti?
¿Es esa máquina para Uds.?
¿Quiere Ud. volver conmigo?
¿Luisa está detrás de Ricardo?
¿Vive Ud. cerca de nosotros?
¿Podré asistir con Ud.?
¿Caminó la señorita hacia Pablo y José?
¿Estuvo Ud. con Luisa?
¿Pepe se paró enfrente de ti?
¿Vives lejos de mí?
¿Saldrán ellos sin Ramón?
¿Es esta carta para tus padres?
¿Pepe y Juan estudian con Ud.?
¿Volvió Elena antes de las muchachas?
¿Compraste eso para los niños?
¿Fuiste sin la señorita Gómez?

d. Cambien cada oración para emplear la palabra indicada.

Los señores están cerca de Ud.
_____ lejos _____.
_____ viven _____.
_____ Uds.
_____ ti.
_____ detrás ____.
_____ él.
_____ mí.

Volvieron de la tienda conmigo.
_____ escuela _____.
_____ Ud.
_____ ella.
_____ contigo.
Salieron _____.
_____ él.
Fueron _____.
_____ Uds.

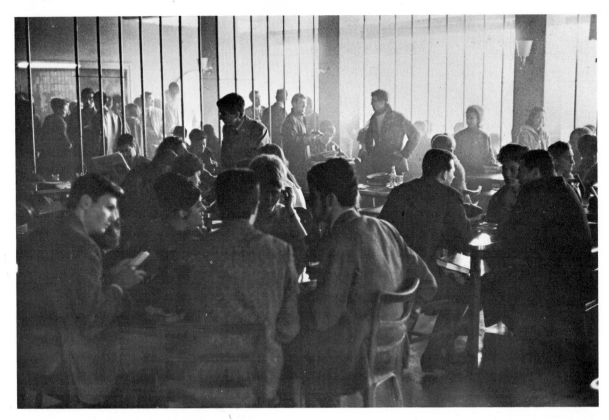

Cafetería, Facultad de Filosofía, Madrid

F. Poyatos

EL INFINITIVO CON PREPOSICIONES

a. Sigan el modelo.

¿Por qué no vienes después de comer?
                                    estudiar?
¿Por qué no vienes después de estudiar?

¿Por qué no vienes después de
| comer. |
| estudiar. |
| llegar. |
| volver. |
| trabajar. |
| cortar el césped. |

Se necesita esto para
| comer. |
| asistir. |
| acabar. |
| escribir. |
| llamar. |
| pintar. |
| subir. |

Sin
| comer |
| pagar |
| terminar |
| llamar |
| escribir |
no puedes ir.

Antes de
$\left.\begin{array}{l}\text{volver,}\\\text{contestar,}\\\text{visitarlo,}\\\text{irte,}\\\text{verlos,}\\\text{salir,}\\\text{comenzar,}\end{array}\right\}$
llámame.

b. Traduzcan según el modelo.

That is for writing.
Eso es para escribir.

That is for writing.
That is for reading.
That is for traveling.
That is for seeing.

That is for painting.
That is for paying.
That is for washing.
That is for cutting.

c. Contesten a las preguntas.

¿Para qué va Ud. a la cafetería?
¿Para qué van Uds. a la biblioteca?
¿Para qué van Uds. al mercado?
¿Para qué van Uds. a la universidad?
¿Para qué va Ud. a la clase de español?
¿Para qué van Uds. al museo?
¿Para qué va Ud. al banco?
¿Para qué va Ud. a la capital?
¿Para qué van Uds. al campo?

After a preposition, the only form of the verb that may be used is the infinitive.

The pen is for writing.
La pluma es para escribir.

I can't go without calling.
No puedo ir sin llamar.

He studies before eating.
Estudia antes de comer.

Cambien cada oración para emplear la palabra indicada.

Ven antes de comer.
_____ estudiar.
____ después de _____.
_____ terminar.
____ para _____.
_____ empezar.
____ antes de _____.
_____ acabar.
____ sin _____.
_____ comer.

EN EL COLEGIO (CONTINUACION)

EN FRENTE de la Administración de Correos, una muchacha está sentada en el césped. Ella no tiene clase ahora y va a leer su lección.

Otra estudiante tiene un libro de español en la mano. Estudia el vocabulario y presta mucha atención a lo que estudia. Luego pasa la página y continúa preparando su lección. Ella es una de las alumnas más trabajadoras del colegio.

Aquí no solamente se estudia sino que se juega también. Estos dos estudiantes tratan de jugar al *ping pong* sobre una mesa verde.

Otros estudiantes, con la raqueta en la mano, juegan al *badminton* y lanzan el volante por encima de la red. Un profesor, con un paraguas en la mano, pasa hacia la derecha.

Los estudiantes, después de asistir a las clases, de estudiar un poco y de jugar bastante, van al comedor del colegio a tomar el almuerzo antes de regresar a sus casas. Este comedor, como tantos otros edificios de México, tiene frescos en sus paredes que nos dan una idea de la vida precolombina mexicana.

correos *(s.m.)* servicio público que transporta correspondencia

trabajador *(adj.)* que trabaja mucho

encima *(prep.)* lo opuesto de debajo: El segundo piso está encima del primero.

red *(s.f.)* lo que divide el lugar donde se juega al tenis

paraguas *(s.m.)* un aparato que se usa para protegerse de la lluvia (umbrella)

almuerzo *(s.m.)* la segunda comida del día: Por la mañana tomamos el desayuno, al mediodía el almuerzo y por la noche la cena.

regresar *(v.)* sinónimo de volver

precolombino *(adj.)* antes de Cristóbal Colón, antes de A.D. 1492

Preguntas

1. ¿Dónde está la muchacha?
2. ¿Por qué está allí?
3. ¿Qué va a hacer ella?
4. ¿Qué tiene otra muchacha en la mano?
5. ¿Qué estudia esta muchacha?
6. ¿Qué prepara la chica?
7. ¿Es buena estudiante?
8. ¿Qué se hace en el colegio además de estudiar?
9. ¿A qué juegan sobre la mesa verde?
10. ¿Cuántos chicos juegan al *ping pong*?
11. ¿A qué juegan los otros muchachos?
12. ¿Qué cosas se necesitan para jugar al *badminton*?
13. ¿Qué tiene el profesor?
14. ¿Hacia dónde pasa él?
15. ¿Para qué se usa el paraguas?
16. ¿Qué hacen más los estudiantes, estudiar o jugar?
17. ¿Dónde toman el almuerzo?
18. ¿Adónde van después de comer?
19. ¿Qué se pueden ver en el comedor?
20. ¿Qué describen?

Preguntas personales

1. ¿Quién es el muchacho más trabajador de su clase?
2. ¿Quién es la muchacha más trabajadora de su clase?
3. ¿Cuántas manos tiene Ud.?
4. ¿Cuántos dedos tiene Ud.?
5. ¿Prestan Uds. mucha atención a sus lecciones?
6. En su escuela, ¿se juega también?
7. ¿A qué juegan Uds.?
8. ¿Cuándo lleva Ud. paraguas?
9. ¿Dónde toma Ud. el almuerzo, en la escuela o en la casa?
10. ¿A qué hora toma Ud. el desayuno?
11. ¿A qué hora toma Ud. la cena?
12. ¿En qué cuarto come su familia?
13. ¿A qué hora regresan Uds. a casa por la tarde?

EXPANSION

EL CUERPO HUMANO

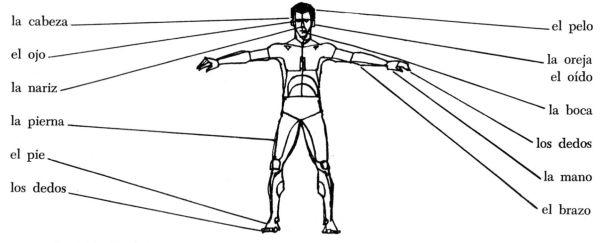

la cabeza · el ojo · la nariz · la pierna · el pie · los dedos · el pelo · la oreja · el oído · la boca · los dedos · la mano · el brazo

a. Sigan el modelo.

Tenemos una cabeza.
                         nariz.
Tenemos una nariz.

Tenemos una | cabeza.
            | nariz.
            | boca.

Tenemos dos | ojos.
            | orejas.
            | brazos.
            | manos.
            | piernas.
            | pies.

b. Contesten a las preguntas.

¿Para qué se usan los ojos?
¿Con qué hablamos?
¿Con qué comemos?
¿Con qué escuchamos?
¿Cuántos brazos tiene Ud.?
¿En qué termina el brazo?
¿Con qué caminamos?
¿En qué termina la pierna?
¿Cuántos dedos tenemos?
¿De qué color es su pelo?
¿Encima de qué está el pelo?
¿De qué color son sus ojos?

ESTRUCTURA

REPASO DE UNOS VERBOS DE CAMBIO RADICAL — O A UE, U A UE

a. Contesten a las siguientes preguntas según el modelo.

Papá, ¿debo volver?
Sí, vuelve.

Señor, ¿puedo volver?
Sí, vuelva Ud.

¿Tenemos que volver?
Sí, vuelvan Uds.

Papá, ¿puedo volver?
Señor, ¿puedo volver?
Señor, ¿podemos volver?

Papá, ¿puedo jugar esta tarde?
Señor, ¿puedo jugar esta tarde?
Señor, ¿podemos jugar esta tarde?

Papá, ¿puedo dormir más?
Doctor, ¿puedo dormir más?
Señor, ¿podemos dormir más?

Papá, ¿debo acostarme ahora?
Señor, ¿debo acostarme ahora?
Señor, ¿debemos acostarnos ahora?

Papá, ¿debo volver?
Señor, ¿debemos contarle la historia?
Señor, ¿debo encontrarlo hoy?
Papá, ¿tengo que acostarme temprano?
Señor, ¿puedo volar esta vez?
Señor, ¿puedo dormir más?
Papá, ¿debemos volver con ellos?
Señor, ¿debemos contarle lo que pasó?

b. Repitan.

Yo vuelvo temprano.
Tú vuelves temprano.
El vuelve temprano.
Ella vuelve temprano.
Ud. vuelve temprano.

Ellos vuelven temprano.
Ellas vuelven temprano.
Uds. vuelven temprano.
Nosotros volvemos temprano.

c. Sigan el modelo.

Yo vuelvo temprano.
Tú
Tú vuelves temprano.

Yo	
Tú	
El	
Ellos	
Ella	temprano.
Ellas	
Ud.	
Uds.	
Nosotros	

Juan juega al fútbol.

Juan	
Juan y Paco	
Yo	
Nosotros	
Ud.	al fútbol.
Tú	
Los chicos	
Enrique y yo	

María no puede ir.

María		
Yo		
Nosotros		
El		
Uds.	no	ir.
Tú		
Carlos y María		
Nosotros		

d. Sigan las instrucciones.

Gregorio, pregúntele a su amigo si puede asistir a la fiesta.
Marcos, contéstele que sí, que puede asistir.

María, pregúnteles a los chicos cuándo pueden venir.
Esteban y Tomás, contéstenle que Uds. pueden venir mañana.

Inés, pregúntele a Alicia a qué hora vuelve.
Alicia, contéstele que Ud. vuelve a las ocho.

Enrique, pregúnteles a ellos si vuelven más tarde.
Benito y Pancho, contéstenle que no, que Uds. ya no vuelven.

Anita, pregúntele a Pedro si juega mucho al fútbol.
Pedro, contéstele que sí, que Ud. juega bastante al fútbol.

Catalina, pregúnteles a los chicos a qué juegan.
Chicos, contéstenle que Uds. juegan al tenis.

Isabel, pregúntele a Elena si se acuesta después de las once.
Elena, contéstele que Ud. se acuesta antes de las diez.

Jorge, pregúnteles a los chicos a qué hora se acuestan.
Chicos, contéstenle que Uds. se acuestan muy temprano.

Carmen, pregúnteles a ellos si vuelan en avión.
Paco y Carlos, contéstenle que Uds. vuelan muy poco.

Pilar, pregúntele a Eduardo si vuela a México o si va en coche.
Eduardo, contéstele que Ud. siempre vuela.

Teresa, pregúntele por qué vuela.
Manolo, contéstele que Ud. vuela porque es más rápido.

REPASO DE UNOS VERBOS REFLEXIVOS

a. Sigan el modelo.

María se levantó a las siete.
Bernardo
Bernardo se levantó a las siete.

María	
Bernardo	
Mi amigo	se levantó a las ocho.
El	
Ud.	
Elena	

Ellas	
Los niños	
Uds.	se lavaron bien.
Pablo y Alberto	
Ellas	

Nosotros	
Tomás y yo	
Nosotras	nos fuimos temprano.
Tú y yo	
Ud. y yo	

	senté.
	levanté.
Yo me	lavé.
	acosté.
	fui.
	vestí.

	levantaste?
¿A qué hora te	acostaste?
	sentaste?
	fuiste?

b. Contesten a las preguntas.

¿A qué hora se levantó Ud. esta mañana?
¿A qué hora se acostó Ud. anoche?

¿Se sentó Ud. cerca de Juan?
¿Se lavó Ud.?
¿A qué hora se fue Ud.?
¿Se acostaron Uds. tarde o temprano?
¿Cuándo se levantaron Uds.?
¿Se sentaron Uds. detrás de María?
¿Se desayunaron Uds. esta mañana?
¿Cuándo se lavaron Uds.?
¿Se fue Juan?
¿Se marchó para España su familia?
¿Se acostó el niño?
¿A qué hora se levantó Juan?
¿Se sentaron los chicos cerca de María?
¿Se fueron ellos?
¿A qué hora se acostaron tus primos?
¿Se levantaron ellos temprano?

Las Cuevas de Luis Candelas, Madrid

LA CLASE

MIGUEL: ¿Fuiste a clase hoy?

JOSE: Sí, hombre. Estuve allí dos horas.

MIGUEL: ¿Cómo es que estuviste tanto tiempo?

JOSE: No quise salir. El señor Madero nos enseñó unas películas estupendas.

MIGUEL: Y no pude asistir. ¡Qué lástima!

JOSE: Todos los que vinieron dijeron que fueron excelentes.

Preguntas

1. ¿Fue Miguel a clase?
2. ¿Cuántas horas estuvo?
3. ¿Quiso salir?
4. ¿Qué les enseñó el señor **Madero**?
5. ¿Quién no pudo asistir?
6. ¿Qué dijeron todos?

EXPANSION

a. Sigan el modelo.

¿Fuiste a clase hoy?
            ayer?
¿Fuiste a clase ayer?

¿Fuiste a clase
| hoy?
| ayer?
| el jueves?
| después?
| a la una?
| el martes?
| a las nueve?

Estuve allí dos
| horas.
| días.
| semanas.
| meses.
| años.
| noches.
| tardes.

¿Cómo es que
| estuviste
| pasaste
| esperaste
| estudiaste
| tomaste
| tuviste
tanto tiempo?

No quise
| salir.
| bajar.
| contestar.
| pintar.
| asistir.
| escuchar.

Dijeron que fueron
| excelentes.
| importantes.
| cortas.
| interesantes.
| estupendas.
| preciosas.

ESTRUCTURA

REPASO DE VERBOS IRREGULARES EN EL PRETERITO

a. Repitan.

Yo puse la mesa.
Nosotros pusimos la mesa.
Juan puso la mesa.
El puso la mesa.
Ud. puso la mesa.
Ellos pusieron la mesa.
Ellas pusieron la mesa.
Tú pusiste la mesa.
Uds. pusieron la mesa.

b. Sigan el modelo.

Juan puso la mesa.
Yo
Yo puse la mesa.

Juan
Yo
Nosotros
Ud.
Uds.
Tú
Ella
María y Elena
| la mesa.

En el colegio   **33**

c. Contesten a las preguntas.

¿Puso María la mesa?
¿Puso Elena los platos en la mesa?
¿Pusieron los chicos los libros en el escritorio?
¿Pusieron ellos la ropa en la maleta?
¿Puso Ud. la comida en la mesa?
¿Puso Ud. la maleta en el coche?
¿Pusieron Uds. la leche en el refrigerador?
¿Dónde pusieron Uds. la tiza?

Universidad de México

d. Sigan el modelo.

Yo no pude ir.
El
El no pudo ir.

Yo			
El			
Tú			
Nosotros			
Ellos	no		ir.
Ud.			
Carlos y Teresa			
Uds.			

e. Contesten a las preguntas en la forma negativa.

¿Pudo ir Carlos?
¿Pudo hacer el viaje María?
¿Pudieron ellos acostarse temprano?
¿Pudieron salir anoche Juan y María?
¿Pudo Ud. ir en avión?
¿Pudieron Uds. pasar el verano pasado en España?
¿Pudieron Uds. ver al presidente?

f. Sigan el modelo.

El tuvo bastante dinero.
Ellos
Ellos tuvieron bastante dinero.

El	
Ellos	
Yo	
Tú	bastante dinero.
Nosotros	
Uds.	

g. Contesten a las preguntas.

¿Tuvo bastante dinero Carlos?
¿Tuvo Ricardo la oportunidad de visitar a México?

¿Tuvo bastante tiempo Elena?
¿Tuvieron mucho trabajo los chicos?
¿Tuvieron ellos que sufrir una prueba?
¿Tuvo Ud. dinero?
¿Tuvo Ud. bastante tiempo?
¿Tuvo Ud. que salir?
¿Tuvieron Uds. mucho trabajo?
¿Tuvieron Uds. que estudiar anoche?

h. Sigan el modelo.

Ellos no lo supieron.
El
El no lo supo.

Ellos		
El		
Yo		
María y Carlos	no lo	.
Tú		
Nosotros		
Ud.		
Uds.		

i. Contesten a las preguntas.

¿Supo Alfredo la lección?
¿Supo Teresa la verdad?
¿Supieron ellos lo que pasó?
¿Supieron los alumnos la lección?

¿Lo supo Ud.?
¿No supo Ud. nada?
¿Supieron Uds. la verdad?
¿Supieron Uds. la respuesta?

j. Sigan el modelo.

Yo estuve en España.
Nosotros
Nosotros estuvimos en España.

Yo	
Nosotros	
Carlos	
Tú	en España.
Uds.	
Mi familia	
Ud.	

k. Contesten a las preguntas.

¿Estuvo Elena en España el año pasado?
¿Estuvo Tomás en casa anoche?
¿Estuvieron ellos en clase ayer?
¿Estuvieron aquí Carlos y Pepe?
¿Estuvo Ud. en España?
¿Estuvo Ud. en la playa ayer?
¿Estuvieron Uds. ausentes el otro día?
¿Estuvieron Uds. en casa anoche?

poner	poder	tener	saber	estar
puse	pude	tuve	supe	estuve
pusiste	pudiste	tuviste	supiste	estuviste
puso	pudo	tuvo	supo	estuvo
pusimos	pudimos	tuvimos	supimos	estuvimos
(pusisteis)	(pudisteis)	(tuvisteis)	(supisteis)	(estuvisteis)
pusieron	pudieron	tuvieron	supieron	estuvieron

EL PRETERITO (CONTINUACION)

a. Repitan.

Yo hice un viaje.
Nosotros hicimos un viaje.
Tú hiciste un viaje.
Uds. hicieron un viaje.
Andrés hizo un viaje.
Bárbara hizo un viaje.
Ud. hizo un viaje.
Ellos hicieron un viaje.
Ellas hicieron un viaje.

b. Sigan el modelo.

Yo hice un viaje.
Ellos
Ellos hicieron un viaje.

Yo	
Ellos	
Andrés	
Bárbara	un viaje.
Tú	
Ud.	
Nosotros	
Uds.	

c. Contesten a las preguntas.

¿Hizo la tarea María?
¿Hizo la tarea Carlos?
¿Hizo mucho trabajo Enrique?
¿Hicieron la ensalada Teresa y Carmen?
¿Hicieron ellos la tarea?
¿Hizo Ud. un viaje?
¿Adónde hizo Ud. un viaje?
¿Hicieron Uds. el trabajo?
¿Cuándo hicieron Uds. el trabajo?

d. Sigan el modelo.

Lupita no quiso ir.
Yo
Yo no quise ir.

Lupita		
Yo		
Tú		
Ellos		
Ud.	no	ir.
Nosotros		
Uds.		
Ella		

e. Contesten a las preguntas en la forma negativa.

¿Quiso Carlos visitar la universidad?
¿Quiso Elena comer en la cafetería?
¿Quisieron ellos escribir una carta?
¿Quisieron Juan y María ver los cuadros?
¿Quiso Ud. salir?
¿Quiso Ud. ir en avión?
¿Quisieron Uds. mirar la televisión?
¿Quisieron Uds. lo mismo?

f. Sigan el modelo.

Tú viniste tarde.
El
El vino tarde.

Tú	
El	
Yo	
Ellos	
Ud.	tarde.
Nosotros	
Las chicas	
Uds.	

g. Contesten a las preguntas.

¿Vino Juan a clase hoy?

¿Vino Teresa con su hermana?

¿Vinieron ellos tarde o temprano?

¿Vinieron a la fiesta Tomás y Dona?

¿A qué hora vino Ud.?

¿Vino Ud. en autobús?

¿Vinieron Uds. con Carlota?

¿Vinieron Uds. en tren?

¿Vinieron ellas con Juan?

hacer	querer	venir
hice	quise	vine
hiciste	quisiste	viniste
hizo	quiso	vino
hicimos	quisimos	vinimos
(hicisteis)	(quisisteis)	(vinisteis)
hicieron	quisieron	vinieron

EL PRETERITO (CONTINUACION)

a. Repitan

Yo dije la verdad.

Nosotros dijimos la verdad.

Tú dijiste la verdad.

Uds. dijeron la verdad.

María dijo la verdad.

El dijo la verdad.

Úd. dijo la verdad.

Ellos dijeron la verdad.

Ellas dijeron la verdad.

b. Sigan el modelo.

Ellos dijeron la verdad.

Tomás

Tomás dijo la verdad.

Ellos

Tomás

Yo

Nosotros   la verdad.

Tú

Uds.

Ella

c. Contesten a las preguntas.

¿Dijo la verdad Carlos?

¿Lo dijo Elena?

¿Dijeron eso Carlos y Tomás?

¿Dijeron ellos lo que pasó?

¿Dijiste la verdad?

¿Dijiste eso al profesor?

¿Dijeron Uds. la hora?

¿Lo dijeron Uds.?

decir
dije
dijiste
dijo
dijimos
(dijisteis)
dijeron

EL PRETERITO (CONCLUSION)

a. Contesten a las preguntas según la indicación.

¿Pudiste ir?	(no)
¿Ellos quisieron lo mismo?	(sí)
¿Vino Ud. con Raúl?	(sí)
¿Dijeron Uds. que sí?	(no)
¿Supo Juan la verdad?	(no)
¿Hiciste el trabajo?	(sí)
¿Tuvieron los chicos bastante tiempo?	(no)
¿Estuvo Ud. con su familia?	(sí)
¿Vinieron Uds. en tren?	(no)
¿Quisiste salir con nosostros?	(no)

b. Sigan las instrucciones.

Bernardo, pregúntele a Gertrudis cuándo vino.
Gertrudis, contéstele que Ud. vino el lunes.

Gloria, pregúnteles a los chicos qué dijeron.
Chicos, contéstenle que Uds. no dijeron nada.

Rosa, pregúntele a Linda qué hizo.
Linda, contéstele que Ud. hizo lo que pudo.

Andrés, pregúntele a Margarita si estuvo en casa anoche.
Margarita, contéstele que Ud. estuvo allí después de las diez.

María, pregúnteles a los señores si supieron lo que pasó.
Señores, contéstenle que Uds. lo supieron hace tiempo.

Federico, pregúntele a Bárbara si tuvo que salir temprano.
Bárbara, contéstele que sí, que Ud. tuvo que salir a las ocho.

Ramón, pregúnteles a ellos cómo pudieron terminar.
Ricardo y Diego, contéstenle que pudieron terminar porque empezaron muy temprano.

AYER EN LA UNIVERSIDAD

huelga pausa en el trabajo para imponer ciertas condiciones (strike)
estudiantil de estudiantes

anunciar decir en público a todo el mundo
nadie ninguna persona
joven que no tiene muchos años

Ayer, martes, día veintiocho de marzo, hubo una huelga estudiantil en la universidad. Los jóvenes salieron de sus clases a las diez en punto de la mañana y se dirigieron a la calle. En la calle se dice que se reunieron más de dos mil estudiantes de las diferentes facultades. Desde las diez y media hasta las doce no se podía pasar por las calles del centro, tantos fueron los estudiantes que allí se agruparon. Los

muchachos se quedaron en la calle y no permitieron pasar el tráfico. Autobuses, camiones, tranvías y coches estuvieron hora y media sin poder salir. Por fin la policía pudo dispersar a los estudiantes, quienes en seguida volvieron a la universidad, pero no a sus clases. Se sentaron en todas las entradas y no dejaron entrar a nadie.

A las tres de la tarde el señor rector de la universidad anunció: —Las facultades están cerradas y no se abrirán hasta por lo menos dos semanas. —

La causa de la huelga parece ser la falta de participación estudiantil en la administración de la universidad. El rector, don Raúl Madero-Mariscal, anunció que un pequeño grupo de administradores y estudiantes se reunirán el lunes que viene para unas conversaciones acerca de los actuales problemas universitarios.

Preguntas

1. ¿Cuándo escribió el autor el artículo?
2. ¿Qué ocurrió el martes?
3. ¿Quiénes salieron en huelga?
4. ¿A qué hora comenzó la huelga?
5. ¿Adónde fueron los muchachos?
6. ¿Cuántos fueron?
7. ¿De qué facultades vinieron?
8. ¿Por cuánto tiempo estuvieron en la calle?
9. ¿Qué hicieron allí?
10. ¿Por qué no pudo circular el tráfico?
11. ¿Qué hizo la policía?
12. Después que fueron dispersados, ¿adónde fueron?
13. ¿Qué hicieron allí?
14. ¿Qué información dio al público el rector?
15. ¿A qué hora dio la información?
16. ¿Cuándo se abrirá la universidad?
17. ¿Por qué hubo huelga?
18. ¿Cómo se llama el rector?
19. ¿Qué va a hacer el lunes?
20. ¿Para qué?

Preguntas personales

1. ¿Vio Ud. alguna vez una huelga?
2. ¿Quiénes toman parte en huelgas?
3. ¿Participan Uds. en la administración de su escuela?
4. ¿Quién hace los anuncios en su escuela?
5. ¿Cuándo se cerrará su escuela?

PARA ESCRIBIR

a. Emplee las siguientes palabras en oraciones originales según el modelo.

camino

El camino de San Pedro a Miramar es muy moderno y bonito.

1. camino
2. hermoso
3. andar
4. despacio
5. rodear
6. dedo
7. reunirse

b. Lea el párrafo que sigue.

Ayer Pepe Lara se levantó a las seis y media, se vistió en seguida y salió de su casa. Fue a la calle donde tomó un autobús hacia el centro. En el centro bajó del autobús y se dirigió al Banco Central. Entró en el banco y le dio un cheque a un empleado. El empleado le cambió el cheque y le dio ocho mil pesetas. Pepe entonces salió de nuevo a la calle y entró en unas tiendas donde compró unas cuantas cosas. Muy contento con sus cosas, regresó Pepe a su casa.

c. Conteste a las preguntas.

1. ¿A qué hora se levantó Pepe?
2. ¿Tomó mucho tiempo para vestirse?
3. ¿Adónde fue después de salir de casa?
4. ¿Cómo fue al banco?
5. ¿Dónde está el banco?
6. ¿Qué hizo Pepe en el banco?
7. ¿Qué hizo el empleado?
8. ¿Por cuánto fue el cheque?
9. ¿Fue un cheque en dólares o en pesetas?
10. Después de salir del banco, ¿adónde fue Pepe?
11. ¿Qué hizo con su dinero?
12. ¿Cómo volvió a casa?

d. Escriba el párrafo que leyó en b, cambiando el protagonista de Pepe Lara en yo.

e. Conteste a las siguientes preguntas según el modelo.

¿Es para los estudiantes? (sí)
Sí, es para ellos.

1. ¿Es para los estudiantes? (sí)
2. ¿Ellos fueron con Uds.? (no)
3. ¿Quieres ir conmigo? (sí)
4. ¿Tuvieron que volver sin Patricia? (no)
5. ¿Puedes viajar con nosotros? (sí)
6. ¿Vive Ud. lejos de los Romero? (no)
7. ¿Te sentaste enfrente de mí? (no)
8. ¿Caminó Lorenzo hacia Ud. y Tomás? (sí)
9. ¿Quién vive al lado de Uds.? (Gómez)
10. ¿Podemos regresar contigo? (sí)
11. ¿Compraron éstos para Luis? (sí)
12. ¿Quién estuvo delante de Ud.? (Marta)
13. ¿Fuiste a la fiesta sin María? (sí)
14. ¿Jugaste con los niños? (no)
15. ¿Quién habló después del director? (nadie)

f. Cambie los verbos de las siguientes oraciones del tiempo presente en el pretérito, según el modelo.

Podemos decirle todo.
Pudimos decirle todo.

1. Podemos decirle todo.
2. Yo nunca les digo nada.
3. ¿Saben Uds. algo más?
4. Todos están en el campo.
5. Quiero venderles el coche.
6. ¿Haces el viaje en la primavera?
7. Tengo que llamarlo en seguida.
8. ¿A qué hora vienen los muchachos?
9. Pueden regresar el martes.
10. Tenemos unos resultados interesantes.
11. Estamos aquí esperándolo.
12. No sé dónde están.
13. Hago una comida excelente.

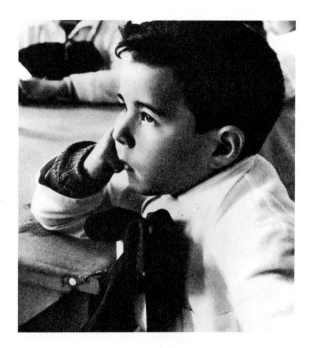

Niños en la Escuela, Madrid Mundo Hispánico

14. ¿Vienes mañana para comer?
15. ¿Están aquí por mucho tiempo?
16. Ella puede ver el museo.
17. Pepe sabe pintarlos.
18. ¿Tienes bastante tiempo?

g. Conteste a las preguntas.

1. ¿Para qué sirven los lápices?
2. ¿Para qué van Uds. a la cafetería?
3. ¿Para qué van a la biblioteca?
4. ¿Es hora de ir a casa?
5. ¿Puedes trabajar sin comer?
6. ¿Es hora de ir o de regresar?
7. ¿Hay problema en contestar?
8. ¿Habrá oportunidad de anunciar por la radio?
9. ¿No tienes tiempo para llamar a casa?
10. ¿Irás después de comer o de estudiar?
11. Antes de volver, ¿qué vas a hacer?

En el colegio 41

h. Conteste a las preguntas.

1. ¿Dónde está situada la Universidad de las Américas?
2. ¿Cómo es la arquitectura?
3. ¿Qué tipo de vegetación hay allí?
4. ¿Hay oportunidad de tomar parte en deportes*?
5. ¿En qué deportes toman parte?
6. ¿Qué describen los frescos allí?

* deportes: El béisbol, fútbol, tenis, golf, etc., son deportes.

i. Basado en las respuestas a las seis preguntas anteriores, escriba un párrafo original sobre la Universidad de las Américas.

j. Escriba un diálogo original acerca de una huelga, empleando las palabras dadas.

Ramón:	ayer / salir / trabajadores
Luis:	¿cuándo / salir?
Ramón:	dos / tarde / después / comer
Luis:	¿por qué / salir / huelga?
Ramón:	decir / dinero / pagar / poco
Luis:	¿cuántas / horas / trabajar / día?
Ramón:	trabajar / diez / horas / día
Luis:	¿pensar / huelga / ser / larga?
Ramón:	ser / posible / una / vez / no / terminar / seis / meses
Luis:	sí / tener / huelga / yo / ir / otra / ciudad
Ramón:	muchos / trabajadores / querer / volver / pronto
Luis:	¿por qué / no / tener / huelga / en / escuela?

k. Conteste a estas preguntas sobre el cuerpo humano.

1. ¿Tiene Ud. tres ojos?
2. ¿Cuántos brazos tiene Ud.?
3. Cuando alguien le presenta a una persona, ¿qué le da?
4. ¿Qué usamos para caminar?
5. ¿Tenemos más manos o dedos?
6. ¿De qué color es su pelo?
7. ¿Con qué vemos?
8. Para conocer el aroma de una cosa, ¿qué se usa?
9. ¿Cuántos dedos tenemos en los pies?
10. ¿En qué parte del cuerpo están los ojos, la nariz, el pelo, las orejas y la boca?
11. ¿Quién en la clase tiene ojos verdes?

l. Escriba una pequeña narración empleando las siguientes palabras en el orden dado.

1. jueves	2. pasado	3. hacer fresco
4. llover	5. tener que	6. ir
7. correo	8. echar	9. cartas
10. aquí	11. nunca	12. llover
13. julio	14. no	15. llevar
16. paraguas	17. caminar	18. media
19. por fin	20. llegar	21. correos
22. dos	23. la tarde	24. correo
25. cerrar	26. la una	

m. Conteste a las preguntas.

1. ¿Cuántas veces come Ud. al día?
2. Los días de trabajo, ¿dónde come Ud. el almuerzo?
3. ¿A qué hora se desayuna Ud.?
4. ¿Se desayuna Ud. antes o después de vestirse?
5. ¿Dónde come Ud. el almuerzo los domingos?
6. ¿Dónde come Ud. en la escuela?
7. ¿A qué hora es el almuerzo en la escuela?

8. ¿Qué días come Ud. el almuerzo en la casa?
9. ¿Come Ud. el almuerzo en casa más temprano o más tarde que en la escuela?
10. ¿A qué hora prefiere Ud. desayunarse?
11. ¿Le gusta más comer el almuerzo en casa o en la escuela?

n. Siga el modelo.

Tú, ¡acuéstate temprano!
Ud.
Ud., ¡acuéstese temprano!
Uds.
Uds., ¡acuéstense temprano!

1. Tú, ¡————————!
   Ud., ¡————————!
   Uds., ¡vuelvan mañana!

2. Tú, ¡————————!
   Ud., ¡no juegue allí!
   Uds., ¡————————!

3. Tú, ¡vuela con esa compañía!
   Ud., ¡————————!
   Uds., ¡————————!

4. Tú, ¡————————!
   Ud., ¡————————!
   Uds., ¡encuéntrenlos en seguida!

5. Tú, ¡————————!
   Ud., ¡no se acueste tarde!
   Uds., ¡————————!

6. Tú, ¡cuéntale aquello!
   Ud., ¡————————!
   Uds., ¡————————!

7. Tú, ¡juega detrás de la casa!
   Ud., ¡————————!
   Uds., ¡————————!

Hotel Caleta, Acapulco

En el colegio　43

PARA CONVERSAR

EN EL HOTEL

SEÑOR: ¿Tiene Ud. una habitación con baño?

CONSERJE: Sí, señor. En el tercer piso. ¿Por cuántos días?

SEÑOR: Dos, por favor. ¿Cuánto es?

CONSERJE: Trescientas pesetas diarias con pensión completa.

SEÑOR: No, prefiero comer fuera.

CONSERJE: Sin comidas . . . cien pesetas.

SEÑOR: Bien.

CONSERJE: ¿Tiene Ud. equipaje?

SEÑOR: Sí, dos maletas.

CONSERJE: Bien, el mozo las subirá en seguida.

LA AGRICULTURA

ES UN DIA de verano en el valle de México. Detrás de dos grandes mulas negras, que a paso lento tiran del arado, un labrador abre un surco recto en la tierra fértil de este extenso valle.

Otros labradores, con sacos de semillas en las manos, siembran el grano en los surcos abiertos por el arado. Como se ve, es de mañana y hace mucho sol. Por eso los trabajadores trabajan de prisa para terminar su trabajo temprano.

Este labrador va agachado sembrando el grano. El otro . . . de camisa azul . . . arrastra la tierra con los pies para cerrar el surco y cubrir el grano. Luego se detiene a contemplar el trabajo hecho. Y una vez más, el de la camisa blanca y el sombrero de paja continúa sembrando el maíz mientras que su compañero lo cubre con los pies. Ellos van en fila y a compás, uno detrás de otro.

lento *(adj.)* contrario de rápido, despacio

tirar *(v.)* (to pull)

arado *(s.m.)* instrumento de agricultura (plow)

semilla *(s.f.)* grano que se pone en la tierra para producir flores, árboles, plantas y legumbres

surco *(s.m.)* lo que se abre en la tierra con un arado (furrow)

sembrar *(v.)* poner semillas en la tierra

agachar *(v.)* inclinar la cabeza o el cuerpo

arrastrar *(v.)* tirar algo por el suelo

fila *(s.f.)* línea de personas o cosas

compás *(s.m.)* el ritmo

45

Preguntas

1. ¿En qué estación estamos?
2. ¿Dónde estamos?
3. ¿Qué animales vemos?
4. ¿Cuántos vemos?
5. ¿De qué color son?
6. ¿Van despacio o rápido?
7. ¿De qué tiran?
8. ¿Qué hace el labrador?
9. ¿Es un surco curvo?
10. ¿Produce mucho esta tierra?
11. ¿Es pequeño el valle?
12. ¿Qué tienen los labradores en la mano?
13. ¿Qué hay en los sacos?
14. ¿Qué hacen los labradores?
15. ¿Qué hace el arado?
16. ¿Qué hace el labrador después de sembrar?
17. ¿Qué hace el labrador de la camisa blanca?
18. ¿Qué hace el de la camisa azul?
19. ¿Para qué arrastra la tierra?
20. ¿Cómo cubre el compañero el maíz?
21. ¿Cómo van ellos?

EXPANSION

a. Sigan el modelo.

Es un día de verano.
               otoño.
Es un día de otoño.

Es un día de
| verano. |
| otoño. |
| invierno. |
| primavera. |
| verano. |

Dos grandes mulas
| negras |
| blancas |
| feas |
| gordas |
| grises |
| fuertes |
tiran del arado.

Un
| labrador |
| hombre |
| trabajador |
| campesino |
| indio |
abre un surco.

Es de mañana y hace mucho
| sol. |
| frío. |
| calor. |
| viento. |

Trabajan para terminar
| temprano. |
| mañana. |
| hoy. |
| esta noche. |
| esta tarde. |

Este labrador va
| sembrando |
| cultivando |
| vendiendo |
| recogiendo |
| plantando |
el grano.

Se detiene a
| contemplar |
| ver |
| mirar |
| examinar |
| admirar |
| organizar |
el trabajo.

ESTRUCTURA

EL IMPERFECTO DE VERBOS EN –AR

a. Sigan el modelo.

Papá llevaba un saco de semillas.
frutas.
Papá llevaba un saco de frutas.

Papa llevaba un saco de
| semillas. |
| frutas. |
| ropa. |
| café. |

Carlos caminaba
| a la escuela. |
| a casa. |
| a la playa. |
| al mercado. |

b. Contesten a las preguntas.

¿Llevaba papá un saco de semillas?
¿Miraba Elena la televisión?
¿Estudiaba mucho Carlos?
¿Hablaba María español?
¿Caminaba despacio el niño?

c. Sigan el modelo.

Abuelita y mamá preparaban tortillas
el desayuno.
Abuelita y mamá preparaban el desayuno.

Abuelita y mamá preparaban
| tortillas. |
| el desayuno. |
| el café. |
| la limonada. |
| la comida. |

Las chicas miraban la
| televisión. |
| sartén. |
| blusa. |

d. Contesten a las preguntas.

¿Sembraban semillas los labradores?
¿Estudiaban español los alumnos?
¿Hablaban mucho las chicas?
¿Jugaban al fútbol Juan y Carlos?
¿Visitaban a sus abuelos María y Tomás?

Los Caballos Tiran del Arado, Andalucía

Iberia Air Lines

e. Sigan el modelo.

Yo preparaba el surco.
el almuerzo.
Yo preparaba el almuerzo.

Yo preparaba | el surco.
el almuerzo.
el desayuno.
la comida.

Yo jugaba al | fútbol.
béisbol.
tenis.

f. Contesten a las preguntas.

¿Preparabas (tú) el desayuno?
¿Jugabas al béisbol?
¿Llamabas a María?
¿Comenzabas el trabajo?
¿Estabas en México?
¿Hablabas español en México?

g. Sigan el modelo.

¿Hablabas español?
francés?
¿Hablabas francés?

¿Hablabas | español?
francés?
inglés?
italiano?

Tú pagabas | mucho.
poco.
bastante.

h. Sigan las instrucciones.

Carlos, pregúntele a María si hablaba español.
María, contéstele que sí, que Ud. hablaba
español.

Teresa, pregúntele a Guillermo si compraba
mucho en esa tienda.
Guillermo, contéstele que sí, que Ud. compraba
mucho en esa tienda.

Donato, pregúntele a Carmen si estaba en
Chile.
Carmen, contéstele que sí, que Ud. estaba en
Chile.

i. Sigan el modelo.

Nosotros sembrábamos el grano.
las semillas.
Nosotros sembrábamos las semillas.

Nosotros sembrábamos | el grano.
las semillas.
el maíz.

Nosotros nos levantábamos | temprano.
tarde.
a las seis.

j. Contesten a las preguntas.

¿Sembraban Uds. las semillas?
¿Se levantaban Uds. tarde?
¿Se acostaban Uds. temprano?
¿Pagaban Uds. poco?
¿Estudiaban Uds. mucho?

k. Sigan el modelo.

Uds. trabajaban en la escuela.
en casa.
Uds. trabajaban en casa.

Uds. trabajaban | en la escuela.
en casa.
en el campo.

¿Comenzaban Uds. | temprano?
tarde?
a las seis?

l. Sigan las instrucciones.

Timoteo, pregúnteles a Sarita y a María si trabajaban en casa.

Sarita, contéstele que sí, que Uds. trabajaban en casa.

Carlos, pregúnteles a Tomás y a Eduardo si jugaban al béisbol en la primavera.

Tomás, contéstele que sí, que Uds. jugaban al béisbol en la primavera.

Carolina, pregúnteles a Juan y a María si estaban en el campo.

Juan, contéstele que sí, que Uds. estaban en el campo.

m. Sigan el modelo.

Tú las esperabas.
Yo
Yo las esperaba.

Tú			
Yo			
Uds.	las		.
Ricardo			
Ricardo y yo			

Tú siempre llegabas tarde.

Tú			
Uds.			
Elena	siempre		tarde.
Elena y yo			
Tú y Elena			

El estudiaba mucho.

El	
Pepe y Tomás	
Ud.	
Yo	mucho.
Tú	
Nosotros	

Luis necesitaba más dinero.

Luis	
Yo	
Elena y yo	
Tú	más dinero.
Uds.	
Los estudiantes	

n. Cambien cada oración para emplear la palabra indicada.

Ellos siempre se levantaban tarde.
Ella _____.
_____ temprano.
_____ acostaba _____.
Tú _____.
_____ nunca _____.
Yo _____.

María preparaba el desayuno.
Tú _____.
_____ almuerzo.
_____ contemplabas _____.
Ellos _____.
Ud. _____.

Papá trabajaba en el campo.
_____ pueblo.
_____ enseñaba _____.
Mis tíos _____.
_____ caminaban _____.
_____ la ciudad.
_____ estaban _____.
Tú _____.
_____ provincia.
_____ pintabas _____.

o. Sigan las instrucciones.

Juana, pregúntele a Antonio si trabajaba antes.
Antonio, contéstele que sí, que Ud. trabajaba antes.

Miguel, pregúntele a María cómo se llamaba
su escuela.

María, contéstele como se llamaba.

Andrés, pregúntele a Bárbara quién preparaba
el desayuno en su casa.

Bárbara, contéstele que su madre lo preparaba.

Teresa, pregúntele a José si él sembraba maíz.

José, contéstele que no, que Ud. nunca sembraba maíz, sólo café.

¿Trabajaba Ud. mucho?

¿Siempre tomaba Ud. café?

¿Visitaba Ud. el campo todos los veranos?

¿Caminaba Ud. a la escuela cada día?

¿Estudiaba Ud. español todas las noches?

¿Siempre se acostaban Uds. temprano?

¿Echaban Uds. una siesta cada tarde?

¿Miraban Uds. la televisión con frecuencia?

¿Visitaban Uds. a sus abuelos los sábados?

¿Hablaban Uds. muchas veces con Juan?

The imperfect tense is a past tense. It is used to express continued
or repeated action in the past. It is also used for descriptions in the
past. The forms of the imperfect of –ar verbs are:

hablar

hablaba
hablabas
hablaba

hablábamos
(hablabais)
hablaban

Note that there are no stem changes in the imperfect tense.

Cambien la oración para emplear la palabra indicada.

El me hablaba todos los días.

Ellos _____.

_____ enseñaban _____.

Juan _____.

_____ ayudaba _____.

Mamá _____.

_____ cantaba _____.

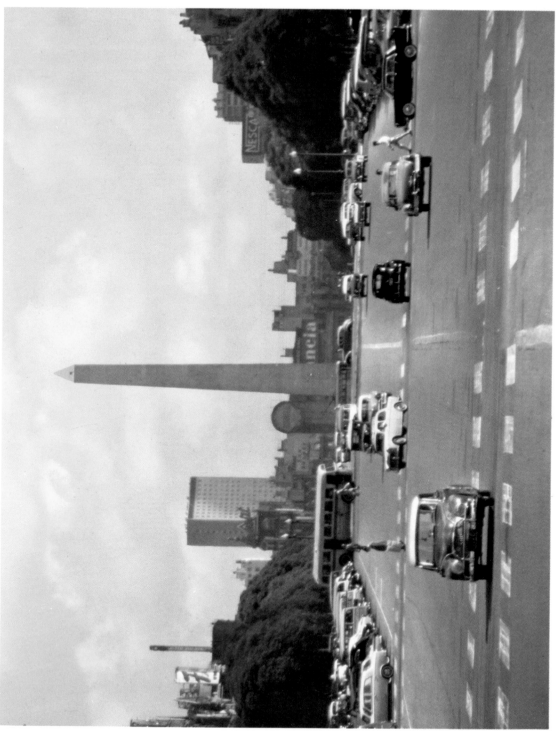

South America Travel Digest

Avenida Nueve de Julio, Buenos Aires

Un gaucho argentino

EL IMPERFECTO DE VERBOS EN –ER

a. Sigan el modelo.

En el campo Pepe comía tortillas.
          Luis
En el campo Luis comía tortillas.

En el campo | Pepe / Luis / ella / la chica / el labrador | comía tortillas.

Mi padre / Mi mamá / La señora / Ud. / Don Carlos / El señor Darío / Ella | siempre leía el periódico.

b. Contesten a las preguntas.

¿Comía Pepe tortillas?
¿Siempre leía tu padre el periódico?
¿Sabía Juan la lección?
¿Podía María hacer un viaje?
¿Quería Carmen ir en avión?
¿Volvía Juan a casa temprano?

c. Sigan el modelo.

En el verano ellos volvían tarde a casa.
          Uds.
En el verano Uds. volvían tarde a casa.

En el verano | ellos / Uds. / Bárbara y María / ellas / los niños / tú y Carlota / mis hermanos | volvían tarde a casa.

Los chicos / Uds. / Manuel y Tomás / Los estudiantes / Mis amigos / Mis hermanas / Marta y Pablo | nunca hacían nada.

d. Contesten a las preguntas.

¿Volvían ellos tarde o temprano a casa?
¿No hacían nada los chicos?
¿Tenían muchos libros los estudiantes?
¿Sabían bien la lección Carlos y María?
¿Querían sembrar las semillas los labradores?
¿Vendían ellos periódicos?

e. Sigan el modelo.

Yo siempre bebía leche.
          café.
Yo siempre bebía café.

Yo siempre bebía | leche. / café. / limonada. / agua.

Yo quería | estudiar. / salir. / comer. / volver. / llamar.

f. Contesten a las preguntas.

¿Hacías un viaje a España?
¿Bebías café?
¿Querías estudiar?
¿Sabías la lección?

¿Ponías la mesa?
¿Tenías bastante tiempo?
¿Volvías tarde o temprano?
¿Veías mucho a Juan?

Dona, pregúntele a Ignacio si él vendía el coche.
Ignacio, contéstele que sí, que Ud. vendía el coche.

g. Sigan el modelo.

¿Hacías un viaje a Chile?
                    España?
¿Hacías un viaje a España?

¿Hacías (tú) un viaje a
| Chile? |
| España? |
| México? |
| Venezuela? |
| Puerto Rico? |

Sabías
| la verdad. |
| la lección. |
| la palabra. |

h. Sigan las instrucciones.

Carlos, pregúntele a Donato si hacía un viaje a España.
Donato, contéstele que sí, que Ud. hacía un viaje a España.

Federico, pregúntele a Teresa si ella quería ir al baile.
Teresa, contéstele que sí, que Ud. quería ir al baile.

i. Sigan el modelo.

Nosotros traíamos algo.
Pepe y yo
Pepe y yo traíamos algo.

Nosotros
Pepe y yo
Tú y yo
Ud. y nosotros
} traíamos algo.

Comíamos
| poco. |
| mucho. |
| tarde. |
| temprano. |

j. Contesten a las preguntas.

¿Traían Uds. algo?
¿Comían Uds. mucho?
¿Hacían Uds. el viaje en avión?
¿Volvían Uds. directamente de España?
¿Lo ponían Uds. en el refrigerador?

k. Sigan el modelo.

Pablo vendía cuadros.
Los pintores
Los pintores vendían cuadros.

Pablo
Los pintores
Don Felipe
Tú
Tú y Lorenzo
Yo
Tú y yo
Ella
} cuadros.

Ellos sabían muy poco.

Ellos
Yo
Uds.
Alberto
Tú
Tú y Alberto
El profesor
Mis hermanos y yo
Los estudiantes
María, Elena y Pablo
Ella

muy poco.

l. Contesten a las preguntas según la indicación.

¿A qué hora volvías?   *(ocho)*

¿Qué leían sus padres?   *(novelas)*

¿Comían Uds. bien en México?   *(sí)*

¿Qué vendía don Marcos?   *(coches usados)*

¿Qué tenía que hacer Ud.?   *(cortar el césped)*

¿Qué les sorprendía más?   *(la arquitectura)*

¿Sabían tus hermanos jugar al tenis?   *(no)*

¿Qué contenía la tortilla?   *(chorizo)*

The forms of the imperfect of **–er** verbs are:

comer

comía
comías
comía

comíamos
(comíais)
comían

Cambien las siguientes frases del presente en el imperfecto según el modelo.

La chica come pan.
La chica comía pan.

La chica come pan.
Mi padre vende mucho.
Uds. beben agua.
Queremos tortillas.
Leo la novela.
Sabes mucho.

La agricultura   **53**

EL IMPERFECTO DE VERBOS EN –IR

a. Sigan el modelo.

El subía a la torre.
Ana
Ana subía a la torre.

El
Ana
Mario
Ud.
La señorita ⎸ subía a la torre.

Huesca, Aldea de España

Spanish National Tourist Office

b. Contesten a las preguntas.

¿Subía Carlos a la torre?
¿Servía Luisa la comida?
¿Dormía bien el niño?
¿Sufría una prueba el alumno?

c. Sigan el modelo.

Ellos servían el almuerzo a la una.
Tomás y Elena
Tomás y Elena servían el almuerzo a la una.

Ellos
Tomás y Elena
Mis tíos ⎸ servían el almuerzo a la una.
Luisa y Teresa
Uds.

d. Contesten a las preguntas.

¿Servían ellos el almuerzo a la una?
¿Salían mucho Luisa y Enrique?
¿Repetían la oración los alumnos?
¿Decían la verdad los chicos?
¿Vivían en el campo los labradores?

e. Sigan el modelo.

Yo salía por la noche.
*   tarde.*
Yo salía por. la tarde.

Yo salía ⎸ por la noche.
por la tarde.
por la mañana.

f. Contesten a las preguntas.

¿Salías por la noche?
¿Subías a las montañas?
¿Sufrías una prueba?
¿Servías las tortillas?
¿Pedías un favor?

g. Sigan el modelo.

Tú vivías en la capital.
          ciudad.
Tú vivías en la ciudad.

Tú vivías | en la capital.
en la ciudad.
en la Avenida Juárez.
en la calle San Bernardo.

h. Sigan las instrucciones.

Carlos, pregúntele a Tomás si vivía en Madrid.
Tomás, contéstele que sí, que Ud. vivía en Madrid.

María, pregúntele a Carmen si escribía muchas cartas.
Carmen, contéstele que sí, que Ud. escribía muchas cartas.

Javier, pregúntele a Sarita si servía chocolate.
Sarita, contéstele que sí, que Ud. servía chocolate.

i. Sigan el modelo.

Nosotros sufríamos las pruebas.
Carlos y yo
Carlos y yo sufríamos las pruebas.

Nosotros
Carlos y yo
Tú y yo | sufríamos las pruebas.
Nosotras
Uds. y nosotros

j. Contesten a las preguntas.

¿Sufrían Uds. las pruebas?
¿Escribían Uds. una carta?
¿Dormían Uds. bien?
¿Decían Uds. la verdad?
¿Subían Uds. las montañas?
¿Vivían Uds. en la capital?

k. Sigan el modelo.

Vivíamos en la ciudad.
(Ricardo) *Vivía en la ciudad.*

(nosotros)
(Ricardo)
(yo)
(Tomás y Paco)
(tú) | en la ciudad.
(tú y yo)
(Uds.)
(Ud.)
(Ud., Pablo y yo)
(ellas)

Construía casas.
(ellos) *Construían casas.*

(Martínez)
(ellos)
(Ud. y Gómez)
(yo) | casas.
(tú y tu papá)
(Uds.)
(los hermanos)

l. Contesten a las preguntas según la indicación.

¿Dónde vivían Uds. en España?   *(Santander)*
¿Quiénes sufrían muchas pruebas?   *(los estudiantes)*
¿Cuándo recibían Uds. regalos?   *(el seis de enero)*
¿A qué hora salía Ud. de clase?   *(a las tres)*
¿A qué hora se servía el desayuno?   *(a las siete)*
¿Cuándo subían los niños a la torre?   *(los domingos)*

¿A qué asistían tus padres? *(a las corridas)*

¿Cómo cubría las semillas el labrador? *(con los pies)*

m. Sigan las instrucciones.

Alberto, pregúntele a David si sufría muchas pruebas.

David, contéstele que no, que Ud. sufría muy pocas pruebas.

Diego, pregúnteles a ellos qué notas recibían.

Carmen y Paco, contéstenle que Uds. recibían buenas notas.

Pepita, pregúntele a su amigo si escribía mucho a sus padres.

Ramón, contéstele que Ud. escribía cada semana.

Anamari, pregúntele a Lupe si resistía el frío.

Lupe, contéstele que no, que Ud. sufría mucho.

Jaime, pregúnteles a ellos si salían de noche.

Guillermo y Tomás, contéstenle que Uds. nunca salían de noche.

Carlos, pregúntele a Bárbara si vivía en Madrid.

Bárbara, contéstele que no, que Ud. vivía en Sevilla.

The imperfect forms of **–ir** verbs are:

vivir

vivía
vivías
vivía

vivíamos
(vivíais)
vivían

Note that the endings of **–er** and **–ir** verbs are the same in the imperfect tense.

Cambien las siguientes oraciones del presente en el imperfecto según el modelo.

Vivo en Madrid.
Vivía en Madrid.

Suben las montañas.
Cubrimos el surco.
Ella sirve la comida.
Sufres una prueba.
Asisto a la fiesta.

LA AGRICULTURA (CONTINUACION)

AQUI VEMOS en primer término a un labrador que trabaja con una pala. El abre hoyos en la tierra mientras que el muchacho que va a su lado echa unas pocas semillas en el hoyo. Con un movimiento de la pala el labrador abre el hoyo en la tierra, y con otro cierra el hoyo y cubre el grano. El labrador y el muchacho repiten esta operación a lo largo del surco. El trabajo del muchacho es fácil; el del labrador es difícil.

En este lado un solo labrador cultiva la tierra con un azadón. Detrás de él, vemos el campo donde crecen las plantas de maíz.

Más allá, otros labradores también cultivan la tierra. Están quitando las hierbas y limpiando el terreno para obtener una mejor cosecha de maíz, producto importante en la agricultura de México.

Ya llegada la tarde, el trabajo termina para estos tres labradores que van subidos en el carro tirado por mulas negras.

pala *(s.f.)* instrumento que tiene la forma de una cuchara; se usa para abrir la tierra (shovel)

hoyo *(s.m.)* cavidad en la tierra

azadón *(s.m.)* instrumento de agricultura que sirve para remover la tierra (hoe)

limpiar *(v.)* quitar lo sucio a una cosa (clean)

cosecha *(s.f.)* recolección de los productos de la tierra

1. En el primer término, ¿qué se ve?
2. ¿Qué tiene el labrador en la mano?
3. ¿Qué hace con la pala?
4. ¿Qué hace el muchacho?
5. ¿En dónde echa las semillas?
6. ¿Cuántas veces abren y cubren el surco?
7. ¿Cómo es el trabajo del muchacho?
8. ¿Cómo es el trabajo del labrador?
9. ¿Qué hace el labrador con el azadón?
10. ¿Qué vemos detrás del labrador?
11. ¿Qué quitan los labradores?
12. ¿Para qué las quitan?
13. ¿De qué es la cosecha?
14. ¿A qué hora termina el trabajo?
15. ¿Dónde están los tres labradores?
16. ¿Qué animales tiran del carro?
17. ¿Cómo son?

EXPANSION

a. Sigan el modelo.

Aquí vemos a un labrador|.
 |que trabaja.
Aquí vemos a un labrador que trabaja.

Aquí vemos a un labrador|.
 |que trabaja.
  |con una pala.

El labrador y el muchacho repiten|.
 |esta operación.
  |a lo largo.
   |del surco.

Están quitando las hierbas|.
 |y limpiando el terreno.
  |para obtener una buena cosecha.
   |de maíz.

El trabajo termina|.
 |para estos tres.
  |labradores.
   |que van subidos en el carro.
    |tirado por mulas.
     |negras.

ESTRUCTURA

PRETERITO E IMPERFECTO

a. Contesten a las preguntas.

¿Miró Juan la televisión anoche?
¿Cuándo miró Juan la televisión?
¿Miraba Juan la televisión cada noche?
¿Cuándo miraba Juan la televisión?

¿Jugaron los chicos al fútbol el otro día?
¿Cuándo jugaron los chicos al fútbol?

¿Jugaban los chicos al fútbol todos los días?
¿Cuándo jugaban los chicos al fútbol?

¿Habló Ud. con María ayer?
¿Cuándo habló Ud. con María?
¿Siempre hablaba Ud. con María?
¿Cuándo hablaba Ud. con María?

Regando la Tierra, México

¿Pasaron Uds. una semana en la playa el verano pasado?

¿Cuándo pasaron Uds. una semana en la playa?

¿Pasaban Uds. una semana en la playa todos los veranos?

¿Cuándo pasaban Uds. una semana en la playa?

¿Hizo Teresa un viaje a España el año pasado?

¿Cuándo hizo Teresa un viaje a España?

¿Hacía Teresa un viaje todos los años?

¿Cuándo hacía Teresa un viaje?

¿Salieron Juan y María temprano anoche?

¿Cuándo salieron temprano Juan y María?

¿Salían Juan y María temprano con frecuencia?

¿Cuándo salían temprano Juan y María?

¿Comió Ud. una vez en aquel restaurante?

¿Cuántas veces comió Ud. en aquel restaurante?

¿Comía Ud. muchas veces en aquel restaurante?

¿Cuántas veces comía Ud. en aquel restaurante?

¿Leyeron Uds. el periódico el domingo?

¿Cuándo leyeron Uds. el periódico?

¿Leían Uds. el periódico los domingos?

¿Cuándo leían Uds. el periódico?

b. Cambien las oraciones según el modelo.

Comimos en aquel restaurante anoche.
Siempre
Siempre comíamos en aquel restaurante.

Comimos en aquel restaurante anoche.
Siempre _____.

Hablé con Teresa el otro día.
_____ todos los días.

Sufrimos una prueba la semana pasada.
_____ cada semana.

Carlos hizo un viaje el año pasado.
_____ todos los años.

Miré la televisión anoche.
Nunca _____.

Ellos viajaron una vez en tren.
_____muchas veces _____.

The preterite tense is used to express an action that was completed within a given time in the past.

Ayer comí a las ocho.
Pepe bailó con Carmen anoche.

The imperfect tense is used to express a continuous or repeated action in the past.

Yo siempre comía a las ocho.
Pepe bailaba con María con frecuencia.

Completen las frases siguientes con el pretérito o el imperfecto del verbo salir.

Anoche yo _____ con Juan.
Nosotros siempre _____ a las ocho.
Carlos _____ el otro día.
Yo _____ con frecuencia.
Ellos _____ con nosotros muchas veces.

DOS ACCIONES EN UNA ORACION

a. Contesten a las preguntas.

¿Estaba su madre en la cocina cuando entró Juan?

¿Ponía María la mesa cuando llegó Carlos?

¿Jugaban los chicos cuando empezó a llover?

¿Miraba Ud. la televisión cuando entraron sus amigos?

¿Estaba Ud. en el museo cuando vio a Carlos?

¿Dormía Ud. cuando él salió?

¿Esperaba su padre cuando Ud. volvió?

¿Estudiaban Uds. cuando llamó Enrique?

¿Bailaban Uds. cuando alguien llamó a la puerta?

¿Sembraba el labrador cuando empezó a llover?

¿Comía Ud. cuando llegó José?

In many sentences there are two types of action. That action which was going on is expressed by the imperfect tense and what intervened is expressed by the preterite tense.

Mi madre estaba en la cocina | **cuando Juan entró.**

Cambien las oraciones para emplear las palabras indicadas.

Carlos y yo sufríamos las pruebas cuando alguien entró.

Tú _____.

Carlos _____.

_____ leía el periódico _____.

Los estudiantes _____.

_____ estudiaban _____.

María _____.

VERBOS IRREGULARES EN EL IMPERFECTO

a. Sigan el modelo.

Pepe era pintor.
Juan
Juan era pintor.

Pepe ⎫
Juan ⎪
El señor Romero ⎬ era pintor.
Ud. ⎪
El hermano de Tomás ⎭

Ellos ⎫
Ellas ⎪
Elena y Carlota ⎬ eran inteligentes.
Roberto y David ⎪
Ellas ⎪
Las muchachas ⎭

Tú eras muy ⎰ guapa. / alta. / trabajadora. / buena.

Yo era ⎰ alto. / bajo. / bueno. / malo.

¿Eramos los ⎰ únicos? / mejores? / primeros? / últimos?

b. Cambien cada oración para emplear la palabra indicada.

Pepe y Pedro eran muy malos.

Tú _____.

Tú y yo _____.

Uds. _____.

Mis amigos _____.

¿Juan era muy alto?

¿Ellas _____?

¿Tú _____?

¿Ud. _____?

¿Ud. y Leonardo___?

Paco era amigo mío.

Luis _____.

Ellos _____.

Ellas _____.

Teresa _____.

Teresa y Elena _____.

Tú _____.

c. Contesten a las siguientes preguntas según el modelo.

¿Era Pepe amigo tuyo?

Sí, Pepe era amigo mío.

No, Pepe no era amigo mío.

¿Era Pepe amigo tuyo?

Sí, _____.

No, _____.

¿Era médico el abuelo de Carlos?

Sí, _____.

No, _____.

¿Era guapa la chica?

Sí, _____.

No, _____.

¿Era de Portugal ese muchacho?

Sí, _____.

No, _____.

¿Era alta la profesora?

Sí, _____.

No, _____.

¿Eran labradores aquellos señores?

Sí, _____.

No, _____.

¿Eran inteligentes esas muchachas?

Sí, _____.

No, _____.

¿Eran amigos aquellos señores?

Sí, _____.

No, _____.

¿Era Ud. amigo de Alberto?

Sí, _____.

No, _____.

¿Era Ud. malo?

Sí, _____.

No, _____.

¿Eran Uds. buenos estudiantes?

Sí, _____.

No, _____.

¿Era Ud. alto?

Sí, _____.

No, _____.

¿Eran Uds. los primeros?

Sí, _____.

No, _____.

d. Sigan las instrucciones.

Alicia, pregúntele a Federico si era un niño bueno.
Federico, contéstele que no, que Ud. era un niño muy malo.

Catalina, pregúnteles a los señores si eran los únicos que asistieron.
Angel y Carlos, contéstenle que sí, que Uds. eran los únicos.

Pilar, pregúntele a su amigo cómo era de niño.
Juan, contéstele que Ud. era bajo, gordo y feo.

Ana, pregúnteles a los chicos cómo era su escuela.
Ricardo y Jorge, contéstenle que la escuela era muy moderna.

Casandra, pregúntele a Marcos si era compañero de Alfonso.
Marcos, contéstele que no, que Ud. era compañero de Daniel.

Concha, pregúntele a Lucas si él era el mejor de la clase.
Lucas, contéstele que no, que el mejor era Ramón.

Esteban, pregúntele a Pablo quiénes eran las muchachas.
Pablo, contéstele que ellas eran unas amigas colombianas.

Dolores, pregúnteles a los señores si eran los últimos.
Jaime y Carlos, contéstenle que no, que eran los primeros.

Rosa, pregúntele a Roberto si era estudiante del señor Lara.
Roberto, contéstele que no, que era estudiante del señor Rodríguez.

e. Sigan el modelo.

Luis iba mucho al teatro.
Eduardo
Eduardo iba mucho al teatro.

| Luis
Eduardo
Mi papá
Su hermana
Ud. | iba mucho al teatro. |

| ¿Adónde iban | los muchachos?
los estudiantes?
Uds.?
Laura y Anita?
ellos? |

| ¿Cuándo
¿A qué hora
¿Para qué
¿Cómo
¿Adónde | ibas tú? |

| Yo siempre iba | a la ciudad.
al parque.
al aeropuerto.
a las corridas.
a la clase de español. |

| ¿A qué hora íbamos | Juan y yo?
nosotros?
nosotras?
tú y yo? |

f. Contesten a las preguntas según la indicación.

¿Con quién ibas al museo?   *(Alberto)*
¿Adónde iban Uds. los domingos?   *(al Retiro)*
¿A quién iba a llamar Ud.?   *(a una amiga)*

¿Quiénes iban tarde a clase?   (Pepe y Tomás)

¿Iba Ud. al teatro por la tarde o por la noche? (por la tarde)

¿Quiénes iban en el carro?   (los labradores)

¿Adónde iba su amigo?   (a una fiesta)

¿Cómo iban Uds. al campo?   (en autobús)

¿A quién iba a dar Ud. el dinero?   (al trabajador)

¿Quiénes iban a cortar el césped?   (los muchachos)

¿A qué hora iba Ud. a clase?   (a las ocho)

¿Para qué iban Uds. al mercado?   (comprar chorizo)

g. Sigan las instrucciones.

Maruja, pregúntele a Juanita si iba al parque sola.

Juanita, contéstele que no, que iba con unos amigos.

Patricio, pregúnteles a qué hora lo iban a llamar.

Francisco y Carlos, contéstenle que lo iban a llamar a las cinco.

Anita, pregúntele a Inés si iba a la playa en el verano.

Inés, contéstele que Ud. siempre iba en el verano.

Manolo, pregúntele a Benito cómo iba a la ciudad.

Benito, contéstele que Ud. iba en el coche de su papá.

Linda, pregúnteles a ellos si iban a las fiestas en la escuela.

Gloria y Pepe, contéstenle que sí, que Uds. siempre iban.

The forms of **ser** and **ir** in the imperfect tense are:

ser	ir
era	iba
eras	ibas
era	iba
éramos	íbamos
(erais)	(ibais)
eran	iban

Cambien las oraciones para emplear la palabra indicada.

Cuando yo era niño, iba al cine.

_____ él _____.

_____ nosotros _____.

_____ ellos _____.

_____ María _____.

DESCRIPCION EN EL PASADO

a. Contesten a las preguntas.

¿Era alto Paco?
¿Era bajo Tomás?
¿Eran bonitas las chicas?
¿Eran inteligentes los chicos?
¿Era grande la universidad?

¿Era blanca la casa?
¿Hacía buen tiempo?
¿Hacía mal tiempo?
¿Tenía María ojos azules?
¿Tenía tres años el niño?
¿Tenía hambre Carlos?

The imperfect tense is used to describe something in the past.

Expresen las siguientes frases en el pasado.

Carlos tiene ojos azules.
María es rubia.
Hace buen tiempo.
Mi hermano tiene diez años.
Hace frío.
Son inteligentes.

REPASO DEL TIEMPO PRESENTE DE VERBOS CON EL CAMBIO *E* A *IE*

a. Sigan el modelo.

El pierde los libros.
Carlos
Carlos pierde los libros.

El
Carlos
Ella   los libros.
Uds.
Paco y yo

Yo no lo entiendo.

Yo
Ella
Tú   no lo
Tú y yo
Nosotros

Luis siembra el grano.

Luis
Tomás
Ud.   el grano.
Pedro y yo
Los labradores
El hombre

Ellas se detienen allí.

Ellas
Tú
Pablo y Ramón
La señorita Ruiz   allí.
Nosotros
Mis amigos

¿Qué piensan Uds.?

	Uds.?
¿Qué	tú?
	Alicia?
	los chicos?
	Ud.?

El cierra el surco.

El	
Pancho	
Marta y yo	el surco.
Los labradores	
Tú	

¿Cuándo comienza la clase?

	la clase?
¿Cuándo	Uds.?
	tú?
	la corrida?
	nosotros?

b. Sigan las intrucciones.

Margarita, pregúntele a Anita si entiende lo que Ud. dice.

Anita, contéstele que Ud. entiende perfectamente.

Gregorio, pregúnteles a ellos qué siembran.

Tomás y Luis, contéstenle que Uds. siembran maíz.

Dorotea, pregúntele a Susana dónde se detienen los chicos.

Susana, contéstele que ellos se detienen en la puerta.

Pedro, pregúnteles a ellos si pierden mucho tiempo.

Eduardo y José, contéstenle que no, que Uds. pierden muy poco tiempo.

REPASO DE LA A PERSONAL

a. Sigan el modelo.

Aquí vemos un surco.
              labrador.
Aquí vemos a un labrador.

	surco.
	labrador.
	pala.
	azadón.
Aquí vemos	muchacho.
	semillas.
	cosecha.
	labradores.

Papá vio las mulas.

	mulas.
	muchachos.
	arado.
	sacos.
Papá vio	chicas.
	pintor.
	maíz.
	compañero.

ISIDRO ALVAREZ

taza   lo que se usa normalmente para tomar café o té

pedazo   una parte de una cosa

almuerzo   segunda comida del día

tortillas   en España, huevos batidos con leche y cocinados en una sartén (omelette)

chorizos   especie de salchicha española (hard sausage)

fiambres   carnes frías

echar la siesta   dormir la siesta

sombra   protección contra el sol: El árbol da sombra.

Me llamo Isidro Alvarez. Ahora vivo en una gran ciudad, Sevilla, pero cuando yo era niño, vivía en el campo. Mis padres tenían tierras en un pueblo de la provincia de Sevilla que se llamaba Ronquillo. En el campo todos trabajábamos, mis padres, mis hermanos y hasta mis abuelos. Nos levantábamos muy temprano por la mañana y salíamos al campo después del desayuno. El desayuno no era gran cosa. Tomábamos una taza de café y un pedazo de pan.

Papá iba detrás de las mulas, Guapa y Resalá, y abría los surcos en la tierra. Las mulas tiraban del arado mientras que mi hermano Joselito y yo sembrábamos el grano. Cada uno de nosotros llevaba un saco con semillas. Comíamos el almuerzo en el campo. Abuelita y mamá preparaban tortillas que comíamos con chorizos y otros fiambres. Después de comer yo siempre echaba la siesta bajo un árbol que daba sombra y fresco.

Preguntas

1. ¿Dónde vive Isidro Alvarez ahora?
2. ¿Dónde vivía cuando era niño?
3. ¿Cómo se llamaba el pueblo?
4. ¿Quiénes trabajaban en el campo?
5. ¿Qué tomaban de desayuno?
6. ¿Cómo se llamaban las mulas?
7. ¿Qué hacían Joselito e Isidro?
8. ¿Dónde comían el almuerzo?
9. ¿Qué comían de almuerzo?
10. ¿Qué hacía Isidro después de comer?
11. ¿Qué daba el árbol?

Barrio de los Remedios, Sevilla

LA AGRICULTURA EN ESPAÑA

feroz duro: El tigre es un animal feroz.
valiente que tiene valor, bravo
conquistar dominar: Cortés conquistó a México.
riego acción de distribuir agua por la tierra

noria aparato para sacar agua de un pozo y distribuirla en tierra seca
pozo hoyo que se hace en la tierra para encontrar agua (well)
artesiano tipo de pozo de gran profundidad

La agricultura es en España la principal industria. Los granos y los vinos del país eran famosos en la época de los romanos.

En el año 711 A.D. llegó a España desde el norte de Africa el primero de unos cuantos grupos a quienes llamamos «moros.» Estos «moros» eran feroces y valientes

guerreros y en poco tiempo conquistaron casi toda la península.

No sólo eran los moros valientes guerreros sino que también eran excelentes agricultores. Trajeron a España frutas y granos que allí no se conocían antes.

Como en muchas partes del norte de Africa, faltaba agua. Los moros, que necesitaban agua para cultivar sus tierras, inventaron sistemas de riego, la noria y el pozo artesiano. Los moros convertían desiertos en jardines. La influencia de los moros en la agricultura española todavía se puede ver en muchas partes del país. En Valencia, por ejemplo, los labradores trabajan la tierra con los sistemas de riego que dejaron los moros. El arroz que llevaron los moros a España es hoy día un plato básico en la cocina española.

Preguntas

1. ¿Qué industria española es más importante que la agricultura?
2. ¿Quiénes tomaban vinos españoles en tiempos antiguos?
3. ¿Cuándo invadieron a España por primera vez los moros?
4. ¿Cómo eran los moros?
5. ¿Cuánto tiempo tomaron en conquistar el país?
6. ¿Por qué eran famosos los moros?
7. ¿Por qué inventaron los moros sistemas de riego?
8. ¿Se terminó ya la influencia mora en España?
9. ¿Qué se puede ver en Valencia?
10. ¿De dónde eran los moros?
11. ¿Cuáles son algunos platos típicos de la cocina española?
12. ¿Para qué sirven la noria y los pozos?
13. ¿Llegó más de un grupo de «moros» a la península?
14. ¿Cómo se llaman los hombres que trabajan la tierra?

PARA ESCRIBIR

a. Emplee las siguientes palabras en oraciones originales según el modelo.

valle
La casa estaba en un valle con grandes montañas a los lados.

1. valle	6. fértil	11. agachar
2. arado	7. sembrar	12. tirar
3. surco	8. compás	13. semilla
4. fila	9. lento	14. arrastrar
5. mula	10. saco	

b. Cambie las siguientes oraciones al presente según el modelo.

Antes él nunca tenía dinero.
Ahora
Ahora él siempre tiene dinero.

1. Antes él nunca tenía dinero.
   Ahora _____.
2. Antes los estudiantes nunca venían tarde.
   Ahora _____.
3. Antes las clases nunca comenzaban a las ocho.
   Ahora _____.
4. Antes tú nunca te perdías.
   Ahora _____.
5. Antes nunca sembrábamos maíz.
   Ahora _____.
6. Antes yo nunca me sentaba enfrente.
   Ahora _____.
7. Antes nunca cerraban antes de las nueve.
   Ahora _____.

8. Antes nunca pensábamos en ellos.
Ahora _____.

9. Antes Uds. nunca se detenían en la cafetería.
Ahora _____.

10. Antes eso nunca contenía maíz.
Ahora _____.

11. Antes yo nunca tenía tiempo.
Ahora _____.

12. Antes tú nunca cerrabas las ventanas.
Ahora _____.

13. Antes nunca nos deteníamos mucho.
Ahora _____.

14. Antes yo nunca venía con ellos.
Ahora _____.

c. *Cambie las siguientes oraciones al imperfecto, al pretérito, al presente o al futuro según el modelo.*

(imperfecto) *Antes yo estudiaba con Pepe.*
(pretérito) *Ayer yo estudié con Pepe.*
(presente) *Ahora yo estudio con Pepe.*
(futuro) *Mañana yo estudiaré con Pepe.*

1. Antes _____.
Ayer tú anunciaste el programa.
Ahora _____.
Mañana _____.

Puerta de Sevilla, Carmona

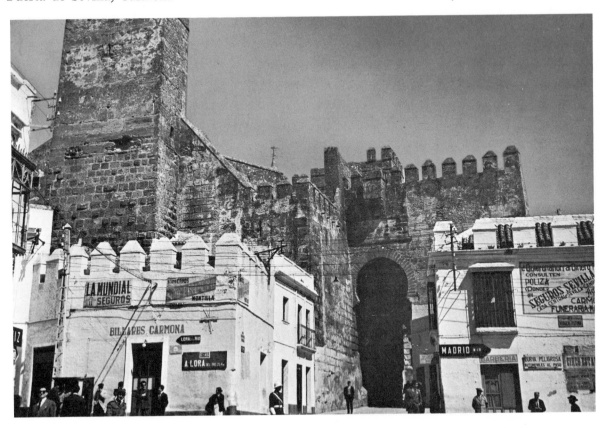

La agricultura 71

2. Antes _____.
   Ayer _____.
   Ahora acabamos por la tarde.
   Mañana _____.

3. Antes _____.
   Ayer _____.
   Ahora _____.
   Mañana lo cambiarán.

4. Antes yo comía más que tú.
   Ayer _____.
   Ahora _____.
   Mañana _____.

5. Antes _____.
   Ayer Manuel hizo unos cuantos.
   Ahora _____.
   Mañana _____.

6. Antes _____.
   Ayer _____.
   Ahora volvemos en el coche de Ramón.
   Mañana _____.

7. Antes _____.
   Ayer _____.
   Ahora _____.
   Mañana tendrás que ir a la ciudad.

8. Antes salían de la oficina a las cuatro.
   Ayer _____.
   Ahora _____.
   Mañana _____.

9. Antes _____.
   Ayer fuimos al museo de arte.
   Ahora _____.
   Mañana _____.

10. Antes _____.
    Ayer _____.
    Ahora resistimos mejor el frío.
    Mañana _____.

11. Antes _____.
    Ayer _____.
    Ahora _____.
    Mañana estarán en Madrid.

12. Antes se reunían en casa de Lorenzo.
    Ayer _____.
    Ahora _____.
    Mañana _____.

13. Antes _____.
    Ayer supe la verdad.
    Ahora _____.
    Mañana _____.

d. Cambie cada oración para emplear la palabra indicada.

1. Los moros tuvieron mucha influencia en la agricultura.
   Nosotros _____.

2. En Valencia los labradores trabajan la tierra y tienen buena cosecha.
   _____Martínez _____.

3. Ayer nos llamaron y tuvimos que ir allá.
   Mañana _____.

4. Si nunca lo viste, visítalo pronto. Te gustará.
   _____ vieron, _____.

5. Ese que exhiben es un típico cuadro mexicano.
   _____ revistas _____.

6. El azadón es mío; lo compré en mi pueblo.

——————————suyo; ——————————.

7. Yo iba a vender mis cosas cuando fui a la capital.

Teresa ——————————————————.

8. A ti no te interesan las cosas que debes estudiar.

— nosotros ——————————————.

9. Pepe quería esas mulas blancas que estaban aquí.

——————————saco ——————————.

10. Siempre me levanto al momento que me llaman.

—————— se ——————————————.

11. ¿Conocías a aquel tío mío que vivía en Burgos?

¿—————————— amigas ——————————?

El Club «Jockey,» Madrid

e. Lea el párrafo que sigue.

Pablo Mayalde es un hombre joven. Tiene unos veintiocho años y vive en una capital de provincia. Todos los días se levanta a las siete, toma un poco de desayuno, sale de su casa a las ocho menos cuarto y está en la oficina a las ocho en punto. Se viste de muy buen gusto. Lleva ropa buena. Todos los días se pone una camisa blanca. Tiene la costumbre de ir a las corridas de toros los domingos. Le gustan mucho los toros. Siempre se sienta en los tendidos* de sombra. Una vez al año va a Madrid. En Madrid hace algunas compras, visita los museos y asiste al teatro.

* *tendido:* sección de una plaza de toros: La plaza se divide en «sol» y «sombra.» Los asientos de sombra cuestan más.

f. El párrafo que acaba de leer está en el tiempo presente. Escriba el mismo párrafo en el imperfecto.

g. Imagínese un labrador en los campos de España y conteste a las preguntas.

¿Cómo se llama Ud.?

¿Dónde vive Ud.?

¿A qué hora se levanta?

¿Están sus campos cerca de un pueblo?

¿Cómo se llama el pueblo?

¿Qué cultiva Ud.?

¿Con qué cultiva la tierra?

¿Hay bastante agua?

¿Qué hace Ud. para tener agua?

¿Qué animales tiene Ud.?

¿Dónde vende Ud. su cosecha?

La agricultura 73

PARA CONVERSAR

EN EL RESTAURANTE

CARLOS:	Aquí viene el camarero.
PACO:	Camarero. La carta, por favor.
CARLOS:	¿Tiene Ud. la lista de vinos también?
CAMARERO:	Aquí la tiene, señor.
CARLOS:	Para empezar, sopa de cebolla.
CAMARERO:	¿Para Ud., señor?
PACO:	Espárragos con mayonesa. Luego un biftec con papas fritas.
CAMARERO:	¿Una ensalada?
PACO:	Sí, dos, por favor.
	(Después de la comida)
CARLOS:	La cuenta, por favor.
PACO:	Carlos, yo dejo la propina.

LECCION DIECIOCHO

BUENOS AIRES

ESTAMOS MIRANDO unas fotografías de la capital de la República Argentina, Buenos Aires. Buenos Aires es una ciudad de unos tres millones de habitantes. De todas las ciudades del mundo que se encuentran al sur del ecuador, Buenos Aires es una de las más grandes.

La ciudad de Buenos Aires está creciendo más y más cada año. La gente del campo está trasladándose a la ciudad en gran número.

ecuador *(s.m.)* línea imaginaria alrededor del mundo

trasladarse *(v.)* llevar o mudar a una persona de un lugar a otro

Se dice de Buenos Aires que es la ciudad más europea de las Américas. Es europea en sus costumbres y hasta en su gente. Casi todos los argentinos son de origen europeo. La mayoría son de origen español o italiano, pero también los hay de ascendencia inglesa, alemana, irlandesa y de otros países.

Además de ser la capital y la primera ciudad de la república, Buenos Aires es también el puerto más importante. Barcos de todas partes del mundo entran y salen del puerto. Muchos de los barcos que salen están llevando cantidades de carne para el consumo en el extranjero. Muchos países de Europa compran carne argentina y hasta a los Estados Unidos se vende mucho. La industria de la ganadería es importantísima en la Argentina.

Entre los edificios y monumentos que estamos viendo sobresale «La Casa Rosada». La Casa Rosada es el domicilio del Presidente de la República. Se llama «rosada» porque es de color de rosa. Enfrente de este edificio se pueden ver a todas horas, los guardias del presidente con sus interesantes uniformes.

Los porteños son muy aficionados a la ópera y al teatro y asisten muy a menudo.

El deporte más popular de Buenos Aires y de todo el país es el fútbol. El fútbol en Hispanoamérica es lo que en Norteamérica se llama «soccer». Son muy grandes rivales los argentinos y los brasileños.

Una costumbre bastante común en Buenos Aires que parece ser de origen inglés es la del «té» por la tarde. El «té» consiste en casi una comida entera. El té de los argentinos es el famoso «mate» que es una infusión de hojas de hierba del Paraguay. Es la bebida típica de la Argentina y del Uruguay.

La manera clásica de tomar el «mate» es de una bombilla, generalmente de plata.

En el centro de la ciudad está la Plaza República con su famoso obelisco, monumento que conmemora la fundación de la ciudad de «Santa María del Buen Aire» en ese mismo lugar en el año 1536.

costumbre *(s.f.)* hábito adquirido por la repetición (custom)

origen *(s.m.)* el lugar de donde viene una cosa o persona

europeo *(adj.)* del continente de Europa

mayoría *(s.f.)* la parte más grande; el porcentaje más grande

alemán *(adj.)* de Alemania (Germany)

irlandés *(adj.)* de Irlanda (Ireland)

cantidad *(s.f.)* porción de alguna cosa

carne *(s.f.)* alimento que viene de un animal (meat)

extranjero *(s.m.)* el que habita una nación que no es suya

ganadería *(s.f.)* comercio de vacas y toros (cattle raising)

sobresalir *(v.)* distinguirse entre otros

porteño *(s.m.)* habitante de Buenos Aires

aficionado *(adj.)* que tiene inclinación, amor a una persona o cosa

a menudo *(adv.)* muchas veces; frecuentemente

rival *(s.m.)* competidor

común *(adj.)* corriente; regular

infusión *(s.f.)* acción de mezclar (mix) con un líquido

hoja *(s.f.)* un árbol o planta tiene hojas verdes.

bombilla *(s.f.)* lo que usan los argentinos para tomar mate (té argentino)

plata *(s.f.)* metal blanco, brillante: Se usa mucho como dinero.

obelisco *(s.m.)* momumento alto de cuatro lados que termina en un punto

Desde la Plaza República vemos la avenida más ancha del mundo, la Avenida 9 de Julio.

No se debe visitar Buenos Aires sin ir a ver el edificio del Congreso en la plaza del mismo nombre. Allí se encuentra el gobierno de la república.

Preguntas

1. ¿De qué son las fotografías?
2. ¿Qué es Buenos Aires?
3. ¿Cuál es la población de Buenos Aires?
4. ¿Cuál es la ciudad más grande de las que están al norte del ecuador?
5. ¿Cuál es la más grande de la Argentina?
6. ¿Por qué está creciendo Buenos Aires?
7. ¿Cuál es la ascendencia de la mayor parte de los porteños?
8. ¿Cuáles son las nacionalidades que predominan en Buenos Aires?
9. ¿Es puerto Buenos Aires? ¿En qué mar?
10. ¿Qué exportan los argentinos?
11. ¿Dónde se come carne argentina?
12. ¿Qué es la Casa Rosada?
13. ¿Qué tenemos en los EE.UU. que equivale a la Casa Rosada?
14. ¿Qué hay siempre delante de la Casa Rosada?
15. ¿Qué deporte en Buenos Aires tiene más aficionados?
16. ¿Cuál será el origen del «té» en Buenos Aires?
17. ¿Cómo se llama el té de los argentinos?
18. ¿Qué es el «mate»?
19. ¿Dónde lo beben?
20. ¿Para qué se usa la bombilla de plata?
21. ¿Dónde está el obelisco?
22. ¿Qué conmemora el obelisco?
23. ¿Cómo se llama hoy la ciudad de Santa María del Buen Aire?
24. ¿Qué importancia tiene la Avenida 9 de Julio?
25. ¿Cuál es la ciudad más grande de las Américas?
26. ¿Cuál es la ciudad más grande de Sudamérica?

Avenida de Mayo, Buenos Aires

Argentine Consulate

EXPANSION

a. Sigan el modelo.

Estamos mirando unas fotografías|.
  |de la capital.
Estamos mirando unas fotografías de la capital.
    |de la república.
Estamos mirando unas fotografías de la capital
  de la república.
      |argentina.
Estamos mirando unas fotografías de la capital
  de la república argentina.

Estamos mirando unas fotografías|.
  |de la capital.
    |de la república.
      |argentina.

La ciudad de Buenos Aires está creciendo|.
  |más y más.
    |cada año.

Barcos de todas partes del mundo entran|.
  |y salen.
    |del puerto.

Los porteños son muy aficionados|.
  |a la ópera.
    |y al teatro.
      |y asisten.
        |muy a menudo.

No se debe visitar Buenos Aires|.
  |sin ir a ver el edificio.
    |del Congreso.
      |en la plaza.
        |del mismo nombre.

b. Sigan las instrucciones.

Ramón, pregúntele a Luis cuál es la ciudad
  más grande de Sudamérica.
Luis, contéstele que Buenos Aires es la ciudad
  más grande.

Marta, pregúntele a Teresa si la Argentina
  está al norte o al sur del ecuador.
Teresa, contéstele que la Argentina está al sur
  del ecuador.

Pablo, pregúnteles a los chicos si saben cuál
  es una industria importante en la Argentina.
Tomás y Carlos, contéstenle que no, que no
  saben.

Ana, pregúntele a Alicia qué exportan los
  argentinos.
Alicia, contéstele que los argentinos exportan
  mucha carne.

Alberto, pregúnteles a ellos cuál es la ascendencia de la mayoría de los argentinos.
Manuel y Emilio, contéstenle que la mayoría
  de los argentinos son de origen español o
  italiano.

Manuel, pregúntele a Carola dónde vive el
  presidente de la Argentina.
Carola, contéstele que el presidente de la
  Argentina vive en La Casa Rosada.

Emilio, pregúntele a Felipe si los porteños
  son aficionados a la ópera.
Felipe, contéstele que sí, que los porteños
  son aficionados a la ópera.

Laura, pregúnteles a Ricardo y a Alfonso para
  qué se usa la bombilla.
Ricardo y Alfonso, contéstenle que se usa la
  bombilla para tomar el mate.

Plaza San Martín, Buenos Aires

ESTRUCTURA

EL PRESENTE PROGRESIVO — VERBOS EN –AR

a. Sigan el modelo.

Carola está bajando ahora.
Pepe
Pepe está bajando ahora.

Pepe	
Ella	
Mi amiga	está bajando ahora.
Ud.	
El profesor	

La clase	
El partido	
La huelga	está comenzando.
El invierno	

b. Contesten a las preguntas.

¿Está bajando ahora el niño?
¿Está jugando Pepe?
¿Está estudiando María?

¿Está trabajando tu padre?
¿Está hablando el profesor?

c. Sigan el modelo.

Los niños están jugando al escondite.
Ellos
Ellos están jugando al escondite.

Los niños	
Pepe y Luis	
Ellos	
María y Laura	están jugando al escondite.
Uds.	
Mis hermanos	

Ellos	
Ellas	
Uds.	están mirando las fotografías.
Pablo y Ramón	

d. Contesten a las preguntas.

¿Están jugando al escondite los niños?
¿Están mirando las fotografías Juan y María?
¿Están preparando la comida las chicas?
¿Están comprando mucho las señoras?
¿Están enseñando los profesores?

e. Sigan el modelo.

Teresa me está llamando.
Uds.
Uds. me están llamando.

Teresa			
Uds.			
Teresa y Alberto	me		llamando.
Mi papá			
Mis padres			
Los muchachos			

f. Sigan el modelo.

Estoy preparando la comida.
almuerzo.
Estoy preparando el almuerzo.

Estoy preparando	comida.
	almuerzo.
	trabajo.
	barco.
	café.

Estoy estudiando	español.
	francés.
	inglés.
	alemán.
	italiano.
	latín.

g. Contesten a las preguntas.

¿Estás preparando la comida?
¿Estás estudiando?

¿Estás mirando la televisión?
¿Estás jugando al béisbol?
¿Estás trabajando mucho?

h. Sigan el modelo.

¿Estás estudiando mucho?
más?
¿Estás estudiando más?

¿Estás estudiando	mucho?
	más?
	menos?
	tanto?
	inglés?
	francés?

¿Estás jugando al	béisbol?
	fútbol?
	soccer?
	tenis?

i. Sigan las instrucciones.

Juan, pregúntele a Carmen si está estudiando
mucho.
Carmen, contéstele que sí, que Ud. está estudiando mucho.

Donato, pregúntele a Elena qué está preparando.
Elena, dígale que Ud. está preparando un
sándwich.

Anita, pregúntele a Enrique si está mirando
la televisión.
Enrique, contéstele que sí, que Ud. está mirando la televisión.

Teresa, pregúntele a Dorotea con quién está
hablando.
Dorotea, dígale que Ud. está hablando con
Guillermo.

Vista de Buenos Aires

j. Sigan el modelo.

Estamos tomando mate.
                        té.
Estamos tomando té.

Estamos tomando
| mate.
| té.
| café.
| limonada.
| agua.

Pablo y yo
Nosotros
Tú y yo   estamos sembrando maíz.
Nosotras
Luisa y yo

k. Contesten a las preguntas.

¿Están Uds. sembrando maíz?
¿Están Uds. tomando café?
¿Están Uds. estudiando?
¿Están Uds. trabajando?
¿Están Uds. mirando fotografías de Buenos Aires?

l. Sigan el modelo.

¿Están Uds. trabajando en la escuela?
                        en el campo?
¿Están Uds. trabajando en el campo?

¿Están Uds. trabajando
| en la escuela?
| en el campo?
| en la ciudad?
| en Buenos Aires?

Uds. están hablando | mucho.
poco.
bien.
tanto.

m. Sigan las instrucciones.

Carlos, pregúnteles a María y a Elena si están trabajando en la universidad.

María, contéstele que sí, que Uds. están trabajando en la universidad.

Luisa, pregúnteles a Ricardo y a Felipe si están estudiando para el examen.

Ricardo, contéstele que sí, que Uds. están estudiando para el examen.

Eduardo, pregúnteles a Sarita y a Patricia qué están tomando.

Sarita, dígale que Uds. están tomando mate argentino.

n. Sigan el modelo.

Los niños están trabajando.
Ellos
Ellos están trabajando.

Ellos	
Ud.	
Tú	
Tú y Pepe	trabajando.
Yo	
Los señores	
Mi amigo	

o. Sigan las instrucciones.

Angelina, pregúntele a Juan si está estudiando mucho.

Juan, contéstele que Ud. está estudiando mucho.

Marta, pregúnteles a Pablo y a Luis si están mirando el libro.

Pablo y Luis, contéstenle que no, que no están mirando el libro.

Carlota, pregúnteles a ellos qué están contemplando.

Juan y Tomás, contéstenle que no están contemplando nada.

Donato, pregúntele a Jorge qué está sembrando.

Jorge, contéstele que Ud. está sembrando maíz.

Daniel, pregúnteles a Pepe y a Juanita de qué están conversando.

Pepe, contéstele que Uds. están conversando sobre el tiempo.

Roberto, pregúntele a Osvaldo qué está comprando.

Osvaldo, contéstele que Ud. está comprando unas semillas.

Miguel, pregúntele a María Luisa a quién está esperando.

María Luisa, contéstele que Ud. está esperando a Víctor.

Catalina, pregúnteles a los chicos si están limpiando el comedor.

Chicos, contéstenle que no, que están limpiando la cocina.

Marcelino, pregúntele a Pablo en qué está pensando.

Pablo, contéstele que Ud. está pensando en sus hermanos.

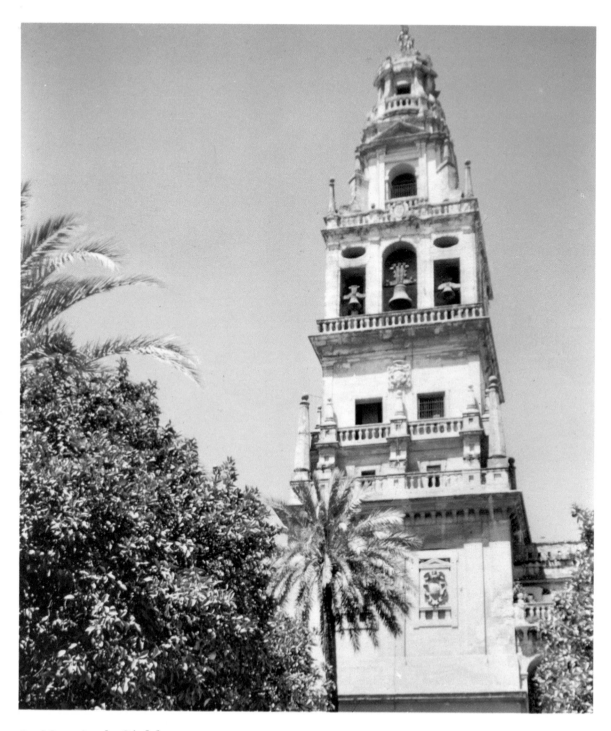

La Mezquita de Córdoba

P. E. Woodford

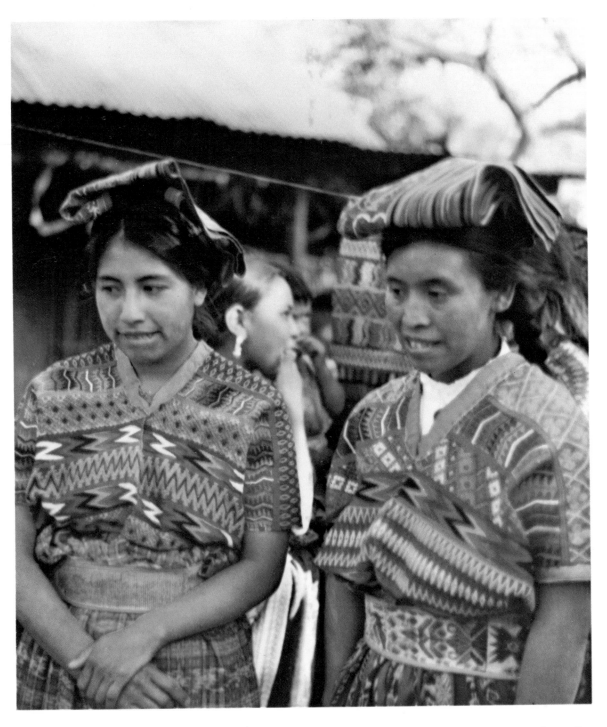

Indias de Guatemala

EL PRESENTE PROGRESIVO — VERBOS EN –ER E –IR

a. Sigan el modelo.

El señor está subiendo.
Ella
Ella está subiendo.

El señor	
Ella	
Juan	
Carlos	está subiendo.
Pepe	
El	
Ud.	
María	

b. Contesten a las preguntas.

¿Está subiendo el señor?
¿Está vendiendo periódicos el niño?
¿Está cubriendo el surco el labrador?
¿Está escribiendo el profesor?
¿Está comiendo Elena?

c. Sigan el modelo.

Carlos y María están recibiendo buenas notas.
Ellos
Ellos están recibiendo buenas notas.

Carlos y María	
Carlos y Alberto	
Ellos	están recibiendo
Uds.	buenas notas.
Ellas	

d. Contesten a las preguntas.

¿Están recibiendo buenas notas los alumnos?
¿Están sufriendo una prueba los alumnos?
¿Están creciendo las plantas?
¿Están poniendo la mesa María y Elena?
¿Están saliendo del puerto los barcos?

e. Sigan el modelo.

Yo estoy vendiendo máquinas.
coches.
Yo estoy vendiendo coches.

Yo estoy vendiendo	máquinas.
	coches.
	flores.
	maíz.
	refrigeradores.

f. Contesten a las preguntas.

¿Estás vendiendo el coche?
¿Estás escribiendo una carta?
¿Estás comiendo un sándwich?
¿Estás haciendo mucho trabajo?
¿Estás poniendo la mesa?

g. Sigan el modelo.

¿Qué estás haciendo?
comiendo?
¿Qué estás comiendo?

¿Qué estás	comiendo?
	escribiendo?
	bebiendo?
	viendo?
	vendiendo?

h. Sigan las instrucciones.

Timoteo, pregúntele a Carlos si está escribiendo una carta.

Carlos, contéstele que sí, que Ud. está escribiendo una carta.

Bárbara, pregúntele a Carolina si está poniendo la mesa.

Carolina, contéstele que sí, que Ud. está poniendo la mesa.

Domingo, pregúntele a Concha si está haciendo la maleta.

Concha, contéstele que sí, que Ud. está haciendo la maleta.

i. Sigan el modelo.

María y yo estamos recibiendo muchas cartas.
Ud. y yo
Ud. y yo estamos recibiendo muchas cartas.

María y yo	
Ud. y yo	recibiendo muchas cartas.
Nosotros	
Tomás y yo	

j. Contesten a las preguntas.

¿Están Uds. recibiendo muchas cartas?

¿Están Uds. haciendo el trabajo?

¿Están Uds. sufriendo una prueba?

¿Están Uds. poniendo la mesa?

¿Están Uds. exhibiendo los cuadros?

k. Sigan el modelo.

¿Están Uds. vendiendo la casa?
el coche?
¿Están Uds. vendiendo el coche?

	la casa?
¿Están Uds. vendiendo	el coche?
	el refrigerador?
	el televisor?

l. Sigan las instrucciones.

Juan, pregúnteles a Carlos y a David si están vendiendo el coche.

Carlos, contéstele que sí, que Uds. están vendiendo el coche.

Elena, pregúnteles a Dona y a Carmen si están haciendo la maleta.

Dona, contéstele que sí, que Uds. están haciendo la maleta.

Enrique, pregúnteles a Concha y a Eduardo si están comiendo tortillas.

Concha, contéstele que sí, que Uds. están comiendo tortillas.

m. Sigan el modelo.

Estoy poniendo la mesa.
Elena
Elena está poniendo la mesa.

Elena	
Tú	
Tú y yo	
Uds.	
Rafael	poniendo la mesa.
Rafael y José	
Juan y yo	
Mis amigos	

Tomás	
Ellos	
Yo	
Uds.	escribiendo una carta.
Tú	
Nosotros	

EL PRESENTE PROGRESIVO — CONTINUACION

a. Contesten a las preguntas según el modelo.

¿Hablan?
Sí, están hablando.

¿Hablan?
¿Llamas?
¿Anuncian ellos?
¿Baja Ud.?
¿Comes?
¿Conversan ellas?
¿Pepe corta el césped?
¿Escribe el señor?
¿Trabajan Uds.?
¿El labrador arrastra la tierra?
¿Acabas?

b. Contesten a las preguntas según el modelo.

Juan habla. ¿Y Luis?
Luis está hablando también.

Juan habla. ¿Y Luis?
Ellos reciben cartas. ¿Y ellas?
Yo preparo la comida. ¿Y Marta?
Los señores suben a la torre. ¿Y nosotros?

Sufren la prueba. ¿Y los muchachos?
La clase ya termina. ¿Y las otras clases?
Pepe trata de leer. ¿Y Leonor?
Mi padre trabaja. ¿Y tu papá?
Asisto al teatro. ¿Y los estudiantes?
Camino hacia el centro. ¿Y tú?
Tú bajas a la calle. ¿Y los señores?
Lorenzo cubre el surco. ¿Y los labradores?
El césped crece. ¿Y el maíz?
Ellos salen ahora. ¿Y Ud.?
Sembramos mucho maíz. ¿Y ellos?
Comemos tortillas. ¿Y sus amigos?
Contemplo la vista. ¿Y tú?
Pancho enseña la casa. ¿Y Luisa?

c. Sigan las instrucciones.

Dorotea, pregúntele a Lorenzo si está viviendo en el mismo sitio.
Lorenzo, contéstele que no, que ahora Ud. está viviendo en una casa nueva.

Manuel, pregúnteles a los chicos si están escribiendo a sus padres.
Chicos, contéstenle que no, que están escribiendo a unos amigos.

Ricardo, pregúntele a Juan dónde está exhibiendo los cuadros.
Juan, contéstele que está exhibiendo los cuadros en la ciudad.

Miguel, pregúnteles a sus padres si están preparando el desayuno.
Mamá, contéstele que no, que Uds. no están preparando nada.

Carola, pregúntele a Marcos si está pagando la cuenta.
Marcos, contéstele que sí, que Ud. está pagando la cuenta.

Buenos Aires　**85**

The present participle of regular verbs is formed by dropping the ending of the infinitive and adding **–ando** to **–ar verbs** and **–iendo** to **–er** and **–ir** verbs.

–ar	–er	–ir
hablando	**comiendo**	**escribiendo**

The present participle when used with the present tense of the verb **estar** forms the present progressive tense. This is a very graphic, pictorial tense. It is used to show that the activity is actually going on.

María está mirando la televisión.

This denotes that at this very moment Mary is watching television. Note that the present participle does not change. It is invariable.

Sigan el modelo.

Juan está hablando.
Juan y yo
Juan y yo estamos hablando.

Juan	
Juan y yo	
Tú	
Ellos	hablando.
Tú y él	
Yo	

Pilar	
Yo	
Ud.	
La señora	comiendo una tortilla.
Los chicos	
Tú y yo	

La chica	
Tus hermanos	
Nosotros	escribiendo una composición.
Juan y Pablo	
Yo	

PRESENTE PROGRESIVO CON PRONOMBRES

a. Repitan.

Juan está lavándose.
Ellos están dirigiéndose al pueblo.
¿Estás levantándote?
Estoy poniéndome el abrigo.
Estamos reuniéndonos.

b. Sigan el modelo.

Ella está lavándose.
Ellos
Ellos están lavándose.

Ella	
Ellos	
Patricia	lavándose.
María	
Ud.	

Ellos	
Carlos y Juan	
Mis padres	
María y Elena	están levantándose.
Ellas	
Los niños	

¿Estás	lavándote?
	levantándote?
	acostándote?

Estoy	lavándome.
	acostándome.
	sentándome.
	levantándome.

¿Están Uds.	lavándose?
	sentándose?
	acostándose?
	levantándose?
	trasladándose?

Estamos	lavándonos.
	levantándonos.
	sentándonos.
	acostándonos.

c. Cambien las oraciones para emplear la palabra indicada.

Ellos están lavándose.
Bárbara _____.
Yo _____.
Nosotros _____.
Los chicos _____.
Su hermano _____.
Tú _____.

Papá está levantándose.
Uds. _____.
Tomás y Pedro _____.
Tú _____.
Nosotros _____.
Yo _____.
Tu hermana _____.

Paco y yo estamos dirigiéndonos a la ciudad.
Raúl _____.
Yo _____.
Tú y yo _____.
Uds. _____.
Tú _____.

d. Contesten a las preguntas.

¿Está levantándose Juan?
¿Está acostándose María?
¿Está lavándose el niño?
¿Está sentándose el alumno?
¿Están levantándose María y Teresa?
¿Están reuniéndose los amigos?

Ganado en las Pampas

¿Están lavándose los niños?
¿Estás levantándote?
¿Estás sentándote?
¿Estás poniéndote el abrigo?
¿Están Uds. lavándose?
¿Están Uds. levantándose?
¿Están Uds. acostándose?
¿Están Uds. dirigiéndose a la ciudad?

e. Contesten a las preguntas según el modelo.

¿Se lava Pepe?
Sí, está lavándose.

¿Se lava Pepe?
¿Te levantas?
¿Se reúnen Uds.?
¿Se paran ellos enfrente?

¿Te pones la corbata?
¿Nos dirigimos bien?
¿Se sientan ellos aquí?
¿Me pongo delgado?
¿Se levantan Uds. ahora?

f. Cambien cada oración según el modelo.

Está llevando la maleta.
Está llevándola.

Está llevando la maleta.
Está llevando las maletas.
Está llevando el arado.
Está llevando los arados.
Están anunciando los resultados.
Estoy bebiendo la limonada.
¿Está cortando la hierba?
¿Estás contestando la llamada?

Estamos estudiando los cuadros.
Están enseñando la casa.
Están escribiendo las listas.
¿Quién está limpiando la cocina?
Están observando las clases.
Está sembrando el maíz.

g. Sigan las instrucciones.

Jorge, pregúntele a Elena si está llamando a Carolina y a Juan.

Elena, contéstele que no, que Ud. no está llamándolos.

Patricia, pregúnteles a ellos si están esperándola a Ud.

Contéstenle que sí, que Uds. están esperándola.

Tomás, pregúntele a Luisa si está escribiéndoles a Ud. y a María.

Luisa, contéstele que no, que no está escribiéndoles.

Martín, pregúntele a José si está mirando los cuadros.

José, contéstele que sí, que Ud. está mirándolos.

Object pronouns and reflexive pronouns may be attached to the present participle **–ndo** form. An accent is written to retain proper stress.

Está buscándome.
Está levantándose.

Recall the position of these pronouns with infinitives.

Va a buscarme.
Va a lavarse.

Sigan el modelo.
Está buscándome a mí.
                          a ti.
Está buscándote a ti.

Está	a mí.
	a ti.
	a Juan.
	a nosotros.
	a ellas.
	al profesor.

UNA EXPOSICION

MARTIN:	¿Te gustó la exposición?
LOLA:	¿La que están poniendo en Galería León?
MARTIN:	La misma. A mí me gustó enormemente.
LOLA:	Generalmente no me interesan las exposiciones.
MARTIN:	Pues ésta sí. Artísticamente es superior.

Preguntas

1. ¿Qué están poniendo en Galería León?
2. ¿A quién le gustó la exposición?
3. ¿Qué le parecen las exposiciones a Lola?
4. ¿Qué piensa Martín de esta exposición?
5. ¿Vio Ud. alguna exposición?
6. ¿De qué era la exposición?
7. ¿Hay exposiciones de arte donde Ud. vive?

EXPANSION

a. Sigan el modelo.

¿Te gustó la exposición?
     capital?
¿Te gustó la capital?

¿Te gustó | capital?
| biblioteca?
| cuarto?
| obelisco?
| corrida?
| exposición?

¿La que están poniendo en Galería | Castilla?
| Sánchez?
| Alvarez?
| León?

Me gustó | grandemente.
| mucho.
| artísticamente.
| enormemente.

Normalmente |
Simplemente | no me interesan.
Generalmente |

b. Sigan las instrucciones.

Luis, pregúntele a Berta qué están poniendo en la galería.

Berta, contéstele que están poniendo una exposición.

Luis, pregúntele de qué es la exposición.

Berta, contéstele que es de arte precolombino.

Catalina, pregúntele a José qué están exhibiendo.

José, contéstele que están exhibiendo escultura.

Alonso, pregúntele a Pilar si les gustó la exposición.

Pilar, contéstele que a Uds. les gustó enormemente.

Andrés, pregúntele a Claudio si era interesante la exposición.

Claudio, contéstele que artísticamente fue superior.

ESTRUCTURA

FORMACION DE LOS ADVERBIOS

a. Sigan el modelo.

(maravilloso) | *Lo pinta de una manera maravillosa.*
| *Lo pinta maravillosamente.*

(maravilloso) | Lo pinta de una manera maravillosa.

(tranquilo) | Lo escribe de una manera tranquila.

(simbólico) | Lo mira de una manera simbólica.

(lento) | El tren va de una manera lenta.

(artístico) | Lo presentan de una manera artística.

b. Sigan el modelo.

(enorme)   *Le interesó de una manera enorme.*
                    Le interesó enormemente.

(enorme)   Le interesó de una manera enorme.

(diferente)   Lo mezcló de una manera diferente.

(fácil)   Encontramos el camino de una manera fácil.

(difícil)   Hicieron el trabajo de una manera difícil.

(normal)   Anunciaron la huelga de una manera normal.

(fácil)   Lo aprendieron de una manera fácil.

c. Contesten a las preguntas según el modelo.

¿Te gustó?   (enorme)
Sí, me gustó enormemente.

¿Te gustó?   (enorme)
¿Están haciendo el trabajo?   (maravilloso)
¿Representó la agricultura?   (simbólico)
¿Está saliendo el autobús?   (lento)
¿Está cortando el césped?   (rápido)
¿Viste toda la ciudad?   (tranquilo)
¿Están observando Uds. las clases?
    (extenso)
¿Están exhibiendo aquellos cuadros?
    (artístico)
¿Mamá preparará la limonada?   (fácil)
¿Se lo dijo?   (humano)
¿Jugaron Méndez y Godoy?   (superior)

Adverbs may be formed by adding **–mente** to the feminine singular adjective.

tranquilo	**tranquilamente**
maravilloso	**maravillosamente**
fácil	**fácilmente**
superior	**superiormente**
enorme	**enormemente**

Sigan el modelo.

(artístico)   *Juan quiere escribir artísticamente.*
(lento)   *Juan quiere escribir lentamente.*

(artístico)
(lento)
(rápido)
(correcto)   Juan quiere escribir | | .
(excelente)
(natural)

REPASO DEL IMPERFECTO

a. Cambien cada oración para emplear la palabra indicada.

Cuando yo era niño, jugaba mucho.

_____ tú _____.

_____ Marcos y Luis _____.

_____ Marcos _____.

_____ nosotros _____.

_____ Ud. _____.

Cuando ellos vivían en España se acostaban tarde.

_____ yo _____.

_____ tú _____.

_____ tú y yo _____.

_____ Ramona _____.

_____ nosotros _____.

Ella venía al pueblo y trabajaba aquí.

Ellos _____.

Mi hermano _____.

Teresa y Amelia _____.

Yo _____.

Mis amigos y yo _____.

Los muchachos _____.

Siempre que él hablaba, decía lo mismo.

_____ Jorge _____.

_____ él y yo _____.

_____ los señores _____.

_____ tú _____.

_____ Ud. _____.

Calle de Sevilla   Spanish National Tourist Office

b. Contesten a las preguntas según el modelo.

Luis siempre andaba por el campo. ¿Y tú?
Yo siempre andaba por el campo también.

Luis siempre andaba por el campo. ¿Y tú?

Ellos siempre se acostaban temprano. ¿Y Lorenzo?

Lorenzo siempre bajaba por la tarde. ¿Y Uds.?

Uds. siempre conversaban con el profesor. ¿Y los muchachos?

Los muchachos siempre cortaban el césped. ¿Y el trabajador?

Ud. siempre asistía al teatro. ¿Y yo?

Yo siempre dividía la cuenta. ¿Y ellos?

Ellos siempre escribían artículos. ¿Y Gómez?

Gómez siempre prefería la ópera. ¿Y Uds.?

Uds. siempre pedían limonada. ¿Y Roberto?

Roberto siempre salía temprano. ¿Y Ud.?

Buenos Aires   **93**

c. Sigan las instrucciones.

Luis, pregúntele a Tomás quién cortaba el césped.

Tomás, contéstele que Ud. lo cortaba.

María, pregúnteles a los chicos a qué hora comenzaban.

Chicos, contéstenle que Uds. comenzaban a las ocho.

Marta, pregúntele a Salvador qué notas recibía.

Salvador, contéstele que Ud. recibía buenas notas.

Pilar, pregúnteles a Ricardo y a Manuel si ellos hacían el trabajo.

Manuel, contéstele que Uds. siempre lo hacían.

d. Contesten a las preguntas según el modelo.

¿Trabaja Juan aquí?
No, pero antes trabajaba aquí.

¿Trabaja Juan aquí?
¿Asisten Uds. a la misma escuela?
¿Comprende tu amigo el portugués?
¿Anuncian las llegadas?
¿Resiste Ud. el frío?
¿Ellos pintan mucho?
¿Son buenas las corridas?
¿Cubren los hoyos?
¿Tiene mulas el labrador?
¿Te paras enfrente de la escuela?
¿Comen Uds. mucha carne?
¿Va Ud. al teatro a menudo?
¿Te gusta la ópera?
¿Vuelve el tren a las doce?

e. Contesten a las preguntas.

Cuando Ud. era niño, ¿le gustaba jugar?
Cuando Ud. era niño, ¿dónde vivía?
Cuando Uds. eran niños, ¿asistían a la escuela?
Cuando Ud. tenía dos años, ¿sabía hablar?
Cuando Uds. eran niños, ¿a qué hora se acostaban?
Cuando Ud. vivía en el campo, ¿trabajaba?

f. Sigan las instrucciones.

Bárbara, pregúntele a José si vivía en el campo.

José, contéstele que Ud. vivía allí cuando tenía diez años.

Ramón, pregúntele a Dorotea si caminaba a la escuela.

Dorotea, contéstele que Ud. caminaba un kilómetro a la escuela.

Ramón, pregúntele a Dorotea cuánto tiempo tardaba.

Dorotea, contéstele que Ud. tardaba media hora.

Luis, pregúnteles a Marta y a Luisa a qué escuela asistían.

Marta, contéstele que Uds. asistían a la Escuela Romero.

Luis, pregúnteles qué estudiaban.

Luisà, contéstele que Uds. estudiaban historia y francés.

Lorenzo, pregúntele a Miguel qué se ponía en el invierno.

Miguel, contéstele que Ud. siempre se ponía el abrigo.

g. Contesten a las preguntas según el modelo.

¿Se ponía Ud. el abrigo?
No, pero ahora me lo pongo.

¿Se ponía Ud. el abrigo?
¿Limpiaban ellas la casa?
¿Traía Pepe los sacos?

¿Tomabas café?
¿Cultivaban Uds. la tierra?
¿Ellos contemplaban los cuadros?
¿Comía Ud. tortillas?
¿Dividían ellas el trabajo?
¿Desperdiciaban el agua?

¿Escribías artículos?
¿Pepe exhibía sus cuadros?
¿Enseñaban Uds. la casa?
¿Te invitaban a sus fiestas?
¿Podían Uds. ver la playa?
¿Los señores observaban las clases?

REPASO DE COMPARATIVOS Y SUPERLATIVOS

a. Cambien cada oración según el modelo.

Pepe es alto.
Juan es más alto que Pepe.
Luis es el más alto.

Pepe es alto.
Juan _____.
Luis _____.

Esta calle es ancha.
Esa _____.
Aquella _____.

Carlos es inteligente.
Enrique _____.
Pedro _____.

Teresa es bonita.
Eloísa _____.
Marta _____.

El señor Gómez es viejo.
_____ López _____.
_____ Vega ____.

Sevilla es grande.
Madrid _____.
Barcelona _____.

Tomás es delgado.
Alberto _____.
Rafael _____.

b. Sigan las instrucciones.

Ramón, pregúntele a Pablo quién es más alto que Ud.

Pablo, pregúntele a Laura quién es el más alto de la clase.

Dolores, pregúntele a María si la clase de francés es más grande que la de español.

María, pregúntele a Bernardo cuál de las clases es la más grande.

Elena, pregúntele a la señora si las violetas están más frescas que las rosas.

Lorenzo, pregúntele a Nicolás qué parte de México es la más fértil.

Ignacio, pregúntele a Domingo qué meses son los más fríos del año.

Eduardo, pregúntele a Sara cuál es el deporte más popular de la Argentina.

Buenos Aires

REPASO DEL POSESIVO

a. Contesten a las preguntas según el modelo.

¿Este libro es de Juan?
Sí, es su libro.
¿Las revistas son de María?
Sí, son sus revistas.

¿Este libro es de Juan?

¿Estas revistas son de María?

¿El abrigo es de Ud.?

¿Esas tortillas son de Juana?

¿Aquella tienda es de Uds.?

¿Todo el maíz es de Jiménez?

¿Estos cuadros son de Ud.?

¿Es ése tu banco?

¿Antonio y Marcos son tus compañeros?

¿Las bombillas son de Juan?

¿El coche es de María?

¿La casa es de Uds.?

b. Cambien cada oración según el modelo.

Son sus libros.
Los libros son suyos.
Es mi bombilla.
La bombilla es mía.

Son sus libros.

Es mi bombilla.

Son nuestras estatuas.

Es tu cuadro.

Son tus amigas.

Son mis ideas.

Son sus tradiciones.

Es su puesto.

Es mi arado.

Es su corbata.

Son tus jamones.

Es nuestro colegio.

Es tu filosofía.

Puerto de Buenos Aires

UNOS APUNTES SOBRE LOS MOROS

apuntes   descripción breve; notas escritas

era   época; período de tiempo

invadir   entrar por fuerza en una parte

feroz   duro, cruel

guerrero   militar, soldado

procedente (de proceder)   que trae su origen de una persona o cosa

discípulo   alumno

profeta   uno que puede decir lo que va a pasar en el futuro

fundador   el que establece

península ibérica   la península que forman España y Portugal: Está al sudoeste de Europa.

luchar   combatir; hacer guerra

reino   territorio sujeto a un rey

notar   observar

campanario   torre donde se ponen las campanas

campana   instrumento de metal que suena; Está generalmente en una iglesia.

mezquita   templo o iglesia de la religión de Islam

columna   pilar, torre cilíndrica

mármol   piedra que se usa mucho para la escultura

respirar   absorber el aire

cuyo   posesivo de tercera persona

vena   conducto por donde corre la sangre

correr   moverse rápidamente

sangre   líquido rojo que pasa por las venas

sultán   príncipe o gobernador mahometano

En el año 711 de la era cristiana, España se vio invadida por unos feroces guerreros procedentes del norte de Africa.

Estos guerreros, aunque eran de varios grupos, generalmente se llaman moros. Estos moros eran discípulos de Mahoma, el profeta de Alá y fundador de la religión de Islam.

En muy pocos años conquistaron casi toda la península ibérica. Lo único que se les quedaba a los cristianos era unos reducidos territorios en el norte.

Por más de siete siglos los cristianos lucharon por echar a los moros de la península. No pudieron hacerlo hasta el año 1492 cuando los Reyes Católicos don Fernando y doña Isabel conquistaron a Granada, el último reino moro en España, hoy parte de la región de Andalucía.

En los más de siete siglos que estuvieron en España los moros tuvieron una influencia que hasta hoy día se nota.

En la arquitectura su influencia era enorme. Los arcos gustaban mucho a los moros y predominan en sus edificios. El uso de figuras geométricas en la ornamentación era también muy popular entre los moros.

En este mismo momento miles de turistas y estudiantes están mirando uno u otro de los muchos monumentos de arquitectura árabe o mora en España.

En Sevilla está la Giralda, una torre que hoy sirve de campanario para la catedral de Sevilla. También en Sevilla podemos ver el Alcázar o palacio de los reyes moros y más tarde de los cristianos.

En Córdoba está la magnífica mezquita con sus numerosas columnas de mármol. Y en Granada vemos La Alhambra que antiguamente fue palacio de los reyes moros de Granada. En Granada tenían los moros no solamente un palacio sino dos. El otro es el Generalife con sus hermosos jardines.

Hace casi quinientos años que salieron los moros de España pero todavía los podemos ver cuando pasamos por aquellos preciosos palacios suyos; cuando respiramos el perfume de los jardines que con sus manos plantaron; y cuando miramos en los ojos de tantísimos españoles en cuyas venas corre sangre de sultán.

Preguntas

1. ¿Cuándo llegaron los árabes a España?
2. ¿De dónde vinieron?
3. ¿Quién fundó la religión de Islam?
4. ¿Conquistaron los moros toda la península?
5. ¿Por cuántos años lucharon moros y cristianos?
6. ¿Qué ocurrió en 1492?
7. ¿Cuáles son dos características de la arquitectura árabe?
8. ¿Cuáles son dos monumentos moros en Sevilla?
9. ¿Qué es Sevilla y dónde está?
10. ¿Qué tienen los cristianos en lugar de mezquitas?
11. ¿En qué ciudad española hay una mezquita famosa?
12. ¿Qué palacio moro es famoso por sus jardines?
13. ¿Qué son el Generalife y la Alhambra y dónde están?
14. ¿En qué, además de la arquitectura, vemos la influencia mora?

Vejer de la Frontera, Cádiz

EXPANSION

a. Sigan las instrucciones.

Alicia, pregúntele a Ricardo de dónde vinieron los moros.

Ricardo, contéstele que vinieron del norte de Africa.

Mario, pregúntele a Carlota cuál es otro nombre que usamos para los moros.

Carlota, contéstele que también se llaman árabes.

Eva, pregúntele a Olivia quién era Mahoma.

Olivia, contéstele que él era el fundador de Islam.

Arturo, pregúntele a Eduardo cuándo invadieron a España los moros.

Eduardo, contéstele que invadieron en el año 711.

Enrique, pregúntele a Catalina quiénes echaron a los moros de España.

Catalina, contéstele que los Reyes Católicos los echaron.

Pedro, pregúntele a Francisco cuánto tiempo estuvieron los árabes en España.

Francisco, contéstele que estuvieron casi setecientos años.

Leonardo, pregúntele a María en qué región está Granada.

María, contéstele que está en Andalucía.

ESTRUCTURA

ALGUNOS PARTICIPIOS IRREGULARES — LEER, CONSTRUIR, TRAER, REPETIR, PEDIR, SERVIR, DECIR, VESTIRSE, VENIR

a. Repitan.

Pepe está leyendo la novela.
Ellas están leyendo la novela.
Luis y yo estamos leyendo la novela.

b. Sigan el modelo.

Pepe está leyendo la carta.
Gabriel
Gabriel está leyendo la carta.

Pepe	
Gabriel	
Gabriel y Carlos	leyendo la carta.
Gabriel y yo	
Tú y Gabriel	

Ellos	
La compañía	
Nosotros	
Yo	construyéndolo.
Mis amigos	
El estado	

Mamá	
La mesera	
Ellos	
Nosotros	trayendo la comida.
Yo	
Tú	

El Patio de los Naranjos, Sevilla

c. Sigan las instrucciones.

Lorenzo, pregúntele a Martín quién está trayendo los regalos.

Martín, contéstele que Ud. está trayéndolos.

Margarita, pregúntele a Josefina si ella todavía está leyendo el libro de historia.

Josefina, contéstele que Ud. ya no está leyéndolo.

Elvira, pregúntele a Alonso quién está construyendo el edificio nuevo.

Alonso, contéstele que la compañía Robles lo está construyendo.

d. Sigan el modelo.

Ud. está repitiendo la lección.
Tú
Tú estás repitiendo la lección.

Ud. Tú El Uds. Pablo y Miguel	repitiendo la lección.

Yo Ellos Uds. Ellas Nosotros	pidiendo la cuenta.

La mesera Mi mamá Yo Vicente y José Ellos	sirviendo la limonada.

Ellos Tú Uds. Lorenzo Los niños	diciéndome la verdad.

Manuel Ellos Yo Nosotros Los señores Todos	vistiéndose ahora.

¿Por dónde	viniendo	ellos? él? tú? Uds.? Carlos? nosotros?

e. Contesten a las preguntas según el modelo.

¿Vienen ellos?
Sí, están viniendo.

¿Vienen ellos?
¿Te vistes?
¿Dicen los niños lo que pasó?
¿Sirven Uds. ahora?
¿Pides la cuenta?
¿Lo repetimos bien?
¿Te interesa lo que digo?
¿Piden ellos más dinero?
¿Se visten Uds.?
¿Dices todo?
¿Vienen Uds. en coche?
¿Me visto mejor que antes?

In forming the present participle of **leer, construir,** and **traer,** it is necessary to change the **i** of the ending –**iendo** to **y.**

leer	**leyendo**
construir	**construyendo**
traer	**trayendo**

In forming the present participle of third conjugation, radical changing verbs such as **repetir, pedir, servir, decir, vestirse,** and **venir,** there is a change from **e** to **i.**

repetir	**repitiendo**
pedir	**pidiendo**
servir	**sirviendo**
decir	**diciendo**
vestirse	**vistiéndose**
venir	**viniendo**

Cambien cada oración para emplear la palabra indicada.

El señor está leyendo la lista.
_____ pidiendo _____.
La señora _____.
_____ fiambres.
La mesera _____.
_____ sirviendo _____.
_____ comida.
_____ trayendo _____.
Antonia _____.

PARA ESCRIBIR

a. Cambie las oraciones según el modelo.

Pepe hablaba con ellos.
Pepe está hablando con ellos.

1. Ella escribía artículos.
2. Pepe decía la verdad.
3. Tú y yo exhibíamos buenos cuadros.
4. Los estudiantes no hacían nada.
5. ¿Qué te interesaba?
6. ¿A qué jugaban los niños?
7. ¿Quién llegaba?
8. Yo miraba la televisión.
9. ¿Pagabas las cuentas?
10. ¿Sufría Ud. muchas pruebas?
11. ¿Tú salías demasiado?

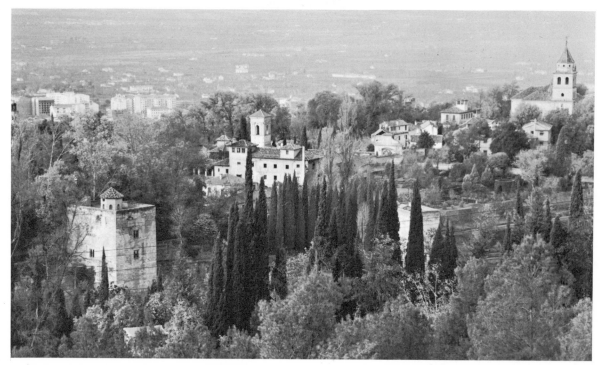

Vista de Granada desde el Generalife

Spanish National Tourist Office

12. Pepe trabajaba por la tarde.
13. ¿Dónde vivían Uds.?
14. ¿Por dónde viajaba tu padre?

b. Cambie las oraciones según el modelo.

¿Estás sirviendo la comida?
¿Vas a servir la comida?

1. ¿Estás sirviendo la comida?
2. Ellos están viviendo en Toledo.
3. Pepe está vistiéndose.
4. Estamos trayendo las tortillas.
5. ¿Quién está repitiéndolo?
6. Ese señor está pidiendo permiso.
7. Estoy leyendo este artículo.
8. Uds. no están diciendo la verdad.
9. Estamos construyendo unos edificios importantes.

c. Conteste a las preguntas según el modelo.

¿Pepe lo mira a Ud.?
Sí, él está mirándome.

1. ¿Pepe lo mira a Ud.?
2. ¿Cultivan ellos el maíz?
3. ¿Cortas el césped?
4. ¿Construyen ellos la catedral?
5. ¿Tu hermana contesta el teléfono?
6. ¿Domina María la conversación?
7. ¿Dividen ellos el dinero?
8. ¿Los Ramírez venden la casa?
9. ¿Visitas a tus padres?
10. ¿Terminan Uds. el trabajo?
11. ¿Te llaman los señores?
12. ¿Sufre ella esa prueba hoy?
13. ¿Pablo presenta a Luisa y a Elena?

Buenos Aires   **103**

Talgo

d. Conteste a las preguntas según el modelo.

¿Te gusta el parque?   *(enorme)*
Sí, me gusta enormemente.

1. ¿Te gusta el parque?   *(enorme)*
2. ¿Cómo anda ese tren?   *(rápido)*
3. ¿Cómo vive Carlos?   *(tranquilo)*
4. ¿De qué manera pinta Vega?
     (simbólico)
5. ¿Toca María el piano?   *(maravilloso)*
6. ¿Cómo tratan a los prisioneros?
     (humano)
7. ¿Hacen Uds. ese trabajo?   *(fácil)*
8. ¿Están ellos dispersados?   *(extenso)*
9. ¿Cómo escribe Rodríguez?   *(brillante)*
10. ¿De qué manera construye sus edificios?
     (artístico)
11. ¿Cuándo lo mezclaban así?   *(antiguo)*

e. Conteste a las preguntas según el modelo.

¿Este libro es de Ud.?
Sí, es mi libro.

1. ¿Este libro es de Ud.?
2. ¿Estos arados son de Ud.?
3. ¿Esta máquina es de Ud.?
4. ¿Estas gafas son de Ud.?
5. ¿La bombilla es de José?
6. ¿Las botas son de Roberto?
7. ¿Es de Felipe el carro?
8. ¿Son de Luis los frescos?
9. ¿Son de Uds. aquellas blusas?
10. ¿Aquella cosecha es de Uds.?
11. ¿Aquel dormitorio es de Uds.?
12. ¿Son de Uds. aquellos mosaicos?
13. ¿Esta limonada es mía?

14. ¿Son mías estas cosas?
15. ¿Este jamón es mío?
16. ¿Estos puestos son míos?
17. ¿La pala es de los muchachos?
18. ¿Son de Juan y de Lorenzo los regalos?
19. ¿Son de María y de Marta las raquetas?
20. ¿El televisor es de esos señores?
21. ¿Es tuyo el periódico?

f. Conteste a las preguntas según el modelo.

¿Es tu casa?
Sí, es mía.

1. ¿Es tu casa?
2. ¿Es mi casa?
3. ¿Es la casa de Juan?
4. ¿Es la casa de Uds.?
5. ¿Es la casa de ellos?
6. ¿Es nuestra casa?
7. ¿Son tus amigos?
8. ¿Son mis amigos?
9. ¿Son amigos de Leonardo?
10. ¿Son amigos de ellas?
11. ¿Son amigos de Uds.?
12. ¿Son amigos de nosotros?
13. ¿Las tortillas son de Ud.?
14. ¿Son tus tortillas?
15. ¿Son mis tortillas?
16. ¿Las tortillas son de Pablo y José?
17. ¿Son de Uds. las tortillas?
18. ¿Son nuestras tortillas?
19. ¿Es tu plata?
20. ¿Es mi plata?
21. ¿La plata es de Uds.?
22. ¿La plata es de Ricardo?
23. ¿Es de Ud. la plata?
24. ¿Es nuestra plata?
25. ¿Es de ellos la plata?
26. ¿Es de los muchachos la plata?
27. ¿Es la plata de Guillermo Ramos?

g. Siga el modelo.

Jorge es alto.   *(Pepe)*
Pepe es más alto que Jorge.   *(Ramón)*
Ramón es el más alto.

1. Jorge es alto.   *(Pepe)*
   _____.   *(Ramón)*
   _____.

2. Este libro es interesante.   *(ese)*
   _____. *(aquel)*
   _____.

3. El cielo en Francia es azul.   *(Italia)*
   _____. *(España)*
   _____.

4. Tu libro es antiguo.   *(mi)*
   _____. *(su)*
   _____.

5. La arquitectura aquí es bonita.   *(allí)*
   _____. *(allá)*
   _____.

6. Las calles en el pueblo son anchas. *(ciudad)*
   _____. *(capital)*
   _____.

7. Los coches son rápidos.   *(trenes)*
   _____. *(aviones)*
   _____.

8. Esta lección es difícil.   *(esa)*
   _____. *(aquella)*
   _____.

9. Luisa y Juana son delgadas. *(Elena y Marta)*
   _____. *(Teresa y Leonor)*
   _____.

10. Estos chorizos son frescos.   *(esos)*

_____. *(aquellos)*

_____.

11. Su amiga es guapa.   *(tu)*

_____. *(mi)*

_____.

12. Las novelas de López son
    interesantes.   *(García)*

_____. *(Molina)*

_____.

13. Pepe es malo.   *(Tomás)*

_____. *(Lorenzo)*

_____.

14. Los artículos viejos son buenos. *(nuevos)*

_____. *(antiguos)*

_____.

15. Las casas viejas son pequeñas. *(antiguas)*

_____. *(modernas)*

_____.

16. Los coches italianos son grandes. *(ingleses)*

_____. *(norteamericanos)*

_____.

h. Emplee las siguientes palabras en oraciones originales según el modelo.

ecuador
El barco viajaba hacia el sur y un día cruzamos el ecuador.

1. ecuador	7. ascendencia	13. sobresalir
2. costumbre	8. irlandés	14. rival
3. europeo	9. carne	15. infusión
4. trasladarse	10. extranjero	16. bombilla
5. origen	11. plata	17. obelisco
6. mayoría	12. fundación	18. alemán

19. cantidad	22. porteño	25. hoja
20. consumo	23. a menudo	26. aficionado
21. ganadería	24. común	

i. Conteste a las preguntas.

1. ¿Cómo se llama la piedra que se usa para la escultura?
2. ¿Cómo llamamos a una persona que establece o funda una institución o país?
3. ¿Qué es la torre donde están las campanas?
4. ¿Qué palabra describe el territorio de un rey?
5. Los cristianos tienen iglesias y catedrales. ¿Qué tienen los musulmanes?
6. El líquido rojo que circula por el cuerpo humano, ¿cómo se llama?
7. ¿Cómo se llama a un soldado o militar que está en guerra o a una persona inclinada a la guerra?
8. ¿Qué nombre usaban los árabes para «gobernador»?
9. ¿Cuál es otra manera de decir que la sangre «circula» por el cuerpo?
10. ¿Qué forman España y Portugal?
11. ¿Cuál es un sinónimo de pilar?
12. ¿Quién es el profeta de Islam?
13. ¿Qué es lo que tocan en las iglesias para llamar a la gente?

PARA CONVERSAR

EN LA ESTACION DE FERROCARRIL

SEÑORITA:	Un billete para Málaga, por favor.
EMPLEADO:	¿De ida y vuelta?
SEÑORITA:	No, un billete sencillo.
EMPLEADO:	¿En primera?
SEÑORITA:	No, en segunda está bien. ¿A qué hora sale el tren?
EMPLEADO:	A las veinte y cinco. (8:05 P.M.)
SEÑORITA:	¿De qué andén?
EMPLEADO:	Del andén número dos.

HACIENDO CANASTAS

EN ESTE TRECHO del camino de Cuernavaca se ven, en primer término, unas plantas de maguey.

Con su zumo se prepara la bebida llamada pulque y con sus fibras se hacen canastas y sombreros.

El trabajador está limpiando unas hojas de maguey. Un amigo suyo, de pie a su lado, le mira mientras que él aporrea el maguey. Esta es una manera bastante primitiva de obtener las fibras que él necesita para hacer los sombreros y tapetes de colores que vemos detrás.

trecho *(s.m.)* espacio; distancia
zumo *(s.m.)* líquido que se saca de las flores o frutas
bebida *(s.f.)* El café es una bebida, también la leche y la limonada son bebidas
pulque *(s.m.)* bebida alcohólica que se hace del zumo del maguey
canasta *(s.f.)* (basket)
aporrear *(v.)* dar golpes (beat)
tapete *(s.m.)* alfombra pequeña

A lo largo de este soportal de una calle de Cuernavaca, la gente busca la sombra para protegerse del sol. Una pareja está sentada en las gradas descansando. José, el tejedor de canastas, ha establecido un pequeño taller en este lugar y ahora hace una canasta. De vez en cuando da una mirada hacia la calle para ver lo que pasa en el mundo fuera de su pequeño taller.

Ahora mira hacia las tiendas donde hay una gran variedad de artículos hechos con las fibras del maguey. Hay canastas de todas formas y colores. Un automóvil pasa por la calle, y un hombre delante de su tienda está leyendo una carta.

soportal *(s.m.)* pórtico, a manera de claustro, que tienen algunos edificios: da protección del sol y de la lluvia
protegerse *(v.)* defenderse
pareja *(s.f.)* dos personas o cosas
grada *(s.f.)* conjunto de escalones (steps)
descansar *(v.)* parar en el trabajo; reposar
tejedor *(s.m.)* (one who sews)
taller *(s.m.)* lugar en que se trabaja una obra de manos

Preguntas

1. ¿De qué carretera forma parte el trecho que vemos?
2. ¿Qué es el maguey?
3. ¿De qué se hace el pulque?
4. ¿Qué es el pulque?
5. ¿Qué parte del maguey se usa para hacer sombreros?
6. ¿Qué están haciendo los dos trabajadores?
7. ¿Por qué aporrea el maguey?
8. ¿Qué hacen estos señores con las fibras del maguey?
9. ¿Dónde está el soportal?
10. ¿Para qué sirve el soportal?
11. ¿Por qué busca la gente el soportal?
12. ¿Dónde está descansando la pareja?
13. ¿Es profesor José?
14. ¿Qué es José?
15. ¿Cómo se gana la vida?
16. ¿Qué ha puesto José en este lugar?
17. ¿Qué está haciendo José ahora?
18. ¿Para qué mira José hacia la calle?
19. ¿Es grande el taller?
20. ¿Qué clase de artículos hay en las tiendas?
21. ¿Qué hace el hombre enfrente de la tienda?

EXPANSION

a. Sigan el modelo.

Es un trecho.
|*del camino.*
Es un trecho del camino.
Es un trecho|.
|del camino.
|de Cuernavaca.
El trabajador está limpiando|.
|unas hojas.
|de maguey.

Esta es una manera|.
|bastante primitiva.
|de obtener las fibras.
|que él necesita.
|para hacer los sombreros.
|y tapetes.
|de colores.
|que vemos.
|detrás.

La gente busca la sombra|.
  |para protegerse.
    |del sol.

Una pareja está sentada|.
  |en las gradas.
    |descansando.

De vez en cuando da una mirada|.
  |hacia la calle.
    |para ver lo que pasa.
      |en el mundo fuera de su taller.

Ahora mira las tiendas|.
  |donde hay una gran variedad.
   |de artículos.
     |hechos con las fibras.
      |del maguey.

Hay canastas|.
  |de todas formas.
   |y colores.

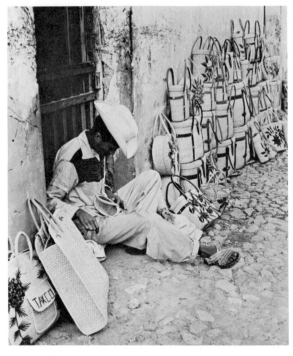

Haciendo Canastas, México

ESTRUCTURA

REPASO DE ADJETIVOS

a. Sigan el modelo.

Es una manera bastante primitiva.
                  artística.
Es una manera bastante artística.

Es una manera bastante | primitiva.
                 | artística.
                 | antigua.
                 | buena.
                 | común.
                 | diferente.
                 | difícil.
                 | fácil.

¿Es vieja aquella pareja | alta?
                     | alemana?
                     | delgada?
                     | gorda?
                     | guapa?
                     | hermosa?
                     | irlandesa?

¿Son italianas esas maletas	grandes? negras? rojas? verdes? azules? blancas? pequeñas?

El taller de José es muy	pequeño. interesante. moderno. malo. nuevo. sucio. tranquilo. viejo.

Los sombreros y tapetes son	bonitos. amarillos. anchos. azules. encantadores. enormes. feos. grandes. grises.

b. Sigan las instrucciones y contesten.

Luis, pregúntele a Ramón cómo es la ciudad.

Jorge, pregúntele a Luisa de qué color es su casa.

Elena, pregúntele a Tomás de qué color es su camisa.

Paco, pregúntele a Isabel cómo es la escuela.

Manuel, pregúntele a Carola cómo es su abrigo.

Juana, pregúntele a Manuel por qué le gusta la arquitectura.

Elena, pregúntele a Roberto cómo es el estudiante nuevo.

Ramón, pregúntele a Laura cómo son los cuadros.

Pedro, pregúntele a Guillermo qué tal la corrida.

Pedro, pregúntele a Marta cómo fue la cosecha.

Pilar, pregúntele al profesor cómo fueron las pruebas.

Rafael, pregúntele a Samuel cómo es su amiga.

Bernardo, pregúntele a Teresa qué le parece el libro.

Bárbara, pregúntele a Nicolás qué piensa del pintor.

c. Sigan las instrucciones según el modelo.

Pepe, mande a María que describa el abrigo.
María, describe el abrigo.
El abrigo es corto, es azul y muy bonito.

Pepe, mande a María que describa el abrigo.

Juana, mande a Leonor que describa la avenida.

Catalina, mande a Fernando que describa a sus abuelos.

Alberto, mande a Carlos que describa la biblioteca.

Lorenzo, mande a los señores que describan el comedor.

Ignacio, mande a la señorita que describa los edificios.

Ana, mande a los chicos que describan la fiesta.

Carmen, mande a Raúl que describa la facultad de medicina.

Bárbara, mande a Elvira que describa los jardines.

Federico, mande a Miguel que describa su chaqueta nueva.

Pilar, mande a Caridad que describa el mosaico.

Bernarda, mande a María Luisa que describa el palacio.

Pedro, mande a Cristóbal que describa la torre.

REPASO DE ADVERBIOS

a. Cambien las oraciones según el modelo.

Pinta de una manera primitiva.
Pinta primitivamente.

Trabaja de una manera primitiva.
Está hablando de una manera tranquila.
Pinta de una manera simbólica.
Se presentó de una manera preciosa.

Lo describe de una manera maravillosa.
Conversan de una manera interesante.
Cortan el maíz de una manera fácil.
Los moros lucharon de una manera feroz.
Exhibiremos de una manera extensa.
Presentó sus ideas de una manera brillante.
Pablo escribe de una manera artística.

Palacio de Cortés, Cuernavaca

Mexican National Tourist Council

a. Sigan el modelo.

Pedro terminó ayer.
José
José terminó ayer.

Pedro
José
El trabajador │ terminó ayer.
Ud.
El estudiante

Ramón y Julio
Uds.
Los señores
Mis amigos │ bajaron a la calle.
Ud. y Ricardo
Todos

Daniel y yo
Nosotras
Tú y yo │ comenzamos el jueves pasado.
Todos nosotros
Nosotros

¿Cuándo │ estudiaste?
│ hablaste?
│ jugaste?
│ llamaste?
│ llegaste?
│ pagaste?
│ sembraste?

Yo │ regresé
│ trabajé
│ acabé
│ enseñé │ hace unos días.
│ hablé
│ luché

b. Sigan el modelo.

Pepe va a hablar hoy.   *(yo)*
Pues yo hablé ayer.

Pepe va a hablar hoy.   *(yo)*
Ellos van a llamar hoy.   *(nosotros)*
Tomás va a observar hoy.   *(Luis)*
La señora Gómez lo va a preparar hoy.
        (mi mamá)
Marcos va a pagar hoy.   *(Juan y Alberto)*
Alvarez va a regresar hoy.   *(García)*
Mi amigo va a sembrar hoy.   *(tú)*
Ellos van a terminar hoy.   *(Uds.)*
La clase va a visitar el museo hoy.   *(Ud.)*
La señorita va a anunciar las notas hoy.
        (el profesor)
Margarita lo va a completar hoy.   *(tú y yo)*
¿Quién va a contestar hoy?   *(¿quiénes?)*
Yo voy a cambiar los cheques hoy.   *(yo)*
Ellas van a dominar la conversación hoy.
        (tu amiga)

c. Sigan las instrucciones.

Andrés, pregúntele a Benjamín dónde dejó la
    lista.
Benjamín, contéstele que Ud. la dejó en casa.

Leonor, pregúntele a Juan quién dispersó a
    los estudiantes.
Juan, contéstele que la policía los dispersó.

Sara, pregúntele a Diego si esperó mucho
    tiempo.
Diego, contéstele que Ud. esperó mucho
    tiempo.

Gerardo, pregúnteles a sus amigos si echaron
    la siesta hoy.
Muchachos, contéstenle que sí, que la echaron.

Haciendo canastas   **113**

Vendedor de Jarros, Sevilla

Elena, pregúnteles a Marta y a María si invitaron a los chicos.

Marta, contéstele que Uds. no los invitaron.

Carolina, pregúnteles a los muchachos si jugaron al tenis el sábado.

Juan, contéstele que Uds. jugaron el domingo.

Susana, pregúntele a Pablo si la llamó a Ud. hoy.

Pablo, contéstele que sí, que Ud. la llamó a las nueve.

Los señores	
Manuel y Carlos	
Uds.	asistieron al
Mis padres	concierto anoche.
Los estudiantes	
Ellas	

Mi amigo y yo	
Nosotras	
Ud. y yo	exhibimos los cuadros.
Mis padres y yo	
Nosotros	

d. Sigan el modelo.

Juan comió aquí ayer.
Luis
Luis comió aquí ayer.

Juan	
Luis	
Papá	
Mi amiga	comió aquí ayer.
Eloísa	
Tomás	
Ud.	

	leíste?
	recibiste?
¿Qué	serviste?
	vendiste?
	escribiste?

	escribí.
	volví.
El martes pasado	salí.
	subí.
	asistí.

Viña del Mar, Chile

San Carlos de Bariloche, Argentina

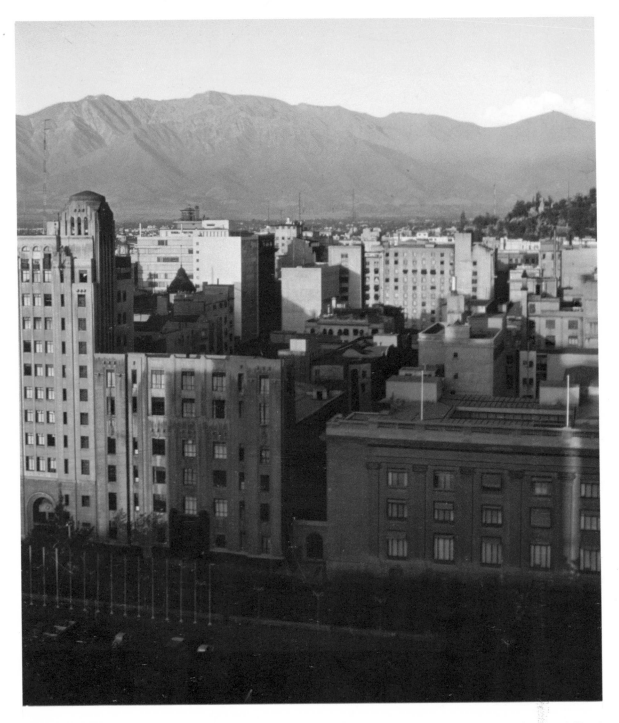

Santiago, Chile

South America Travel Digest

e. Sigan el modelo.

Teresa asistirá mañana.   *(yo)*
Pues yo asistí ayer.

Teresa asistirá mañana.   *(yo)*
Ellos volverán mañana.   *(tú)*
Paco comerá con ellos mañana.   *(nosotros)*
El labrador cubrirá las plantas mañana.   *(yo)*
Los niños correrán mucho mañana.   *(Uds.)*
Ellos dividirán el trabajo mañana.   *(tú y yo)*
Ramón se dirigirá al pueblo mañana.   *(Ud.)*
El pintor exhibirá sus cuadros mañana.
        (Ramón y Pepe)
Escribiré al profesor mañana.   *(José)*
Leeré la revista mañana.   *(tú)*
Mucho ocurrirá mañana.   *(nada)*
Uds. los recibirán mañana.   *(Ud.)*
No resistiremos el calor mañana.   *(yo)*
Ellos se reunirán mañana.   *(nosotros)*
Subirán a la torre mañana.   *(Bernardo)*
La clase sufrirá la prueba mañana.   *(tú y
    Pablo)*

f. Sigan las instrucciones.

Francisco, pregúntele a Luisa si antes vivió en
    la ciudad.
Luisa, contéstele que Uds. vivieron en la ciu-
    dad cinco años.

Paco, pregúntele a Tomás si vendió el coche.
Tomás, contéstele que Ud. lo vendió la se-
    mana pasada.

Josefina, pregúntele a Carola cuándo volvió
    su hermano.
Carola, contéstele que volvió el miércoles.

Alfonso, pregúntele a Ramón si asistió a la
    ópera anoche.
Ramón, contéstele que sí, que asistió y que le
    gustó muchísimo.

Enrique, pregúnteles a las chicas si dividieron
    la cuenta.
Carmen, contéstele que sí, que Uds. la divi-
    dieron.

Alonso, pregúnteles a David y a Luis si vieron
    la exposición.
David, contéstele que Uds. la vieron anoche.

Ramón, pregúnteles a Guillermo y a Emilio si
    se reunieron el lunes.
Guillermo, contéstele que Uds. no se reunieron
    esta semana.

g. Contesten a las preguntas según el modelo.

¿Qué hiciste?
No hice nada.

¿Qué hiciste?
¿Qué dijiste?
¿Qué supiste?
¿Qué trajiste?
¿Qué quisiste?

h. Contesten a las preguntas según el modelo.

¿Qué tuvieron Uds.?
Tuvimos todo.

¿Qué tuvieron Uds.?
¿Qué quisieron Uds.?
¿Qué dijeron Uds.?
¿Qué supieron Uds.?
¿Qué hicieron Uds.?
¿Qué se pusieron Uds.?

i. Sigan el modelo.

Pepe va a venir mañana.　　　　(¿y Lorenzo?)
Lorenzo ya vino.

Pepe va a venir mañana.　　　　(¿y Lorenzo?)
Ellos van a traerlos más tarde.　　(¿y Uds.?)
Voy a hacer las listas ahora.　　(¿y tú?)
Carlos va a ponerlos allí esta noche.　　(¿y ellos?)
El señor va a decírselo mañana.　　(¿y tú y yo?)
Jorge va a tener que escribirlo pronto.　　(¿y tú y yo?)
Uds. van a saberlo hoy.　　(¿y José?)
Tomás va a venir el jueves.　　(¿y los muchachos?)
Ellos van a hacer los surcos ahora.　　(¿y el labrador?)
Ellos van a decírselo mañana.　　(¿y papá?)
Leonor va a poner la mesa esta noche.　　(¿y tú)
Voy a poder verlos el martes.　　(¿y Uds.?)
Voy a tener noticias mañana.　　(¿y Ud.?)

j. Cambien las oraciones del tiempo presente en el pretérito según el modelo.

Ellos dicen que sí.
Ellos dijeron que sí.

Ellos dicen que sí.
Yo no digo nada.
¿Qué dices?
Decimos la verdad.
Ricardo dice que no.

¿Qué hacen Uds.?
Hago muy poco.
Hacemos lo posible.
¿Haces otros?
Pepe hace más que Luis.

Se pone frío.
Ponemos todo en el coche.
Me pongo el abrigo.
¿Dónde pones las maletas?
¿Cuándo ponen Uds. la mesa?

¿Sabes lo que dicen?
¿Cómo lo saben Uds.?
¿Nunca lo sé?

Quiero ver la capital.
¿Cuándo quieren ir?
No queremos más.

No puedo decir nada.
Podemos visitarlo.
¿Puedes asistir?

¿Qué tienes que hacer?
No tenemos tiempo.
No tengo que decir nada.

¿Qué traen Uds.?
Ellos traen la comida.
Traigo para 'todos.

¿A qué hora viene Daniel?
Alberto y yo venimos muy tarde.
¿Vienes con Felipe?

HACIENDO CANASTAS (CONTINUACION)

JOSE presta atención a lo que hace. Luego vuelve a mirar hacia la calle. Esta vez ve a una muchacha que está sentada delante de su pequeña tienda donde hay un gran surtido de artículos de paja y de cuero.

Por este otro lado de la calle José mira a dos muchachas. Ellas son turistas norteamericanas que vienen a una tienda donde hay una gran cantidad de canastas. Después de examinar varias, una de las muchachas escoge una canasta que le gusta mucho: es una canasta pequeña.

Luego, sacando un billete de su bolso, se lo da a la dueña de la tienda para pagar su compra. José continúa haciendo su trabajo y mirando hacia la calle. Las muchachas esperan mientras que la dueña pasa al interior de la tienda a cambiar el billete.

La dueña regresa con el cambio, y las dos muchachas norteamericanas . . . una de ellas con la canasta en la mano . . . salen de la tienda.

José, al fin, ha terminado la canasta.

surtido *(s.m.)* variedad

paja *(s.f.)* (straw)

cuero *(s.m.)* lo que cubre la carne de los animales: Los zapatos se hacen de cuero.

escoger *(v.)* tomar o elegir una o más cosas o personas entre otras

billete *(s.m.)* pedazo de papel que representa cantidades de dinero; dinero en forma de papel

bolso *(s.m.)* tipo de saco que sirve para llevar o guardar alguna cosa; también en forma femenina: bolsa (purse)

dueña *(s.f.)* mujer que tiene el dominio de una finca, tienda o de otra cosa

compra *(s.f.)* acción o efecto de comprar; cualquier objeto comprado

Preguntas

1. ¿Qué es lo que está haciendo José?
2. ¿Hacia dónde mira José?
3. ¿Qué ve en la calle?
4. ¿Quién está sentada delante de su tienda?
5. ¿Cómo es la tienda?
6. ¿Qué se vende en la tienda?
7. ¿Qué ve José por este otro lado de la calle?
8. ¿De dónde son las muchachas?
9. ¿Son turistas las chicas?
10. ¿Qué miran las turistas en la tienda?
11. ¿Por qué compra una canasta una de las muchachas?
12. ¿Cómo es la que compra?
13. ¿Cuál es la compra que hizo la muchacha?
14. ¿Con qué paga su compra?
15. ¿A quién se la paga?
16. ¿Por qué va la dueña al interior de la tienda?
17. ¿Con qué vuelve la dueña?
18. ¿Cómo sale una de las muchachas de la tienda?
19. ¿Qué trabajo ha terminado José?

EXPANSION

a. Sigan el modelo.

José presta atención a lo que hace.
               ve.
José presta atención a lo que ve.

José presta atención a lo que
| hace. |
| ve. |
| dice. |
| contesta. |
| estudia. |

Luego vuelve a mirar hacia la calle.

Luego vuelve a mirar hacia
| calle. |
| plaza. |
| edificio. |
| tienda. |
| finca. |

b. Cambien cada oración para emplear la palabra indicada.

Esta vez ve a una muchacha.
_____ mira _____.
_____ muchacho.
_____ espera _____.
_____ ve _____.

Ellas son turistas norteamericanas.
_____ profesoras _____.
_____ italianas.
_____ señoritas _____.
_____ mexicanas.
_____ norteamericanas.

Una de las muchachas escoge una canasta.
_____ quiere _____.
_____ flor.
_____ observa _____.
_____ canasta.
_____ escoge _____.

Luego, saca´ un billete de su bolso.
Después, _____.
_____ papel _____.
_____ chaqueta.
_____ bolso.
_____ billete _____.
Luego, _____.

Fábrica Pegaso, Madrid

La dueña pasa al interior de la tienda.
———————— camina ——————————.
—————————————————— casa.
—— señora ——————————————.
———————— pasa ——————————.
—————————————————— tienda.

José, al fin ha terminado la canasta.
———————— acabado ——————.
—————————————— trabajo.
———————— comenzado ————.
—————————————— canasta.
———————— terminado ————.

ESTRUCTURA

MODISMOS — VOLVER A, OTRA VEZ, DE NUEVO

a. Cambien las oraciones según el modelo.

José vuelve a mirar.
¿José mira otra vez?
Sí, él mira de nuevo.

José vuelve a mirar.
Vuelven a examinar las canastas.
Ella vuelve a sacar un billete.
José vuelve a hacer su trabajo.
Las muchachas vuelven a esperar.
El chico vuelve a prestar atención.

b. Cambien las oraciones según el modelo.

Volví a escribir la carta.
¿La escribiste otra vez?
Sí, la escribí de nuevo.

Volví a escribir la carta.
Volví a anunciar las notas.
Volví a cubrir el surco.
Volví a cortar el césped.
Volví a hacer las canastas.
Volví a limpiar el cuarto.

Haciendo canastas 119

c. Sigan las instrucciones.

Rafael, pregúntele a Tadeo si volvió a verlos.
Tadeo, contéstele que sí, que lo vio de nuevo.

Cristina, pregúnteles a Marta y a Leonor si asistieron otra vez al concierto.
Marta, contéstele que no, que Uds. no volvieron a asistir.

Luisa, pregúntele a Emilia si volvió a enseñar la casa.
Emilia, contéstele que sí, que la enseñó de nuevo.

Carola, pregúnteles a Juana y a Sara si miraron las canastas otra vez.
Juana, contéstele que sí, que Uds. volvieron a mirarlas.

Guido, pregúntele a Felipe si los visitó de nuevo.
Felipe, contéstele que no, que nunca volvió a visitarlos.

Alicia, pregúnteles a Elvira y a Marta cuándo volvieron a exhibir los cuadros.
Elvira, contéstele que Uds. nunca los exhibieron otra vez.

Pablo, pregúntele a Victoria si preparó tortillas de nuevo.
Victoria, contéstele que sí, que Ud. las preparó de nuevo.

Lupe, pregúntele a Lorenzo si el equipo volvió a jugar en Sevilla.
Lorenzo, contéstele que jugó otra vez el mes pasado.

Volver a plus infinitive carries the meaning of again.

He read The Quijote again.
Volvió a leer El Quijote.

Sigan el modelo.
Lo vio otra vez.
Volvió a verlo.

Lo vio otra vez.
El me miró otra vez.
El estudiante lo estudió otra vez.
La profesora lo enseñó otra vez.
Papá pintó la casa otra vez.
Pepa la escribió otra vez.
El me lo dijo otra vez.

EL COCIDO

LEONOR: Anoche fuimos al restaurante español.

TOMAS: ¿Quién les sirvió?

LEONOR: Un camarero nuevo, muy atento.

TOMAS: ¿Qué pidieron Uds.?

LEONOR: Pedimos «cocido», la especialidad de la casa.

Preguntas

1. ¿Adónde fueron Carlos y Leonor?
2. ¿Cuándo fueron?
3. ¿Cómo era el hombre que les sirvió?
4. ¿Qué comieron?
5. ¿Cuál es el plato especial del restaurante?
6. ¿Qué pidieron?

EXPANSION

a. Sigan el modelo.

Anoche fuimos al restaurante español.
     museo
Anoche fuimos al museo español.

Anoche fuimos | restaurante
museo
fiesta
barco
biblioteca

¿Quién
¿Qué
¿Cómo   les sirvió?
¿Cuánto
¿Cuál

Pedimos
Preferimos   «cocido», la especialidad
Servimos   de la casa.
Pedimos

ESTRUCTURA

REPASO DEL PRETERITO — PEDIR, REPETIR, SERVIR, VESTIRSE Y PREFERIR

a. Sigan el modelo.

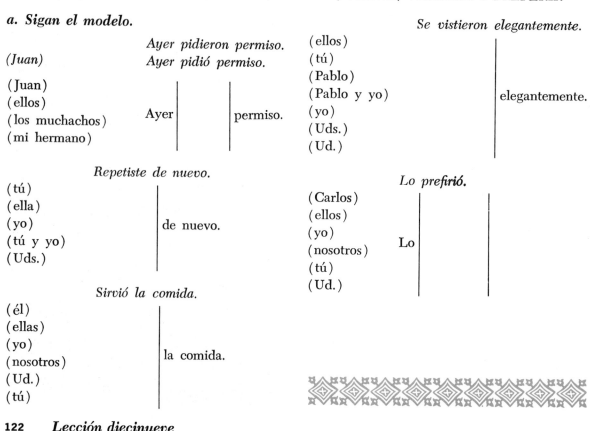

(Juan)

Ayer pidieron permiso.
Ayer pidió permiso.

(Juan)
(ellos)
(los muchachos)
(mi hermano)

Ayer   permiso.

Repetiste de nuevo.

(tú)
(ella)
(yo)
(tú y yo)
(Uds.)

de nuevo.

Sirvió la comida.

(él)
(ellas)
(yo)
(nosotros)
(Ud.)
(tú)

la comida.

Se vistieron elegantemente.

(ellos)
(tú)
(Pablo)
(Pablo y yo)
(yo)
(Uds.)
(Ud.)

elegantemente.

Lo prefirió.

(Carlos)
(ellos)
(yo)
(nosotros)
(tú)
(Ud.)

Lo

b. Cambien las oraciones para emplear la palabra indicada.

Yo repetí eso.

_____ esto.

Tú _____.

__ serviste __.

Ellos _____.

El camarero __.

Ramón y Luis se vistieron bien.

Tú _____.

_____ mal.

Yo _____.

Uds. _____.

Ellos pidieron más.

_____ algo.

Yo _____.

_____ poco.

_____ repetí _____.

Uds. _____.

c. Contesten a las preguntas según el modelo.

¿Estás repitiendo la lección?
No, la repetí antes.

¿Estás repitiendo la lección?
¿Están Uds. sirviendo cocido?
¿Están vistiéndose los muchachos?
¿Está Ud. pidiendo café?
¿Está repitiendo la oración Roberto?
¿Están ellas sirviendo la comida?
¿Estás pidiendo el desayuno?
¿Estás vistiéndote?
¿Están pidiendo la lista tus amigos?
¿Está sirviendo vino Roberto?
¿Están Uds. pidiendo chocolate?
¿Están ellos sirviendo el almuerzo?
¿Está Ud. repitiendo la historia?
¿Está pidiendo la cuenta José?

d. Cambien las oraciones según el modelo.

Ellos están sirviendo la mesa.
Ayer también sirvieron la mesa.

Ellos están sirviendo la mesa.
Pepe está pidiendo más.
Las chicas están vistiéndose de negro.
Mi amigo está repitiendo los cantos.
Elena está sirviendo limonada.
Los estudiantes están pidiendo permiso.
Miguel está vistiéndose muy bien.
Carlos y Juana están repitiendo todo.

Ronda

Haciendo canastas   **123**

Jerez de la Frontera, Toros en el Campo

Spanish National Tourist Office

REPASO DE LA A PERSONAL

a. Repitan.

María busca un libro.
María busca a un amigo.
María busca una pluma.
María busca a una señorita.
María busca unos sombreros.
María busca a unos muchachos.
María busca unas sillas.
María busca a unas compañeras.

b. Sigan el modelo.

No puedo ver la casa.
                            profesora.
No puedo ver a la profesora.

	profesora.
	señores.
	casa.
	surcos.
No puedo ver	labradores.
	Pablo.
	máquina.
	canastas.

124   *Lección diecinueve*

¿Quién busca la escuela?

¿Viste la casa?

¿Quién busca | escuela?
muchachos?
listas?
profesora?
señor Gómez?
sacos?
museo?

¿Viste | casa?
Juan?
zapatos?
señorita?
hermanas de Raúl?
partido?

REPASO DE *AL Y DEL*

a. Sigan el modelo.

Buscamos a las muchachas.
muchachos.
Buscamos a los muchachos.

Buscamos a | muchachas.
muchachos.
señoras.
señores.
señoritas.

Buscamos al muchacho.

Buscamos al | muchacho.
señor.
profesor.
estudiante.
labrador.
camarero.

¿Quieres ver al rector?

¿Quieres ver | rector?
señorita?
trabajadores?
torero?
muchachas?
profesor?
estudiantes?
pintor?
señora?

b. Repitan.

Vengo de la escuela.
Vengo de las provincias.
Vengo de los museos.
Vengo del campo.

c. Sigan el modelo.

¿Saliste de la clase?
museo?
¿Saliste del museo?

¿Saliste | clase?
museo?
tiendas?
parque?
patio?
juegos?
partido?
grupo?
oficina?

RAFAEL, EL HERRADOR DE RONDA

herradura   El hombre lleva zapatos; el caballo lleva herraduras.

herrador   el que pone herraduras a los caballos

cumplir   llevar a efecto: Cumplir quince años; llegar a tener quince años.

apellido   nombre de familia, como López

ofrecer   presentar y dar voluntariamente una cosa

carretero   el que guía los caballos que tiran de los carros

camino de   hacia

rueda   La bicicleta tiene dos ruedas; el coche tiene cuatro.

componer   ordenar; reparar

compadre   En Andalucía y en algunas otras partes, llaman a los amigos compadres.

cargar   poner en un vehículo mercancías para transportarlas

morir   acabar la vida; no vivir más

campesino   hombre de campo; labrador

vino   bebida alcohólica preparada de uvas

cliente   la persona que utiliza los servicios de otro

ganadero   dueño de ganados

de categoría   se dice de persona o cosa de elevada condición

encargar   poner una cosa al cuidado de uno; darle una responsabilidad a una persona

montar   subirse encima de una cosa, subir en un caballo, a un mulo o a un burro

de gran turismo   se aplica a coches de mucho lujo como Cadillac, Mercedes Benz, Ferrari

---

Rafael ya no es ningún muchacho. Hace unos meses que cumplió cincuenta y ocho años. Rafael es herrador. Es herrador desde hace más de medio siglo. De niño era herrador porque su padre también lo era y antes de su padre, su abuelo. Los Heredia (Heredia es el apellido de Rafael) han tenido fama de buenos herradores por casi cien años.

Para Rafael no hay otra vida como la suya. Es verdad que hoy día las cosas no andan tan bien como antes. No hace tantos años cuando le era difícil hacer todo el trabajo que se le ofrecía. Todas las mañanas llegaban los carreteros camino de Málaga al sur o hacia Castilla y el norte. Toda la calle se llenaba de carros y mulas. —Rafael, buen día. Esa rueda anda mal, ¿me la puedes componer? —Rafael, compadre, la

mula blanca tiró una herradura, a ver lo que puedes hacer. —Rafael, vuelvo, en una semana, ¿qué quieres de Madrid?—

Las cosas cambian. Hoy son muy pocos los carreteros que pasan por Ronda. Lo que se ven son unos tremendos camiones «diesel» que parecen monstruos y cargan veinte veces lo que cargaba un carro de mulas.

No es que uno se muere de hambre tampoco. No hay mucho trabajo pero trabajo sí que hay. Cada semana vienen los campesinos a Ronda para visitar el mercado. Siempre dejan sus burros con Rafael para herraduras. Algunos de los campesinos tienen muy poco dinero. Esto no le molesta a Rafael. A él le da igual recibir un kilo de jamón, unos tomates o un litro de vino. ¿Para qué es el dinero si no para comprar esas mismas cosas?

El mejor cliente que tiene Rafael es don Manuel. El ilustre señor don Manuel Vega Quesada, Duque de Montilla. Don Manuel es ganadero. Su ganadería produce de los mejores toros bravos de la península. Si es una corrida de «montillas» es una corrida de categoría.

Rafael se encarga de toda la caballería de don Manuel, caballos, mulas y burros. Muchas veces lo invitan a Rafael a alguna corrida en Málaga o en Ronda aunque en Ronda hay pocas. A Rafael le gustan los toros pero no es gran aficionado. Bien sabe Rafael que de Ronda salieron algunos de los mejores toreros, los Romero y Ordóñez. El padre de Ordóñez, Cayetano, el Niño de la Palma, traía sus caballos a Rafael. Tenía unos caballos preciosos. Todos los domingos iba por Ronda montado en uno. El hijo, Antonio, casi nunca está en Ronda y «monta» automóviles de gran turismo.

Sí, señor. Las cosas cambian.

Aeropuerto, Guadalajara, México

Preguntas

1. ¿De dónde es Rafael?
2. ¿En qué región está el pueblo de Rafael?
3. ¿Cuál es la profesión de Rafael?
4. ¿Cuál es la edad de Rafael?
5. ¿Cuántos años hace que trabaja de herrador?
6. ¿Quiénes en su familia también eran herradores?
7. ¿Cuál es el nombre de la familia de Rafael?
8. ¿Hace muchos años que son herradores los Heredia?
9. ¿Hoy día hay mucho trabajo para los herradores?
10. ¿Quiénes le dieron mucho trabajo a Rafael?

11. ¿Adónde iban los carros que pasaban por Ronda?
12. ¿Qué clase de trabajo hacía Rafael para los carreteros?
13. ¿Hay muchos carreteros hoy día en Ronda?
14. ¿Qué se usan ahora en vez de carros de mulas?
15. ¿En cuál se puede llevar más, en un camión o en un carro?
16. ¿Queda algún trabajo en Ronda para el herrador?
17. ¿Cómo le pagan los campesinos que no tienen dinero?
18. ¿Cómo se llama el Duque de Montilla?
19. ¿Qué es el duque?
20. ¿Qué clase de ganadería es la del duque?
21. ¿Qué hace Rafael para el duque?

22. ¿Adónde va Rafael invitado por el duque?
23. ¿Qué es un «aficionado»?
24. ¿Qué eran los Romero?
25. ¿Cómo se llama el hijo del «Niño de la Palma»?
26. ¿Cómo paseaba Cayetano por Ronda?
27. ¿En qué pasea Antonio?
28. ¿Hay un herrador en el pueblo de Ud.?
29. ¿Monta Ud. a caballo?
30. ¿Dónde se pueden ver carros de mulas?
31. ¿Puede Ud. nombrar a un torero de categoría?
32. ¿Es muy importante hoy la profesión de herrador?
33. Si los caballos llevan herraduras, ¿qué llevan los hombres?

EXPANSION

a. Sigan el modelo.

Rafael ya no es ningún muchacho.
  niño.
Rafael ya no es ningún niño.

Rafael ya no es ningún | niño.
chico.
joven.
muchacho.

Rafael es | profesor.
labrador.
ganadero.
torero.
herrador.

Todas las | mañanas
tardes
noches
semanas | llegaban los carreteros.

No es que uno se muere de | calor
hambre.
sed.
frío.

¿Para | qué
cuándo
quién | es el dinero?

Lo invitan a alguna | corrida.
fiesta.
función.
reunión.

Haciendo canastas   129

PARA ESCRIBIR

a. Emplee las siguientes palabras en oraciones originales según el modelo.

trecho

El trecho de carretera entre mi pueblo y la capital es largo.

1. trecho	7. canasta	13. pareja
2. maguey	8. aporrear	14. grada
3. zumo	9. manera	15. taller
4. bebida	10. tapete	16. descansar
5. pulque	11. soportal	17. tejedor
6. fibra	12. protegerse	18. establecer

b. Siga las instrucciones según el modelo.

Escriba Ud. una descripción de su padre.

Mi padre es alto, delgado y moreno. Es muy guapo.

1. Escriba una descripción de su padre.
2. Describa al profesor o a la profesora de español.
3. Describa la ropa que Ud. está llevando ahora.
4. Haga una descripción del pueblo donde Ud. vive.
5. Haga una descripción de su escuela.
6. Describa a un labrador mexicano.
7. Decriba una ciudad de los EE.UU.
8. Describa una ciudad española.
9. Describa un cuadro que conoce.
10. Escriba una descripción de la casa de un amigo.
11. Describa al director de la escuela.

c. Cambie las siguientes oraciones según el modelo.

Juan habla de una manera rápida.

Juan habla rápidamente.

1. Juan habla de una manera rápida.
2. Esa señorita baila de una manera preciosa.
3. Están trabajando de una manera difícil.
4. Pedro estudiaba de una manera intensa.
5. Ellos pintan de una manera maravillosa.
6. Dolores se viste de una manera elegante.
7. Lo presentaron de una manera voluntaria.
8. Pérez nos miró de una manera fría.
9. Ramón escribió el artículo de una manera rápida.
10. Se lo dije de una manera tranquila.
11. Eso se escribe de una manera común.
12. Nos gustó de una manera enorme.
13. Pepe trabaja de una manera artística.
14. Lo construyeron de una manera primitiva.

d. Cambie cada oración del tiempo futuro en el pretérito, según el modelo.

Mañana hablaré con Luis.

Ayer hablé con Luis.

1. Mañana trabajarán hasta las seis.
2. Mañana comprarás otro.
3. Mañana volveré del pueblo.
4. Mañana comerán con nosotros.
5. Mañana le escribiré.
6. Mañana recibirás los libros.
7. Mañana tomaremos el café en casa.
8. Mañana leeré la novela.
9. Mañana cubrirán los surcos.

e. Cambie cada oración del tiempo progresivo en el pretérito, según el modelo.

Pepe está hablando.

Pepe habló.

1. Pepe está hablando.
2. ¿Qué estás leyendo?
3. Estamos trabajando.
4. Estoy comiendo la cena.
5. ¿Están pagando la cuenta?

6. ¿Quién está sembrando el maíz?
7. María está limpiando el comedor.
8. Mis padres están asistiendo al teatro.
9. ¿Estás vendiendo tu coche?
10. Estoy bajando a la calle.
11. Ya están llegando.
12. Mi hermano está jugando con Luis.

f. Conteste a las siguientes preguntas según el modelo.

¿Dijo Ud. que sí?
Sí, dije que sí.

1. ¿Dijo Ud. que sí?
2. ¿Hicieron Uds. el trabajo?
3. ¿Ellos pusieron las cosas en la mesa?
4. ¿Tuviste mucho que hacer?
5. ¿Lo supo Ud. ayer?
6. ¿Quisieron Uds. salir temprano?
7. ¿Hizo Juan todo lo posible?
8. ¿Vinieron Uds. el jueves?

g. Cambie cada oración del tiempo presente en el pretérito, según el modelo.

¿Viene Pepe?
No, ya vino.

1. ¿Viene Pepe?
2. ¿Saben ellos la verdad?
3. ¿Pones las cosas en el cuarto?
4. ¿Tiene Ud. una oportunidad?
5. ¿Hacen su trabajo?
6. ¿Dicen ellos lo que pasó?
7. ¿Vienen los muchachos?
8. ¿Traes la lista?
9. ¿Pablo y Jorge tienen que escribirlo?
10. ¿Hacen Uds. más canastas?
11. ¿Dice Luis la verdad?
12. ¿Ponen ellos las cosas en la cocina?
13. ¿Lo sabe Ud.?
14. ¿Ellas traen limonada?
15. ¿Puede Ud. leerlo?
16. ¿Roberto puede terminarlo?

Avión Despegando, Barajas

h. Lea el siguiente párrafo.

Doña Josefina se levanta. A las ocho entra en la cocina y hace el desayuno. No puede hacer mucho porque no tiene mucho en casa. Llama a Luis, su hijo, y le dice que debe ir a la tienda para comprar unas cosas. Luis no quiere ir pero su madre le dice que tiene que ir. En la tienda Juan llama al chico que allí trabaja. El chico viene y le pregunta a Luis qué quiere comprar. Luis pide pan y maíz y le da el dinero al chico. El chico lo pone en la caja. Luis entonces regresa a casa.

Ahora, conteste por escrito a las siguientes preguntas.

1. ¿A qué parte del día se refiere el párrafo?
2. ¿Para qué va la señora a la cocina?
3. ¿Prepara un desayuno muy grande?
4. ¿Por qué? o ¿Por qué no?
5. ¿Para qué sale Luis de la casa?
6. ¿Quién es Luis?
7. ¿Adónde va Luis?
8. ¿Le gusta ir?
9. ¿Qué compra Luis?
10. ¿Qué hace el chico de la tienda con el dinero?
11. ¿Quién prepara el desayuno en su casa?
12. ¿A qué hora tomó Ud. el desayuno hoy?
13. ¿Quién hace las compras en su familia?
14. ¿Trabaja Ud. en una tienda?

i. Escriba Ud. el párrafo del ejercicio h cambiando los verbos del presente en el pretérito.

j. Escriba Ud. el mismo párrafo en tiempo presente, cambiando el sujeto de doña Josefina en yo.

k. Emplee las siguientes palabras en oraciones originales según el modelo.

surtido
En esta tienda hay un gran surtido de sombreros.

1. surtido
2. paja
3. cuero
4. escoger
5. billete
6. bolso
7. dueña
8. compra
9. examinar

l. Escriba las siguientes oraciones en el tiempo presente empleando los modismos volver a, otra vez y de nuevo, según el modelo.

Juan vuelve a estudiar.
Juan estudia otra vez.
Juan estudia de nuevo.

1. Mi amigo vuelve a llamar por teléfono.
   _____.
   _____.

2. _____.
   Anuncian el partido otra vez.
   _____.

3. _____.
   _____.
   Escogen canastas de nuevo.

m. Escriba las siguientes oraciones en el pretérito según el modelo.

Juan volvió a estudiar.
Juan estudió otra vez.
Juan estudió de nuevo.

1. Volvimos a acostarnos temprano.

   _____.

   _____.

2. ¿_____?

   ¿Asististe otra vez?

   ¿_____?

3. ¿Volvió a traerlo?

   ¿_____?

   ¿_____?

4. _____.

   Hicieron el trabajo otra vez.

   _____.

5. _____.

   _____.

   Pusimos todo allí de nuevo.

6. ¿Volviste a decirlo?

   ¿_____?

   ¿_____?

n. Ahora, escriba las siguientes oraciones en el futuro según el modelo.

Juan volverá a estudiar.
Juan estudiará otra vez.
Juan estudiará de nuevo.

1. ¿Volveremos a viajar?

   ¿_____?

   ¿_____?

2. _____.

   Bajaremos otra vez.

   _____.

3. _____.

   _____.

   Construiremos el edificio de nuevo.

4. Volveré a enseñar la casa.

   _____.

   _____.

o. Cambie las oraciones del tiempo presente en el pretérito según el modelo.

Carlos repite la lección.
Carlos repitió la lección.

1. Carlos repite la lección.
2. Repito lo que dije.
3. La mesera sirve los helados.
4. Servimos la cena a las seis.
5. Pido más.
6. ¿Qué pides?
7. Se visten elegantemente.
8. Me visto simplemente.
9. Prefieren el chorizo español.
10. ¿Prefiere Ud. los otros?
11. ¿Sirven un buen cocido?
12. Los muchachos piden más limonada.
13. ¿Cómo se viste doña Eloísa?
14. Tomás nunca repite nada.

p. Conteste por escrito a las siguientes preguntas de cualquier manera lógica.

1. ¿Se vistió Ud. elegantemente hoy?
2. ¿Quién sirvió el desayuno en su casa esta mañana?
3. ¿Qué pidieron sus amigos en la cafetería?
4. ¿Dónde sirvieron helado?
5. ¿Qué clase prefirió Ud. hoy?
6. ¿Repitió Ud. en la clase de español ayer?

q. Siga el modelo.

Quieren ver a Rafael.
        los monumentos.
Quieren ver los monumentos.

Quieren ver
|Rafael.
los monumentos.
mis tíos.
la mesera.
una máquina nueva.
nosotros.
oficinas.
pueblo.
un labrador.
unas compañeras de clase.
amiga de Rafael.
palacio.
tus regalos.
tus hermanos.
revistas mexicanas.
Mariana Pinilla.

r. Conteste a las siguientes preguntas según el modelo.

¿Vienen de tu pueblo?
No, no vienen del pueblo.

1. ¿Vienen de tu pueblo?
2. ¿Es Roberto de tu familia?
3. ¿Ellos regresan de tus clases?
4. ¿Son de tu partido?
5. ¿Viene Carlos de tu casa?
6. ¿Hablan de tus amigos?

s. Conteste a las siguientes preguntas según el modelo.

¿Van a tu casa?
Sí, van a la casa.

1. ¿Van a tu casa?
2. ¿Viaja Roberto a tu pueblo?

3. ¿Tu papá conoce a tu amiga?
4. ¿Visitan ellos a tus abuelos?
5. ¿Pepe va a tu partido?
6. ¿Llamaron a tu hermano?
7. ¿Escribieron a tu profesor?
8. ¿Asistió Elena a tu concierto?
9. ¿Luis llegó a tu fiesta?

t. Emplee las siguientes palabras en oraciones originales según el modelo.

herrador
Ese herrador siempre se encarga de mis mulas.

1. herrador	8. compadre	15. ganadero
2. cumplir	9. cargar	16. de categoría
3. apellido	10. morir	17. encargar
4. ofrecer	11. campesino	18. montar
5. carretero	12. herradura	19. de gran
6. rueda	13. vino	turismo
7. componer	14. cliente	

u. Conteste por escrito a las siguientes preguntas.

1. ¿Quién es el herrador de Ronda?
2. ¿Qué es Ronda?
3. ¿Qué hace un herrador? ¿Cómo trabaja?
4. ¿Quiénes le dan trabajo a un herrador?
5. ¿Es muy importante la profesión de herrador en el siglo veinte?
6. ¿Por qué? o ¿Por qué no?
7. ¿En qué viajan los carreteros?
8. ¿Qué hacen los carreteros?
9. ¿Qué se usa hoy en lugar de los carros tirados por mulas?
10. ¿Estudian los herradores su profesión en la escuela?
11. ¿Hay muchos herradores en los EE.UU.?

v. Basada en las respuestas a las 11 preguntas anteriores, escriba una composición original de 100 o más palabras.

PARA CONVERSAR

EN EL AEROPUERTO

ANUNCIADOR: La compañía de aviación anuncia la salida de su vuelo 250 con destino a Palma de Mallorca. Señores pasajeros, sírvanse pasar a la puerta número ocho.

(A bordo)

PASAJERO: ¿A qué hora despega el avión?

AZAFATA: En cinco minutos. Ya estamos en la pista. Tenga la bondad de abrocharse el cinturón de seguridad.

PASAJERO: ¿Hacemos escala?

AZAFATA: Sí, aterrizamos en Barcelona.

PASAJERO: ¿Cuánto tiempo tarda el vuelo?

AZAFATA: Hora y media.

EL NIÑO AL QUE SE LE MURIO EL AMIGO

Nota biográfica: Ana María Matute nació en la capital española en 1926. Hizo sus estudios en las dos principales ciudades, Madrid y Barcelona. Su primera novela, *Los Abel,* se publicó en 1947. Diez años más tarde fue publicada *Los Niños Tontos* de donde tomamos la selección «El niño al que se le murió el amigo.» Ana María Matute es una de las importantes figuras de la literatura española contemporánea.

UNA MAÑANA el niño se levantó y fue a buscar al amigo, al otro lado de la valla. Pero el amigo no estaba y cuando volvió le dijo la madre:

— El amigo se murió. Niño, no pienses más en él y busca otros para jugar.

El niño se sentó en el quicio de la puerta con la cara entre las manos y los codos en las rodillas.

— El volverá — pensó — porque no puede ser que allí estén las canicas, el camión y la pistola y aquel reloj que ya no anda, y el amigo no venga a buscarlos.

Vino la noche con una estrella muy grande y el niño no quería entrar a cenar.

— Entra, niño, que llega el frío — dijo la madre.

Pero en lugar de entrar, el niño se levantó del quicio y se fue en busca del amigo, con las canicas, el camión y la pistola y el reloj que no andaba. Al llegar a la cerca, la voz del amigo no le llamó, ni le oyó en el árbol, ni en el pozo. Pasó buscándole toda la noche. Y fue una larga noche casi blanca que le llenó de polvo el traje y los zapatos. Cuando llegó el sol, el niño, que tenía sueño y sed, estiró los brazos y pensó:

— Qué tontos y pequeños son esos juguetes. Y ese reloj que no anda, no sirve para nada.

Lo tiró todo al pozo y volvió a la casa, con mucha hambre. La madre le abrió la puerta y dijo:

— Cuánto ha crecido este niño, Dios mío, cuánto ha crecido.

Y le compró un traje de hombre, porque el que llevaba le venía muy corto.

valla *(s.f.)* barrera que divide el territorio de dos individuos (fence)

quicio *(s.m.)* parte de las puertas por donde se mueven

codo *(s.m.)* parte que une el brazo con el antebrazo

rodilla *(s.f.)* parte que forma la unión del muslo con la pierna

canica *(s.f.)* una bolita dura que se usa en el juego de niños (marble)

estrella *(s.f.)* cualquier astro a excepción del sol y la luna

cenar *(v.)* tomar la cena, la última comida del día

cerca *(s.f.)* sinónimo de valla

voz *(s.f.)* lo que usa una persona para hablar

pozo *(s.m.)* hoyo que se hace en la tierra para encontrar agua

polvo *(s.m.)* parte más pequeña de la tierra seca (dust)

estirar *(v.)* alargar los brazos y las piernas (stretch)

tonto *(adj.)* estúpido

juguete *(s.m.)* objeto con que juegan los niños

Preguntas

1. ¿A quién fue a buscar el niño?
2. ¿Adónde fue a buscarlo?
3. ¿Para qué fue a buscarlo?
4. ¿Por qué no estaba el amigo?
5. ¿Dónde se quedó el niño mucho tiempo?
6. ¿Qué juguetes tenía?
7. ¿Cuándo volvió el niño a casa?
8. ¿Qué le había pasado al niño durante la noche?
9. ¿Qué le compró la madre?
10. ¿Por qué se lo compró?

El niño al que se le murió el amigo　　**137**

ESTRUCTURA

EL SUBJUNTIVO

Thus far only the indicative forms of the verb have been presented. The subjunctive is another mood of the verb. As the word indicates, the subjunctive is used to express a subjective idea. As a result, it depends upon something and is always found in dependent clauses.

The subjunctive presents problems to English-speaking people, who seldom hear this form of the verb. In Spanish, it is used a great deal. Compare the following sentences.

English order: I want you to go to the store.
Spanish order: I want that you go to the store.

In English, the infinitive "to go" is used. However, in Spanish, when there is a change of subject, it is necessary to use a clause, "that you go to the store," which depends upon "I want" and is therefore called a dependent clause. This must be expressed by the subjunctive in Spanish. The idea in the clause is subjective: even though I want you to go to the store, I am not sure that you will go. Therefore, the subjunctive mood is used.

The subjunctive forms of regular verbs are as follows:

hablar	comer	vivir
hable	coma	viva
hables	comas	vivas
hable	coma	viva
hablemos	comamos	vivamos
(habléis)	(comáis)	(viváis)
hablen	coman	vivan

EL SUBJUNTIVO DE VERBOS IRREGULARES

You are already familiar with the subjunctive form of the verb through your study of commands. Note that the root of the subjunctive is the first person singular of the present indicative.

	indicative root	subjunctive base
venir	**vengo**	**venga**
tener	**tengo**	**tenga**
salir	**salgo**	**salga**
poner	**pongo**	**ponga**
traer	**traigo**	**traiga**
decir	**digo**	**diga**
hacer	**hago**	**haga**
oír	**oigo**	**oiga**
conocer	**conozco**	**conozca**
producir	**produzco**	**produzca**

The verbs conjugated below are irregular in the subjunctive.

dar	**estar**	**ir**
dé	**esté**	**vaya**
des	**estés**	**vayas**
dé	**esté**	**vaya**
demos	**estemos**	**vayamos**
(deis)	**(estéis)**	**(vayáis)**
den	**estén**	**vayan**

saber	**ser**
sepa	**sea**
sepas	**seas**
sepa	**sea**
sepamos	**seamos**
(sepáis)	**(seáis)**
sepan	**sean**

El niño al que se le murió el amigo   139

EL SUBJUNTIVO EN CLAUSULAS RELATIVAS

a. Sigan el modelo.

Quiero que tú estudies.
           hables.
Quiero que tú hables.

Quiero que tú
| estudies.
| hables.
| llames.
| comas.
| leas.
| escribas.
| subas.
| salgas.
| vayas.

Bogotá, Colombia　　　Avianca Air Lines

Juan quiere que yo
| estudie.
| hable.
| llame.
| coma.
| lea.
| escriba.
| suba.
| venga.
| salga.
| vaya.

María prefiere que (nosotros)
| hablemos.
| llamemos.
| regresemos.
| comamos.
| escribamos.
| vengamos.
| salgamos.
| vayamos.

El profesor manda que los alumnos
| estudien.
| hablen.
| lean.
| escriban.
| vengan.
| salgan.
| vayan.

b. Sigan el modelo.

Quiero que tú hables.
Mando
Mando que tú hables.

Quiero
Mando
Deseo
Prefiero   que tú hables.
Insisto en
Espero

Juan | quiere / espera / desea / manda / prefiere / teme / insiste en | que yo salga.

El baja en seguida.
Prefiero que
Prefiero que él baje en seguida.

El baja en seguida.
Tú hablas de eso.
Uds. contestan en voz alta.
Los chicos estudian.
Tú escribes al director.
Ud. vive en Madrid.
Ellos leen la carta.
Uds. vienen mañana.
El lo hace.
Uds. me lo dicen.
Todos lo saben.
Te levantas a las ocho.

¿Mandas / ¿Deseas / ¿Esperas / ¿Quieres / ¿Temes / ¿Prefieres / ¿Insistes en | que lo sepamos?

Ellos nos invitan a la fiesta.
Mamá espera que
Mamá espera que ellos nos inviten a la fiesta.

Ellos nos invitan a la fiesta.
Jorge corta el césped.
Papá asiste a la ópera.
Volvemos el mes que viene.
Yo traigo el periódico.
Yo conozco a María.
Ellos no salen.
No vamos lejos.

Queremos / Preferimos / Insistimos en / Mandamos / Esperamos / Deseamos | que Uds. coman.

Yo no llego a tiempo.
Ellos temen que
Ellos temen que yo no llegue a tiempo.

Yo no llego a tiempo.
La criada no limpia el comedor.
Nadie asiste al concierto.
No hace buen tiempo.
La cena no está lista.
Don Carlos se va.

c. Sigan el modelo.

Pedro arregla la máquina.
Queremos que
Queremos que Pedro arregle la máquina.

Pedro arregla la máquina.
Los labradores terminan.
Gómez pinta más cuadros.
Uds. hablan.
Ellos comen aquí.
Uds. escriben una carta.
Ellos venden el ganado.
María pone la mesa.
Ellos salen ahora.
Carlos hace el trabajo.
Uds. saben la lección.
Ellos conocen a Miguel.
Uds. están presentes.

El niño al que se le murió el amigo   141

d. Contesten a las preguntas.

¿Quiere Juan que Ud. hable?

¿Manda el profesor que Ud. estudie?

¿Desea mamá que Ud. escriba una carta?

¿Prefiere él que Ud. venda el coche?

¿Teme Roberto que Ud. no llegue?

¿Insiste Tomás en que Ud. salga?

¿Quiere el profesor que Ud. lo sepa?

¿Prefiere María que Ud. esté aquí?

¿Espera Juan que Uds. llamen?

¿Quiere ella que Uds. lo arreglen?

¿Manda el rector que Uds. lo escriban?

¿Teme mamá que Uds. no coman bastante?

¿Insiste María en que Uds. hagan el viaje?

¿Desea Enrique que Uds. se vayan?

¿Quiere Ud. que yo estudie?

¿Quiere su familia que Ud. viva cerca?

¿Prefiere Ud. que yo lo escriba?

¿Teme Ud. que yo no lo sepa?

¿Manda Ud. que yo vaya también?

¿Desea Ud. que yo lo conozca?

¿Insiste Ud. en que lo compremos?

¿Prefiere Ud. que no lo leamos?

¿Manda Ud. que estemos aquí a las ocho?

The following verbs are called causative verbs. They are followed by the subjunctive.

alegrarse de to be happy	**esperar** to hope
querer to want	**preferir** to prefer
desear to desire	**mandar** to order, to command
temer to fear	**insistir en** to insist
tener miedo de to be afraid of	

Completen las oraciones con cualquier verbo apropiado.

Tengo miedo de que ellos no _____.

Quieren que nosotros _____.

Insisto en que tú _____.

Preferimos que Uds. _____.

Me alegro de que Carmen _____.

Esperan que yo _____.

INFINITIVO Y SUBJUNTIVO

a. Sigan el modelo.

Yo quiero estudiar.
        comer.
Yo quiero comer.

Yo quiero | estudiar.
comer.
bailar.
leer.
salir.
ir.

b. Contesten a las preguntas.

¿Quieres hacer un viaje?

¿Quiere Juan salir ahora?

¿Prefiere María poner la mesa?

¿Prefieres volver temprano?

¿Desea Teresa sufrir la prueba?

¿Deseas comprar la blusa?

¿Insisten ellos en asistir?

¿Insistes en saberlo ahora?

c. Cambien las oraciones según el modelo.

Yo vengo mañana.

Yo quiero

Yo quiero venir mañana.

Ella quiere

Ella quiere que yo venga mañana.

Yo vengo mañana.

Yo quiero _____.

Ella quiere _____.

Cubren el surco.

Los labradores prefieren _____.

Prefiero _____.

Escribes el artículo.

Tú quieres _____.

Ellos quieren _____.

Anuncias el programa.

¿Temes _____?

¿Temen _____?

Viaja por España.

Ella insiste en _____.

Insistimos en _____.

d. Sigan las instrucciones.

Manuel, pregúntele a Anita si quiere que Ud. la llame mañana.

Anita, dígale que Ud. prefiere que la llame esta noche.

Inés, pregúntele a Sara de qué tiene miedo.

Sara, dígale que Ud. tiene miedo de que todos Uds. reciban malas notas.

Leonor, dígale a Jorge que Ud. espera hacer un viaje a Chile en el verano.

Jorge, dígale que Ud. se alegra de que ella haga tan magnífico viaje.

When there is no change of subject in the sentence the infinitive, rather than a clause, is used. Study the following sentences.

Esperan ir a México. Esperan que yo vaya a México.

Contesten a las preguntas en la forma afirmativa.

¿Quiere Ud. salir?

¿Quiere Ud. que María salga también?

¿Espera Ud. terminar esta noche?

¿Espera Ud. que ellos terminen esta noche?

¿Insiste María en hacer el viaje?

¿Insiste María en que él haga el viaje?

¿Prefiere Juan comer en casa?

¿Prefiere Juan que la familia coma en casa?

EL ADJETIVO COMO SUSTANTIVO

a. Cambien las oraciones según el modelo.

Está en el coche azul.
Está en el azul.

Está en el coche azul.
Allí están los señores argentinos.
¿Prefieres la casa vieja o la casa nueva?
¿Es el Museo del Prado el museo grande?
Ese es el edificio más alto.
Fuimos en el tren moderno.
Quieren las sillas antiguas.
¿Conoces a la señora colombiana?
Vimos los bailes regionales.

b. Contesten a las preguntas según el modelo.

¿Cuál de los coches prefieres?
Prefiero el azul.

¿Cuál de los coches prefieres?
¿Es el Paseo de la Reforma la avenida más ancha?

¿Eres amigo de los señores paraguayos?
¿Es Roberto el estudiante más inteligente?
¿Fue ésta la prueba más difícil?
¿Es de Carlos la máquina nueva?
¿Prefieres el fútbol americano o europeo?
¿Son mejores los toros españoles o mexicanos?
¿Cuál es el río más largo del mundo?
¿Son más difíciles las pruebas largas o las pruebas cortas?
¿Quién es la chica alta?
¿Dónde están los chorizos malos?

Adjectives function as nouns in Spanish when used with an article.

el río más largo   the longest river
el más largo   the longest one

Cambien el adjetivo en sustantivo en las siguientes oraciones.

Prefiero el coche azul.
Conozco a la chica alta.
Conozco al señor chileno.
Hablo con el niño más pequeño.
Sufrimos las pruebas más difíciles.
No sé dónde están las montañas más altas.
Prefiero los bailes regionales.

REPASO DE LOS TIEMPOS PROGRESIVOS

a. Sigan el modelo.

Juan está estudiando.
        hablando.
Juan está hablando.

Juan está
| estudiando.
| hablando.
| caminando.
| bajando.
| pintando.

Estamos
| comiendo.
| bebiendo.
| leyendo.
| corriendo.

¿Sigues
| sirviendo?
| subiendo?
| repitiendo?
| escribiendo?
| asistiendo?

b. Contesten a las preguntas según el modelo.

¿Todavía hablan?
Sí, siguen hablando.

¿Todavía hablan?
¿Luis todavía trabaja con Sánchez?
¿Todavía cultivas maíz?
¿Uds. todavía cenan tarde?
¿Ellos todavía luchan por la libertad?

c. Contesten a las preguntas según el modelo.

¿Se levanta tu hermano?
Sí, está levantándose.

¿Se levanta tu hermano?
¿Se dirigen Uds. al rancho?

¿Elena se pone el sombrero?
¿Se paran los chicos enfrente de la botica?
¿Nos reunimos en casa de Jorge?
¿Se despide su amigo?
¿Se sientan Uds. enfrente?

d. Contesten a las preguntas según el modelo.

¿Pepe hablaba con el señor?
Sí, Pepe estaba hablando con el señor.

¿Pepe hablaba con el señor?
¿Jugaban los niños al fútbol?
¿Trabajaban los labradores?
¿Vendía Mendoza el terreno?
¿Vivían Uds. en el pueblo?
Y Pedro, ¿viajaba por Africa?
¿Miraba Carlos la televisión?
¿Los arrastraban?
¿Comías?
¿Vendían ellos periódicos?

El niño al que se le murió el amigo   **145**

LA OTRA AMERICA

EL ADJETIVO que mejor nos describe el imponente continente que forma la parte sur de nuestro Nuevo Mundo es grande.

Grandes son los altos Andes donde domina el soroche. Grandes las selvas del Brasil, Colombia y Venezuela. El Amazonas que riega las tierras del norte del continente es el río con el cual sólo pueden compararse el Nilo y el Misisipi. Grande también la renombrada pampa argentina, interminables kilómetros donde pacen reses que un día darán de comer a medio mundo.

Miramos el mapa. Bañan las costas de Sudamérica tres mares. Al oeste el Pacífico, camino de agua por donde, dicen algunos, vinieron los primeros «americanos» desde tierras de oriente. Al este y al norte están el cálido Caribe y el tempestuoso Atlántico, atravéz del cual llegaron unos impetuosos y valientes aventureros del Viejo Mundo. Estos, junto con los que ya estaban, llegaron a crear un verdadero Nuevo Mundo, un mundo jamás visto antes.

Son doce las repúblicas de Sudamérica. Añadimos la Guayana Francesa, y nos encontramos con trece países.

soroche *(s.m.)* una enfermedad causada por la altura; se ve mucho en regiones andinas

selva *(s.f.)* un bosque grande con mucha vegetación

renombrado *(adj.)* famoso, bien conocido

interminable *(adj.)* sin terminar

Bogotá, Colombia

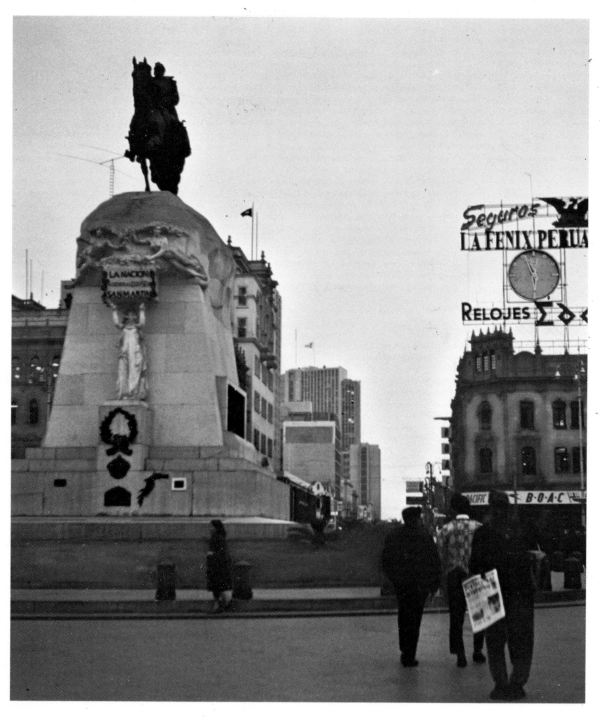

Plaza San Martín, Lima, Perú

South America Travel Digest

De estos trece sólo la Guayana Francesa, Guyana (que antes era la Guayana Británica), la pequeña república de Surinam (que antes era la Guayana Holandesa) y el inmenso Brasil son países donde el idioma oficial no es la lengua de Castilla.

Bien sabido es que en el año 1493 el Papa Alejandro VI trazó una línea que dividió las tierras por descubrir y colonizar entre España y Portugal. La línea pasó lo que hoy es el Brasil. Por eso colonizaron las tierras del Brasil los portugueses, y el resto del continente los españoles.

Conocemos las variaciones de clima y topografía evidentes en el continente nuestro, el del norte. Tantas variaciones o más existen en el continente hermano del sur. Hay áreas de Colombia, Venezuela y el Brasil que son tropicales. Allí se ven selvas tan densas como las de Africa. Uno puede recorrer kilómetro tras kilómetro de tierra nunca vista por hombre blanco. Aún hoy habitan estas selvas tribus salvajes que viven como, sin duda, vivía el hombre prehistórico.

Más hacia el sur, en Chile, Uruguay y la Argentina, el clima es templado con cuatro estaciones. Claro está que estas estaciones caen en los meses opuestos a los de los Estados Unidos de Norteamérica. En Navidad, por ejemplo, los argentinos pueden ir a pasar un día en la playa y el cuatro de julio a esquiar. Acuérdense de que estos países están al sur del ecuador.

En Tierra del Fuego (nombre curioso cuando uno piensa en el frío que hace allí), hay pocos meses del año cuando no está todo muerto de frío. Allí se ven los cómicos pingüinos vestidos de etiqueta. Más allá de Tierra del Fuego está la Antártica, ese gran cubo de hielo tan disputado por las grandes potencias mundiales.

No es Sudamérica sólo una fuente de materias primas para el resto del mundo. Hay mucho más que indios pintorescos, petróleo, chocolate y café. Hay grandes y modernísimas ciudades como Caracas, Buenos Aires y Río de Janeiro. Hay industrias de todas clases y hay una vida intelectual que iguala a cualquiera y supera a muchas.

Preguntas

1. ¿Cuál es el adjetivo que mejor describe a Sudamérica?
2. ¿Cómo se llaman las grandes montañas de Sudamérica?
3. ¿Qué países tienen grandes selvas?
4. ¿Qué río riega las tierras del norte del continente?
5. ¿Qué mares bañan las costas de este inmenso continente?
6. ¿A qué continente referimos cuando decimos Viejo Mundo?
7. ¿Cuántas repúblicas hay en Sudamérica?
8. ¿En qué países no se habla español?
9. ¿Quién dividió las nuevas tierras entre España y Portugal?
10. ¿Dónde en Sudamérica hay regiones tropicales?
11. ¿Quiénes habitan estas selvas tropicales?
12. ¿Cómo es el clima de Chile, Uruguay y la Argentina?
13. ¿Dónde pueden pasar la Navidad los argentinos?
14. ¿Qué pueden hacer el cuatro de julio?
15. ¿Por qué son opuestas las estaciones en aquella parte del mundo?
16. ¿Qué tiempo hace en la Tierra del Fuego?
17. ¿Quiénes habitan la Tierra del Fuego?

EXPANSION

a. Sigan el modelo.

El soroche es una enfermedad.
  sarampión
El sarampión es una enfermedad.

soroche	
sarampión	
varicela	una enfermedad.
parótidas	

Son doce las repúblicas de Sudamérica.

	repúblicas	
	naciones	
Son doce	países	de Sudamérica.
	gobiernos	
	capitales	

b. Sigan el modelo.

Dividió las tierras por descubrir.
  conquistar.
Dividió las tierras por conquistar.

	descubrir.
	conquistar.
Dividió las tierras por	colonizar.
	desarrollar.
	habitar.

	industrias	
	mercancías	
Hay	negocios	de todas clases.
	fábricas	
	productos	

	tropicales.
	áridas.
	secas.
Hay áreas que son	salvajes.
	montañosas.
	húmedas.
	impenetrables.

EL MAR CARIBE

Cartagena
Maracaibo
Caracas
Ciudad Bolívar
VENEZUELA
Medellín
Bogotá
COLOMBIA
GUYANA
SURINAM
GUAYANA FRANCESA
Orinoco

Quito
ECUADOR
Guayaquil
Belém
El Río Amazonas

Río Madeiro

P E R U

B R A S I L
Río São Francisco
Salvador
Lima
La Paz
BOLIVIA
Brasilia
Sucre
Río Paraguay
El Río Paraná
PARAGUAY
Río de Janeiro
São Paulo
Asunción
S. Miguel de Tucumán
OCEANO
Córdoba
Santa Fé
Río Paraguay
Rosario
URUGUAY
Valparaíso
Santiago
Buenos Aires
Montevideo
A R G E N T I N A
Río de la Plata
Bahía Blanca

OCEANO PACIFICO

OCEANO ATLANTICO

ANDES
CHILE

AMERICA DEL SUR

ISLAS MALVINAS

El niño al que se le murió el amigo **149**

ESTRUCTURA

EL PRESENTE DEL SUBJUNTIVO DE LOS VERBOS DE CAMBIO RADICAL

UE

encontrar ~

encuentre	encontremos
encuentres	(encontréis)
encuentre	encuentren

Acostar, jugar, recordar, poder and **volver** follow the same pattern.

IE

cerrar

cierre	cerremos
cierres	(cerréis)
cierre	cierren

Sentar, comenzar, empezar, pensar and **perder** follow the same pattern.

UE, U

dormir

duerma	durmamos
duermas	(durmáis)
duerma	duerman

Morir follows the same pattern.

IE, I

sentir

sienta	sintamos
sientas	(sintáis)
sienta	sientan

Preferir follows the same pattern.

I

pedir

pida	pidamos
pidas	(pidáis)
pida	pidan

Repetir, seguir and **servir** follow the same pattern.

a. Sigan el modelo.

El quiere que yo juegue.
•   *tú*
El quiere que tú juegues.

El quiere que
| yo |
| tú |
| nosotros |
| ellos |
| su amigo |
  .

Ellos prefieren que tú vuelvas.

Ellos prefieren que
| tú |
| Juan |
| sus padres |
| nosotros |
| yo |
| Enrique y María |
  •

Carlos manda que Tomás cierre la puerta.

Carlos manda que
| Tomás |
| yo |
| nosotros |
| tú |
| Uds. |
| ellos |
  la puerta.

El profesor espera que empecemos en seguida.

El profesor espera que
| nosotros |
| yo |
| tú |
| ellos |
| el alumno |
  en seguida.

El teme que el niño no duerma bien.

El teme que
| el niño |
| María |
| yo |
| nosotros |
| tú |
| ellos |
  no bien.

El no quiere que yo le pida nada.

El no quiere que
| yo |
| nosotros |
| ellos |
| Carlos |
| tú |
| Ud. |
  le nada.

EL SUBJUNTIVO EN CLAUSULAS ADVERBIALES

a. Lean los párrafos que siguen.

Alberto Salcedo es un campesino hondureño. Trabaja muchas horas para ganarse el pan de cada día, pero más importante trabaja para que sus hijos tengan mejor vida que la suya. Para que puedan recibir una buena educación y llegar a ser algo más que peones, Alberto hará cualquier cosa.

Mañana, como todos los días, antes de levantarse el sol, Alberto estará trabajando y no volverá a casa hasta que se ponga el sol. El trabajo de Alberto es cuestión de siete días a la semana.

b. Contesten a las preguntas.

¿De qué país es Alberto Salcedo?
¿Cuál es su profesión u oficio?
¿Para qué trabaja?
¿Qué espera que tengan sus hijos?

El niño al que se le murió el amigo   **151**

¿Cómo cree Alberto que puedan llegar a ser
   algo los hijos?
¿Se levanta temprano Alberto?
¿Trabaja mucho Alberto?
¿Cuánto trabaja?
¿Dónde trabaja?
¿Qué estará haciendo mañana?
¿Hasta cuándo no volverá a casa?

Lo sabes.
Lo entiendes.
Lo lees.
No lo haces.
No sigues así.
No sales ahora.
No te acuestas.
No me lo pides.

c. Sigan el modelo.

El hombre trabaja
       para que sus hijos vivan.
                   puedan estudiar.
El hombre trabaja
       para que sus hijos puedan estudiar.

El hombre trabaja
    para que sus hijos
- vivan.
- puedan estudiar.
- coman.
- compren cosas.
- tengan pan.

El profesor enseña
    para que el alumno
- aprenda.
- lea.
- escriba.
- lo sepa.
- tenga inteligencia.
- sea inteligente.

Yo haré el viaje
    con tal que Uds.
- me den el dinero.
- me acompañen.
- lo hagan también.
- vayan conmigo.
- me visiten.
- me escriban.

d. Cambien las oraciones según el modelo.

Lo sabes.
Te lo digo para que
Te lo digo para que lo sepas.

Uds. hablan también.
Yo hablaré con tal que
Yo hablaré con tal que Uds. hablen también.

Uds. hablan también.
Uds. están presentes.
Uds. lo prefieren así.
Uds. me invitan.
Uds. me ayudan.
Uds. comienzan.
Uds. siguen.

The following conjunctions are followed by the subjunctive:

para que	so that
de manera que	in such a way that, so that
de modo que	in such a way that, so that
con tal (de) que	provided that

Study these sentences:

El hombre trabaja para que sus hijos tengan éxito.
El profesor habla despacio de manera que los alumnos entiendan.
Haremos el viaje con tal que tengamos bastante dinero.

A man can work so that his sons will be successful. However, there is no guarantee that this desire will take place. Because of the indefinite, subjective nature of the idea expressed in the adverbial clause, the subjunctive must be used.

In like manner, a teacher may speak slowly so that his students will understand. However, he cannot be sure that all students understand even though he speaks slowly. Therefore, the subjunctive is used.

Completen las siguientes oraciones con cualquier verbo apropiado.

El hombre trabaja mucho para que sus hijos _____.
Lo compraremos con tal que _____.
Trabajan mucho de manera que _____.
Los alumnos estudian mucho para que _____.
Irán a España con tal que _____.

EL SUBJUNTIVO EN CLAUSULAS ADVERBIALES DE TIEMPO

a. *Sigan el modelo.*

Pepe estudia antes de que su padre coma.

salga.

Pepe estudia antes de que su padre salga.

Pepe estudia
antes de que su padre
| coma.
| salga.
| trabaje.
| se acueste.
| venga.
| se lave.
| baje.

Yo voy a salir antes de que ellos
| vuelvan.
| se levanten.
| salgan.
| lo sepan.
| lleguen.
| me vean.

Se lo diré cuando yo
| lo vea.
| lo sepa.
| lo entienda.
| quiera.
| termine.
| vuelva.

El lo sabrá en cuanto
| vea a Pablo.
| llegue Elena.
| reciba la carta.
| lo lea.
| Ud. se lo diga.
| vuelva.

El no volverá hasta que
| se ponga el sol.
| sea tarde.
| Uds. se acuesten.
| gane más dinero.
| no esté nadie.
| empiece la fiesta.

b. *Contesten a las preguntas.*

¿Estudiará Pepe antes de que vuelva su padre?

¿Estudiarás antes de que vuelva tu padre?

¿Va a comer María antes de que lleguen los amigos?

¿Vas a comer antes de que lleguen tus amigos?

¿Recibirá Elena un regalo cuando venga su abuelo?

¿Recibirás un regalo cuando venga tu abuelo?

¿Contesterá Carlos en cuanto reciba la carta?

¿Contestarás en cuanto recibas la carta?

¿Estará aquí María hasta que vuelvan sus padres?

¿Estarás aquí hasta que vuelvan tus padres?

Traje Típico, Perú   Avianca Air Lines

The subjunctive is used after adverbial conjunctions of time whenever the idea expressed in the sentence is in the future.

Se lo diré a él cuando yo lo vea.
Trabajará hasta que su familia tenga mucho dinero.

Note the following sentences:

Cuando venga mi abuelo, me dará un regalo.

The subjunctive is used because you do not know when your grandfather will come. It is sometime in the future and is therefore indefinite.

Cuando vino mi abuelo, me dio un regalo.

The indicative is used when the idea is in the past. Since the action has already taken place, it is not indefinite. However, the conjunction **antes de que** is always followed by the subjunctive.

Completen las oraciones con la forma apropiada del verbo.

Se lo diré a Juan en cuanto lo _____.	*ver*
Me lo dijo cuando _____.	*venir*
Lo veré en cuanto _____.	*llegar*
Lo vi en cuanto _____.	*volver*
Se lo daré a él antes de que me lo _____.	*pedir*

EL SUBJUNTIVO CON *AUNQUE*

a. Sigan el modelo.

Saldré aunque llueva.
       haga viento.
Saldré aunque haga viento.

Saldré aunque
- llueva.
- haga viento.
- haga frío.
- esté nevando.
- haga calor.

Saldré aunque
- llueve.
- hace viento.
- hace frío.
- está nevando.
- hace calor.

b. Contesten a las preguntas en la forma afirmativa.

¿Saldrás aunque llueve ahora?
¿Irá él al centro aunque esté nevando?
¿Irá él al centro aunque está nevando?
¿Harás el viaje aunque no tienes bastante dinero?

El niño al que se le murió el amigo   **155**

Aunque may be followed by either the subjunctive or the indicative. Analyze the following sentences:

Saldré aunque llueva.

The idea expressed is: I will go out even though it may rain. It is not raining now, but there is the possibility. Since the rain is not definite, the subjunctive is used.

Saldré aunque llueve.

The idea expressed is: I will go out even though it is raining. Since it is now raining, there is no doubt involved, and therefore the indicative is used.

Completen las oraciones con el indicativo o el subjuntivo según la indicación.

Iremos al centro aunque ____esté____ nevando.   (En este momento no está nevando.)

Jugarán al fútbol aunque ____hace____ mal tiempo.   (Es definido que hace mal tiempo.)

El lo comprará aunque no ____tenga____ bastante dinero.   (No sabemos si lo tiene o no.)

El lo comprará aunque no ____tiene____ bastante dinero.   (Sabemos que no lo tiene.)

Yo le hablaré aunque no lo ____conozca____.   (No sé si lo conozco o no.)

VIAJE A LAS ISLAS CANARIAS

cesar parar

cubiertas parte del barco por donde caminan
   los pasajeros

rasgos facciones, características

zumbido ruido que hace una sirena o abeja
   (buzz)

enlutado de luto, vestirse de negro después
   de que muere una persona

yacer (to lie)

capillita una iglesia pequeña

rezar orar, hablar con Dios

drago un árbol alto, originario de Canarias

platanares sitio poblado de plátanos

ennegrecer hacer negro

faro torre con una luz grande en la costa
   para guiar a los navegantes durante la
   noche

Cuando mi hermano y yo visitamos las
Islas Canarias, era la primera vez que
salíamos de la Península Ibérica. Recuerdo
todavía los ojos húmedos de mi madre.
Alta, delgada y vestida de negro, aquella
severa señora nos decía:

— Hijos míos, mirad[1] que por esos mun-
dos de Dios hay muchas libertades y
muchos peligros. Tened siempre presentes
las enseñanzas que yo y vuestro padre os
hemos dado.

[1] *mirad: vosotros* command commonly used in Spain.

El niño al que se le murió el amigo   **157**

El barco, *El Ciudad de Sevilla,* salía de Cádiz dos días más tarde. Alfonso y yo íbamos en clase turista y desde que el viaje comenzó, no cesábamos de admirarnos de todo cuanto veíamos. El ir y venir de los pasajeros por las cubiertas, los extranjeros de rasgos faciales extraños, el zumbido de la sirena, el perfume del océano, todo aquello causaba en nosotros una grata y desconocida impresión. Mi hermano era apenas un adolescente. Puedo recordar la inocente expresión de asombro que tenía en su rostro cuando vio por primera vez a tanta gente elegante de tantas partes del mundo. Tampoco yo estaba menos asombrado. ¡Dios mío, qué diferentes de las enlutadas, austeras y devotas señoras viejas de nuestro pueblo! Iba también en el barco un grupo de soldados canarios que regresaban a las Islas. Pasaron la noche cantando al son de sus guitarras.

En efecto, las Islas Canarias son siete: Tenerife, Gran Canaria, Lanzarote, .Fuerte Ventura, Palma, Gomera e Hierro. El archipiélago yace frente a la costa africana de Río de Oro, que también es territorio español. En la antigüedad fueron conocidas como Islas Afortunadas. En tiempo de don Enrique IV de Castilla fueron descubiertas e incorporadas a España.

En Las Palmas, uno de los puertos más activos del mundo, existe aún la capillita en que rezó Cristóbal Colón antes de lanzarse con sus españoles a la conquista temerosa del océano.

El clima de las Canarias es de eterna primavera y la belleza de sus paisajes insuperable. En la isla de Tenerife pudimos ver árboles tan extraños como el drago que crece entre los inmensos platanares a la sombra del volcán Teide, cuya columna de negro humo ennegrece el día y cuyo resplandor rojizo alumbra como faro natural la noche atlántica.

Y, ¿qué decir de los canarios? A nosotros nos parecieron gente amable y hospitalaria. En lo físico son más altos y quemados que los españoles de la península. En el carácter más pausados y suaves y no tan apasionados. Tanto por su carácter como por su acento me dieron la impresión de ser un término medio entre peninsulares e hispanoamericanos. Desde luego las muchachas son lindas y abundan los cabellos rubios y los ojos verdes.

Económicamente las Canarias son prósperas. Producen plátanos y tomates que exportan a Europa. Sus ciudades, sobre todo Santa Cruz de Tenerife y Las Palmas de Gran Canaria, son modernas, limpias y elegantes. A veces se ve la nota típica: camellos, sombreros y trajes regionales. En resumen, lector, te recomiendo que las visites. Y conste que no me paga ninguna agencia de viajes. Estoy seguro de que, si vas, también tú les harás la propaganda gratis como hicimos mi hermano y yo, cuando tras cinco meses de inolvidable estancia, regresamos por fin a la península. Por supuesto, en el viaje de vuelta vimos muchas cosas interesantes. Pero ya nada nos asombraba.

Preguntas

1. ¿Adónde hicieron un viaje los dos chicos?
2. ¿De dónde salían por primera vez?
3. ¿Estaba contenta o triste su madre?

4. ¿Por qué estaba triste?
5. ¿Cómo tenía los ojos?
6. ¿Cómo era su madre?
7. ¿Qué debían tener presentes los chicos?
8. ¿Cómo se llamaba el barco?
9. ¿De dónde salía?
10. ¿En qué clase iban Alfonso y su hermano?
11. ¿De qué se admiraban los dos chicos?
12. ¿Qué tenían los extranjeros?
13. ¿Cuándo tenía Alfonso una expresión de asombro?
14. ¿Cómo eran las señoras de su pueblo?
15. ¿Quiénes volvían a las Islas en el barco?
16. ¿Qué hacían los soldados?

17. ¿Dónde están las Islas Canarias?
18. ¿A qué país pertenecen las Canarias?
19. ¿Cuál es una de las ciudades principales de las Canarias?
20. ¿Dónde está la capillita en que rezó Colón?
21. ¿Cómo es el clima de las Canarias?
22. ¿En qué isla está el volcán Teide?
23. ¿Cómo son los canarios físicamente?
24. ¿Cómo son las muchachas?
25. ¿Qué producen las Canarias?
26. ¿Cómo son sus ciudades?
27. Algún día, ¿quiere Ud. hacer un viaje a las Canarias?

PARA ESCRIBIR

a. Conteste a las preguntas según la indicación.

1. ¿Qué hacía él cuando llegó Tomás? *(leer)*
2. ¿Qué hacían Uds.? *(estudiar)*
3. ¿Qué hacías tú en el verano? *(viajar)*
4. ¿Qué hacían Uds. en la capital? *(visitar los museos)*
5. ¿Qué hacía Pedro en Linares? *(trabajar en las minas)*
6. ¿Qué hacían las sirvientas? *(lavar la ropa)*
7. ¿Qué hacían Uds.? *(sufrir una prueba)*
8. ¿Qué hacían los estudiantes? *(repetir unas frases)*
9. ¿Qué hacían los jugadores de tenis? *(reunirse los viernes)*
10. ¿Qué hacía tu amigo? *(subir a la torre)*
11. ¿Qué hacían los españoles? *(establecer colonias)*
12. ¿Qué hacía el pintor? *(exhibir sus cuadros)*

13. ¿Qué hacía el señor? *(dividir lo que tenía)*
14. ¿Qué hacías tú en Buenos Aires? *(asistir a la ópera)*
15. ¿Qué hacían los niños? *(correr por el parque)*
16. ¿Qué hacía yo con Ramón? *(conversar)*
17. ¿Qué hacían Uds. en la caja? *(pagar la cuenta)*
18. ¿Qué hacían los soldados? *(invadir el país)*
19. ¿Qué hacía el camarero? *(servir la mesa)*
20. ¿Qué hacía su padre? *(construir barcos)*
21. ¿Qué hacía Ud. en la guerra? *(luchar por la patria)*

El niño al que se le murió el amigo   **159**

b. Emplee las siguientes palabras en oraciones originales según el modelo.

valla

Alrededor de su casa había una valla blanca y los niños no podían salir.

1. valla	6. estrella	11. polvo
2. quicio	7. cenar	12. estirar
3. codo	8. cerca	13. tonto
4. rodilla	9. voz	14. juguete
5. canica	10. pozo	

c. Vuelva a leer «El niño al que se le murió el amigo» de Ana María Matute.

En el cuento la madre dice al final que el traje del niño llegó a ser demasiado pequeño. ¿Qué cree Ud. que la autora quiere decir? ¿Qué es lo que significa que el traje sea pequeño? En realidad, ¿es muy pequeño? Escriba Ud. en más de cien palabras su interpretación del «traje pequeño.» No tiene que limitarse a lo contenido en el cuento.

d. Complete las oraciones con la forma apropiada del verbo.

1. El profesor manda que los alumos _____. *estudiar*
2. Los padres quieren que los niños _____ bien. *comer*
3. Temo que él _____ muy lejos de aquí. *vivir*
4. María espera que nosotros _____ temprano. *venir*
5. Preferimos que ellos _____ el almuerzo. *traer*
6. Tienen miedo de que yo _____ demasiado. *trabajar*
7. Espero que el concierto _____ a tiempo. *empezar*
8. Insisten en que nosotros _____ el viaje. *hacer*

9. Carlos quiere _____ su coche. *vender*
10. Esperamos que Uds. _____ buen viaje. *tener*
11. El director manda que nosotros _____ allí a las ocho. *estar*
12. Prefiero _____ mañana. *salir*
13. Me alegro de que él _____ las cosas. *arreglar*
14. Queremos que Uds. _____ también. *ir*
15. Insiste en que nosotros lo _____. *saber*
16. Quiero que tú _____ a mis amigos. *conocer*
17. Quieren que yo se lo _____. *decir*
18. María se alegra de que nosotros le _____ a menudo. *escribir*

e. Siga el modelo.

yo / querer / salir / la / tarde
Yo quiero salir por la tarde.

1. yo / querer / salir / la / tarde
2. yo / querer / Pedro / salir / mañana
3. nosotros / temer / tú / irse
4. ellos / temer / ir / campo
5. ¿preferir / tú / Juan / asistir?
6. Uds. / saber / yo / regresar / miércoles
7. profesor / esperar / nosotras / sacar / bueno / notas
8. ellos / anunciar / tren / llegar / ocho
9. Paco y yo / insistir / comprar / botas / negro
10. capitán / mandar / nosotros / limpiar / cocina

Puerto de las Palmas, Gran Canaria

11. nosotros / alegrarse / tú / venir /
12. tú / saber / nosotros / venir
13. ella / desear / viajar / Hispanoamérica
14. ¿querer / Uds. / yo / componer / máquina?
15. es verdad / Luis / estar / universidad
16. Luis y yo / querer / sentarse / enfrente
17. Luis / querer / yo / sentarse / cerca / él

18. ¿tener / tú / miedo / barco / hundirse?
19. ¿tener / tú / miedo / viajar / barco?
20. ellos / insistir / nosotros / trabajar / sábados /
21. ellos / insistir / trabajar / miércoles
22. señorita / decir / hacer / buen tiempo
23. nosotros / esperar / Uds. / tener / buen viaje

El niño al que se le murió el amigo   161

Hotel Santa Catalina, Las Palmas

f. Cambie las oraciones según el modelo.

Aquéllos son los señores más inteligentes.
Aquéllos son los más inteligentes.

1. Aquéllos son los señores más inteligentes.
2. ¿Conoces al muchacho delgado?
3. No compres la máquina vieja.

4. Ese señor quiere el último billete que queda.
5. De todos los estilos prefiero el estilo colonial.
6. Entre las camareras, Juanita es la camarera más trabajadora.

7. Yo creo que Esteban es el hombre más contento.
8. Estos son los toros superiores.
9. Los bailes regionales son mis favoritos.
10. Prefiero la segadora eléctrica.
11. Nos gusta el perro feo.
12. Viven en la avenida principal.
13. Asistimos a las mismas clases.
14. ¿Viste a las estudiantes venezolanas?

g. Conteste a las siguientes preguntas según el modelo.

¿Qué compra Juan?   *(libros)*
Juan está comprando libros.

¿De qué hablaban Uds.?   *(arte)*
Estábamos hablando de arte.

1. ¿Qué compra Juan?   *(libros)*
2. ¿De qué hablaban Uds.?   *(arte)*
3. ¿Qué anunciaban ellos?   *(los premios)*
4. ¿Qué vendes hoy en la feria? *(chorizos)*
5. ¿Dónde vivían los Martínez? *(la provincia)*
6. ¿Qué trataba de comprar Ud.? *(aquella casa)*
7. ¿Adónde se trasladaban ellos? *(a la capital)*
8. ¿Qué cultivan Uds.?   *(maíz)*
9. ¿De quiénes te despedías? *(unos amigos)*
10. ¿Qué les sirven a Uds.?   *(café)*
11. ¿Qué te enseñaba?   *(su artículo)*
12. ¿Qué hacía el joven?   *(canastas)*
13. ¿Qué construyen Gómez y Farías? *(museo nuevo)*
14. ¿Se levanta Ud.?   *(sí)*

h. Conteste a las preguntas según el modelo.

¿Todavía hablaba Juan?
Sí, seguía hablando.

¿Todavía habla Juan?
Sí, sigue hablando.

1. ¿Todavía hablaba Juan?
2. ¿Todavía habla Juan?
3. ¿Ud. todavía arregla televisores?
4. ¿Todavía comían en casa?
5. ¿Todavía conversan por teléfono?
6. ¿Pedro todavía corta el césped?
7. ¿Todavía lavas el coche cada semana?
8. ¿Carlos todavía sobresale en los exámenes?
9. ¿Todavía se reunían en casa de Alvarez?
10. ¿Uds. todavía querían ser pilotos?
11. ¿Don Pablo todavía juega al golf?
12. ¿Todavía leemos la misma lección?
13. ¿Todavía recibías cartas de Bolivia?

i. Escriba una composición corta sobre la geografía de la América del Sur.

j. Complete las oraciones con la forma apropiada del verbo.

1. Voy a dárselo a él antes de que él me lo _____.   *pedir*
2. Los niños se acuestan antes de que _____ papá.   *volver*
3. El padre trabaja para que los hijos _____ una educación.   *recibir*
4. Se lo diré cuando yo _____.   *querer*
5. No podemos contestar hasta que nosotros _____ la respuesta.   *saber*
6. El no volverá hasta que _____ el sol.   *ponerse*
7. El saldrá antes de que nosotros _____.   *volver*

El niño al que se le murió el amigo   **163**

8. El profesor enseña para que los alumnos _____.   *aprender*

9. Yo haré el viaje con tal que Uds. me _____ el dinero.   *dar*

10. Contestaré en cuanto yo _____ tu carta.   *recibir*

k. Conteste a las preguntas.

1. ¿Cuál es su apellido?
2. ¿De qué se saca zumo?
3. ¿Cómo se llama el terreno entre dos montañas?
4. ¿Cómo se llama la comida del mediodía?
5. Los coches pasan por la vía. ¿En qué caminan los peatones?
6. ¿Quiénes llevan uniforme?
7. ¿Cuál es una bebida caliente? ¿Una fría?
8. ¿Por dónde caminan los pasajeros en un barco?
9. ¿Quiénes usan arado y azadón?
10. ¿Cuál es la estación del año para sembrar?
11. ¿Qué se encuentra en cantidad en un bosque?
12. ¿Cuál es una cosa brillante?
13. ¿De dónde son los porteños?
14. ¿Cuál es lo contrario de una línea curva?
15. En su casa, ¿dónde guardan la carne?
16. ¿Con qué se protegen los animales?
17. ¿Cuál es una cantidad grande de dinero?
18. ¿Cuál es lo contrario de rápido?
19. ¿Qué deporte es popular en la Argentina y en el Brasil?
20. Cuando Ud. se encuentra con un viejo amigo, ¿le da la mano o lo abraza Ud.?
21. ¿Adónde van Uds. a ver dibujos y cuadros importantes?
22. ¿Cuántos dormitorios tiene su casa?
23. ¿Cuáles son dos colores oscuros?
24. ¿Qué sale de la pluma cuando Ud. escribe?
25. ¿Cuándo comienza la temporada del béisbol?
26. Si uno está sucio, ¿qué tiene que hacer?
27. En las casas de campo, ¿de dónde sacan agua?
28. ¿Dónde se encuentran las nubes?

l. Escriba un párrafo que empiece con «Un día, quiero hacer un viaje en barco.»

PARA CONVERSAR

EN LA CASA DE CORREOS

ELENA: Quiero mandar este paquete a Buenos Aires. ¿Cuánto es el franqueo?

EMPLEADO: Pesa medio kilo. Cinco pesos.

ELENA: ¿Por correo aéreo?

EMPLEADO: No, por correo aéreo serán diez pesos.

ELENA: ¿Compro los sellos aquí?

EMPLEADO: No, en la ventanilla de al lado. ¿Quiere Ud. asegurarlo, señorita?

ELENA: Sí, vale cien pesos.

El niño al que se le murió el amigo **165**

VISITANDO LAS PIRAMIDES

L AS PIRAMIDES de Teotihuacán quedan a poco
más de veinticinco millas al noreste de la Ciudad
de México. Esta que vemos aquí es una de las pirámides pequeñas que forman parte de un rectángulo 3 . . o
especie de plaza . . que se llamaba la Ciudadela. Al fondo
hay una pared que forma una terraza y que nos lleva hacia
otra pirámide pequeña a la derecha. Como podemos ver,
esta pirámide está formada por tres terrazas unidas por las

especie *(s.f.)* tipo

terraza *(s.f.)* camino o paso

graderías que conducen a la parte superior. Detrás de ésta, podemos ver la gran Pirámide del Sol.

Es el mediodía y hace mucho calor. Estas cuatro mujeres van por el camino que conduce a las pirámides, y la vista que tenemos al frente es la de un lado de la gran pirámide.

Esta es parte de un templo desaparecido. Todavía podemos ver las cabezas de serpiente y la figura del dios del agua . . . dos símbolos sagrados en el antiguo México.

gradería *(s.f.)* conjunto o serie de gradas, como las de los altares y las de los anfiteatros

conducir *(v.)* llevar, transportar de una parte a otra

templo *(s.m.)* edificio o lugar destinado a un culto o religión

sagrado *(adj.)* relacionado con lo divino

Preguntas

1. ¿Dónde están las pirámides?
2. ¿Qué era la Ciudadela?
3. ¿De qué se formaba la Ciudadela?
4. ¿De qué sirve la pared al fondo?
5. ¿Qué forma tenía la Ciudadela?
6. ¿Hacia dónde conduce la terraza?
7. ¿A qué fue dedicada la pirámide grande?
8. ¿Qué hora es?
9. ¿De qué formaban parte las cabezas de serpiente?
10. ¿Para quiénes eran símbolos sagrados las cabezas de serpiente y el dios del agua?

EXPANSION

a. Sigan el modelo.

Las pirámides quedan al noreste.
sudeste.
Las pirámides quedan al sudeste.

Las pirámides quedan al	noreste.	
	sudeste.	
	noroeste.	
	sudoeste.	

Queda a unos cien kilómetros de aquí.

Queda a unos cien	kilómetros	de aquí.
	metros	
	millas	
	leguas	

Al fondo hay una pared.

Al fondo hay	pared.
	tapia.
	muralla.
	muro.
	cerca.

Es el mediodía y hace buen tiempo.

Es	mediodía	y hace buen tiempo.
	medianoche	
	madrugada	
	atardecer	
	amanecer	

Esta es parte del templo.

Esta es parte	templo.
	capilla.
	iglesia.
	sinagoga.
	catedral.
	mezquita.

b. Contesten a las preguntas.

1. ¿En qué parte de Europa está España?
2. ¿En qué parte de los EE.UU. se encuentra Maine?
3. ¿Dónde en España está Galicia?
4. ¿En qué parte de México está Yucatán?

Visitando las pirámides **167**

5. ¿Cuál representa mayor distancia, la milla o el kilómetro?

6. ¿Cuáles son dos países en dónde emplean la milla?

7. ¿Cuáles son dos que usan el kilómetro?

8. ¿Es la legua una medida más bien moderna o antigua?

9. ¿Qué usan con frecuencia en las ganaderías para contener el ganado?

10. ¿Con qué se rodeaban muchas ciudades durante la Edad Media?

11. ¿De qué color son las paredes de su sala?

12. ¿Tienen Uds. una cerca alrededor del campo de fútbol?

13. ¿Cuál es otra manera de decir las doce de la noche?

14. ¿Aproximadamente a qué hora es la madrugada?

15. ¿Se levanta o se pone el sol al atardecer?

16. ¿Cuál es más grande, una capilla o una iglesia?

17. ¿Cómo se llama el lugar sagrado o templo de los mahometanos?

18. ¿Dónde tienen sus ceremonias los judíos?

ESTRUCTURA

REPASO DE LOS IMPERATIVOS — TU — FORMA AFIRMATIVA

a. Repitan.

Pepito, ¡habla en voz alta!
Pepito, ¡come todo el desayuno!
Pepito, ¡escribe tu lección!

Niño, ¡escribe / ¡pide / ¡repite / ¡asiste / ¡sirve más!

b. Sigan el modelo.

Juanito, ¡arregla éste!
        compra
Juanito, ¡compra éste!

Juanito, ¡arregla / ¡compra / ¡cierra / ¡deja / ¡tira / ¡lava / ¡pinta éste!

Juanito, ¡trae / ¡devuelve / ¡ofrece / ¡lee / ¡escoge / ¡envuelve aquéllos!

c. Contesten a las preguntas según el modelo.

Papá, ¿quieres que compre el periódico?
Sí, cómpralo.

Papá, ¿quieres que yo compre el periódico?
Papá, ¿quieres que yo escriba a abuelita?
Papá, ¿quieres que yo siembre el maíz?
Papá, ¿quieres que yo sirva la comida?
Papá, ¿quieres que yo pinte el cuarto?
Papá, ¿quieres que yo lea los resultados?
Papá, ¿quieres que yo cubra el piano?
Papá, ¿quieres que yo asista al concierto?
Papá, ¿quieres que yo termine pronto?
Papá, ¿quieres que yo pida más café?
Papá, ¿quieres que yo le enseñe la casa?
Papá, ¿quieres que yo envuelva el regalo?
Papá, ¿quieres que yo divida el helado?

REPASO DE LOS IMPERATIVOS — TU — FORMA NEGATIVA

a. Repitan.

Pepito, ¡no hables en voz alta!
Pepito, ¡no comas tanto!
Pepito, ¡no escribas más!

b. Sigan el modelo.

Juanito, ¡no lo tires!
tomes!
Juanito, ¡no lo tomes!

Juanito, ¡no lo | tires!
| tomes!
| siembres!
| compres!
| cierres!
| pintes!
| saques!
| laves!

Juanito, ¡no | vendas
| devuelvas
| leas
| escojas | éstos!
| envuelvas
| bebas

Oye tú, ¡no lo | pidas
| escribas
| repitas
| sirvas | esta tarde!
| cubras
| sufras
| dividas

c. Contesten a las preguntas según el modelo.

¿Debo hablar?
No, no hables.

¿Debo hablar?
¿Debo examinarlos?
¿Debo exhibir los dibujos?
¿Debo recibir a aquellos señores?
¿Debo escoger otros?
¿Debo sorprenderle?
¿Debo dirigirme a la capital?
¿Debo presentarlos?
¿Debo comer en la cafetería?
¿Debo sacudir la ropa?
¿Debo continuar con el trabajo?
¿Debo asistir al baile?
¿Debo leer ese artículo?

d. Sigan las instrucciones.

Carlos, dígale a su amigo que acabe pronto.
Juan, dígale a su hermana que no hable tanto.
Elena, mande a Teresa que le compre una blusa.
Marta, mande a José que no cierre las ventanas.
Anita, dígale a Tomás que arregle la máquina.
Tomás, mande a Sara que le escriba a Ud.
Roberto, mande a Teresa que asista a la conferencia.
Ramón, dígale a Tadeo que no lo divida.
Alicia, mande a su hermano que no beba tanta limonada.
Señorita, mande a su amiga que note bien el estilo.
Miguel, dígale a su hermanito que no pida más helado.

Visitando las pirámides **169**

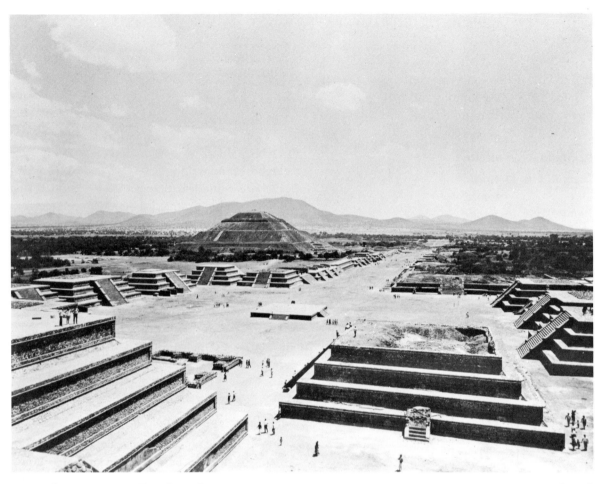

Pirámides, San Juan Teotihuacán

REPASO DE LOS IMPERATIVOS—TU—FORMAS IRREGULARES DEL AFIRMATIVO

a. Repitan.

¿Tengo que decir eso? Sí, di eso.

¿Tengo que hacer más? Sí, haz más.

¿Tengo que ir a la tienda? Sí, ve a la tienda.

¿Tengo que ser bueno? Sí, sé bueno.

¿Tengo que salir temprano? Sí, sal temprano.

¿Tengo que tener cuidado? Sí, ten cuidado.

¿Tengo que poner ése? Sí, pon ése.

¿Tengo que venir mañana? Sí, ven mañana.

b. Sigan el modelo.

Di la verdad.

    eso.

Di eso.

Di
| la verdad.
| eso.
| algo.
| más.
| la razón.

170   *Lección veintiuna*

Haz un surco.

Haz | surco.
canasta.
pozo.
hoyo.
cocido.
cerca.

Ve a la mezquita.

Ve | mezquita.
tienda.
bosque.
estación.
jardín.
mostrador.

Pon el azadón allí.

Pon | azadón
queso
rueda
saco
bombilla
canicas
chorizos | allí.

Sé bueno.

Sé | bueno.
trabajador.
inteligente.
humano.

Sal mañana.

Sal | mañana.
hoy.
esta noche.
el jueves.
ahora.
pronto.

Ten cuidado.

Ten | cuidado.
paciencia.
calma.

Ven a la fiesta.

Ven | fiesta.
concierto.
sala.
patio.
ventana.
terraza.

REPASO DE LOS IMPERATIVOS – TU – FORMAS IRREGULARES DEL NEGATIVO

a. Repitan.

¿Debo decir eso? No, no digas eso.

¿Debo hacer más? No, no hagas más.

¿Debo ponerlo allá? No, no lo pongas allá.

¿Debo salir hoy? No, no salgas hoy.

¿Debo tener cuidado? No, no tengas cuidado.

¿Debo venir el lunes? No, no vengas el lunes.

¿Debo traer un regalo? No, no traigas un regalo.

¿Debo ir al museo? No, no vayas al museo.

¿Debo ser cruel? No, no seas cruel.

b. Sigan el modelo.

No se lo digas a Luis.
*   Pepe.*
No se lo digas a Pepe.

No se lo digas a | Luis.
Pepe.
la profesora.
papá.
Rafael.
Carolina.

Visitando las pirámides   171

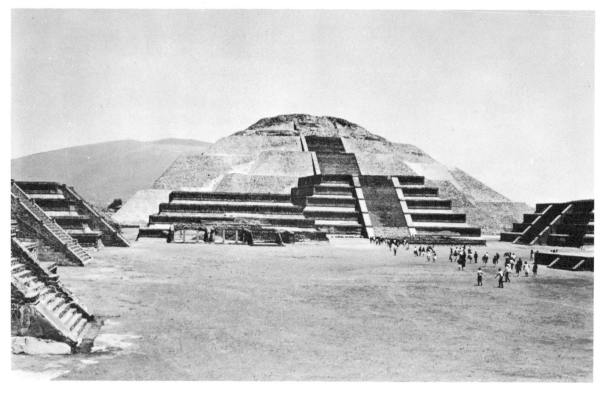

Templo a la Luna

No hagas nada.

No hagas | nada.
 | tanto.
 | más.
 | eso.
 | demasiado.

No vayas al pueblo.

No vayas | pueblo.
 | campo.
 | río.
 | ciudad.
 | centro.
 | valle.

No seas malo.

No seas | malo.
 | así.
 | tonto.
 | difícil.
 | fresco.
 | imposible.
 | feroz.

No salgas sin suéter.

No salgas sin | suéter.
 | abrigo.
 | corbata.
 | chaqueta.
 | sombrero.
 | botas.

c. Sigan el modelo.

Papá, ¿quieres que yo diga la verdad? (sí)
Sí, di la verdad.

Papá, ¿quieres que yo diga la verdad? (no)
No, no digas la verdad.

Papá, ¿quieres que yo diga la verdad? (sí)

Papá, ¿quieres que yo diga la verdad? (no)

Papá, ¿quieres que yo haga un cocido? (sí)

Papá, ¿quieres que yo vaya al centro? (sí)

Papá, ¿quieres que yo haga más
    limonada? (no)

Papá, ¿quieres que yo venga esta tarde? (sí)

Papá, ¿quieres que yo traiga a
    Leonardo? (no)

Papá, ¿quieres que yo venga por
    la noche? (no)

Papá, ¿quieres que yo tenga cuidado? (sí)

Papá, ¿quieres que yo salga con los
    muchachos? (no)

Papá, ¿quieres que yo ponga la lista
    en tu escritorio? (sí)

Papá, ¿quieres que yo me vaya sin
    los documentos? (no)

Papá, ¿quieres que yo salga por la
    mañana? (sí)

Papá, ¿quieres que me ponga el traje
    negro? (no)

Papá, ¿quieres que yo vaya al concierto? (sí)

REPASO DEL COMPARATIVO Y SUPERLATIVO DE ADJETIVOS

a. Repitan.

Juan va a los toros. Es aficionado.

Pepe va más que Juan. Es más aficionado que
    Juan.

Roberto siempre va a los toros. Es el más
    aficionado.

b. Cambien cada oración según el modelo.

Luisa es baja.
Elena
Elena es más baja que Luisa.
Ana
Ana es la más baja.

Luisa es baja.
Elena _____.
Ana _____.

Este trecho es corto.
Ese _____.
Aquel _____.

Estos problemas son difíciles.
Esos _____.
Aquellos _____.

María y Luisa son delgadas.
Susana y Marta _____.
Teresa y Juanita _____.

Doña Elvira es elegante.
Doña Catalina _____.
Doña Juana _____.

Sus terrenos son extensos.
Nuestros _____.
Tus _____.

El león es feroz.
El tigre _____.
El toro _____.

Estas habitaciones son oscuras.
Esas _____.
Aquellas _____.

c. Contesten a las preguntas.

¿Es Ud. más alto que su padre?

¿Quién es el más alto de la clase de español?

¿Cuál de sus clases es la más interesante?

¿Cuáles son más difíciles, las ciencias o las lenguas?

¿Cuál es el estado más grande de los EE.UU.?

¿Qué color es más oscuro, gris o negro?

¿Quién es el estudiante más trabajador?

¿Cuál de las ciudades es más antigua, Madrid o Toledo?

Normalmente, ¿cuál es más ancha, una calle o una avenida?

¿Es México más grande que Cuba?

¿Cuál es la estación más bonita del año?

¿Cuáles son más pequeñas, las plantas o las semillas?

¿Cuál de los metales es el más precioso, el oro, la plata o el hierro?

¿Qué ciudad tiene los edificios más altos?

¿Cuál es el río más largo del mundo?

¿Cuál es más fría, la lluvia o la nieve?

REPASO DE LOS DEMOSTRATIVOS

a. Contesten a las preguntas según el modelo.

¿Cuál de los libros te gusta?
No me gusta éste ni ése, me gusta aquél.

¿Cuál de los libros te gusta?

¿Qué máquinas prefieres?

¿A cuál de las chicas conoces?

¿Cuáles de los quesos vas a comprar?

¿Cuál de los cuadros quieres?

¿En cuál de las cafeterías comiste?

¿Cuál de los tranvías tomas?

¿Cuáles de los toros te interesan?

¿En cuál de los pueblos estuviste?

¿Cuáles de las figuras compraste?

¿Cuál de las listas empleas?

¿Cuáles de las revistas lees?

¿Cuáles de los granos cultivas?

¿Cuál de las pruebas sufres?

¿Cuáles de las mesas sirves?

¿Cuál de las canastas hiciste?

¿Cuál de los frescos examinaste?

¿Cuáles de las semillas sembraste?

¿A cuál de los alumnos invitaste?

VISITANDO LAS PIRAMIDES (CONTINUACION)

AQUI VAMOS siguiendo el camino hacia la base de la gran pirámide. Varias personas pasan por delante de nosotros, y otras tratan de subir sus gradas. Estas tres personas suben con trabajo hacia la cima de la gran pirámide, y desde más arriba podemos ver a unos muchachos que suben rápidamente.

Ya estamos en la cima. Una muchacha camina mirando el paisaje típico mexicano: campos de maíz y de maguey.

Tres muchachas bajan paso a paso por las gradas. Desde abajo podemos ver a muchas personas que descienden y que descansan en las terrazas llamadas descansos, que encontramos de trecho en trecho en la Pirámide del Sol.

Ya en el campo al pie de la pirámide, podemos ver el ganado que impasible pace la hierba. Al partir, nosotros pensamos que la gran Pirámide del Sol que contemplamos ahora fue una vez el templo más importante de la Ciudad de Los Dioses.

cima *(s.f.)* la parte más alta
paisaje *(s.m.)* el terreno considerado artísticamente

descender *(v.)* bajar

impasible *(adj.)* que no puede sentir
pacer *(v.)* comer el ganado la hierba en los campos
partir *(v.)* salir

Visitando las pirámides   **175**

Preguntas

1. ¿Hacia dónde vamos ahora?
2. ¿Por dónde sube la gente?
3. ¿Hasta dónde quieren llegar?
4. ¿Quiénes suben rápidamente?
5. ¿Qué hace la muchacha en la cima?
6. ¿Cómo es el paisaje?
7. ¿Qué tipos de campos se ven?
8. ¿Qué hacen las tres muchachas?
9. ¿Dónde descansa la gente que baja?
10. ¿Cómo se llaman las terrazas que vemos de trecho en trecho?
11. ¿Qué se ve desde el pie de la pirámide?
12. ¿Qué hace?
13. ¿Qué come?
14. ¿Qué miramos antes de marcharnos?
15. ¿Qué fue, en una época, la Pirámide del Sol?

EXPANSION

a. Sigan el modelo.

Esto es la base de su teoría.
        fundamento
Esto es el fundamento de su teoría.

Esto es | la base / el fundamento / lo fundamental / lo básico | de su teoría.

Suben hasta la cima.

Suben hasta | la cima. / el pico. / lo más alto. / el pináculo. / la corona.

Mira qué precioso es el paisaje.

Mira qué precioso es | paisaje. / vista. / aspecto. / perspectiva.

Desde aquí tenemos que ir descendiendo.

Desde aquí tenemos que ir | descendiendo. / bajando. / ascendiendo. / subiendo.

Esas bestias son impasibles.

Esas bestias son | impasibles. / insensibles. / torpes.

A la medianoche partimos para casa.

A la medianoche | partimos / salimos / nos marchamos / nos encaminamos / vamos | para casa.

ESTRUCTURA

EL SUBJUNTIVO CON EXPRESIONES IMPERSONALES

a. Sigan el modelo.

Es mejor que vengan el jueves.
imposible
Es imposible que vengan el jueves.

Es | mejor
posible
imposible
bueno | que vengan el jueves.

Es | probable
necesario
difícil
posible
raro | que no paguen la cuenta.

b. Sigan el modelo.

Ellos hablan en voz alta.
Es necesario
Es necesario que ellos hablen en voz alta.

Ellos hablan en voz alta.
Ellos leen más.
Uds. estudian bien.
Tú no comes tanto.
Yo llego a las seis.
Lo sabemos.
Ellos salen en seguida.
El me lo pide.

El compra la casa.
Es probable
Es probable que él compre la casa.

El compra la casa.
Ellos viven en Santiago.
El hace mucho trabajo.
Ellos no lo saben.
Carlos está en Europa.

El es muy inteligente.
No volvemos a tiempo.
Ellos no se marchan.

Yo trabajo más.
Es imposible
Es imposible que yo trabaje más.

Yo trabajo más.
Comemos fuera esta noche.
Ellos escriben en seguida.
Vienes aquí.
Sales mañana.
Sacamos malas notas.
El niño duerme aquí.
Dormimos en este hotel.

Ellos lo hacen.
Es difícil
Es difícil que ellos lo hagan.

Ellos lo hacen.
Yo llego temprano.
El pasa tanto tiempo aquí.
Me lo dan.
Salimos a esa hora.
Lo vemos hoy.
Lo repetimos.

c. Contesten a las preguntas según la indicación.

¿Ven Uds. la comedia?   (posible)
Es posible que la veamos mañana.

¿Ven Uds. la comedia?   (posible)
¿Llega Juan?   (probable)
¿Asistes al partido?   (mejor)
¿Ellos compran la casa?   (difícil)
¿Llegan Uds. pronto?   (imposible)
¿Los oficiales anuncian los resultados?   (raro)

¿Bernardo hace el trabajo?   *(probable)*
¿Mari-Carmen visita a su abuela?   *(bueno)*

d. Sigan las instrucciones.

Timoteo, pregúntele a Diana si Pepe viene hoy.

Diana, contéstele que es probable que venga esta noche.

Alfonso, pregúnteles a los amigos si piensan ir al campo.

Eugenio, dígale que es imposible que Uds. vayan esta semana.

Josefina, pregúntele a Luisa si va a hacer buen tiempo mañana.

Luisa, contéstele que es probable que llueva.

Antonio, dígales a los muchachos que van muy lentos.

Felipe, contéstele que es mejor que Uds. vayan despacio.

Ana, pregúnteles a las muchachas cómo es el nuevo estudiante.

Victoria, dígale que es imposible que sea guapo.

Subiendo las Pirámides

Mexican National Tourist Council

Plaza, Santiago, Chile

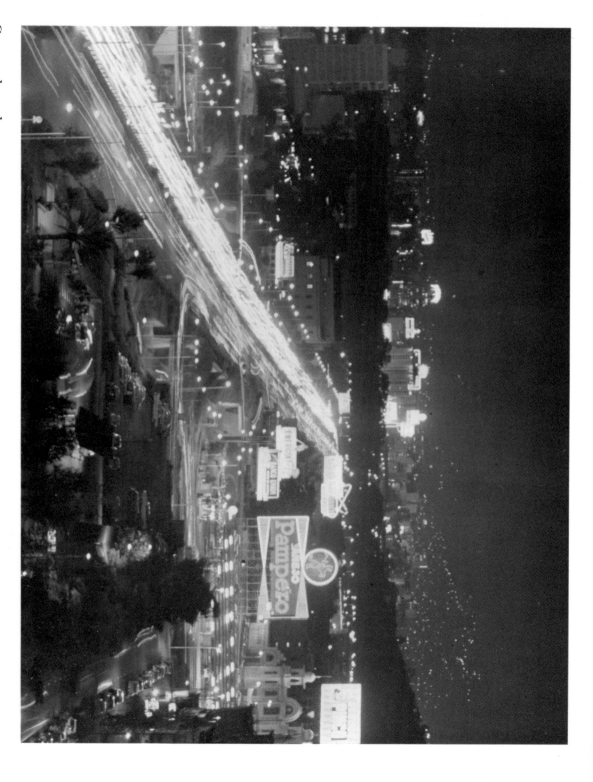

Caracas de noche

Below is a list of expressions which demand the subjunctive:

Es posible.
Es imposible.
Es probable.
Es necesario.
Es bueno.
Es mejor.
Es fácil.
Es difícil.
Es raro.

Analyze the following sentence:

It is necessary for him to study.

Even though it is necessary for him to study, there is no assurance that he will study. Therefore the idea *for him to study* is subjective and must be expressed in Spanish by the subjunctive.

Sigan el modelo.

Vemos la comedia.   *(posible)*
Es posible que veamos la comedia.

Ellos salen mañana.   *(imposible)*
Llego temprano.   *(probable)*
Comes conmigo esta noche.   *(mejor)*
Ella trabaja en la escuela.   *(necesario)*
Uds. escriben cartas.   *(fácil)*
Ud. viene aquí.   *(difícil)*
Tenemos mucho dinero.   *(raro)*

REPASO DE LOS IMPERATIVOS — *UD. Y UDS.*

a. Sigan el modelo.

Señor, ¡pase Ud.!
   ¡hable
Señor, ¡hable Ud.!

Señor, { ¡pase ¡hable ¡tome ¡siéntese ¡observe ¡note ¡continúe } Ud.!

$$
\text{¡No}\begin{vmatrix} \text{coma} \\ \text{beba} \\ \text{escoja} \\ \text{lea} \\ \text{venda} \end{vmatrix}\text{Ud. más, don Raúl!}
$$

$$
\begin{vmatrix} \text{¡Vístase} \\ \text{¡Viva} \\ \text{¡Suba} \\ \text{¡Sirva} \\ \text{¡Repita} \\ \text{¡Escriba} \\ \text{¡Diríjase} \\ \text{¡Asista} \end{vmatrix}\text{como Ud. quiera!}
$$

b. Contesten a las preguntas según el modelo.

¿Hablamos?
Sí, ¡hablen Uds.!

¿Hablamos?
¿Comemos?
¿Asistimos?
¿Acabamos?
¿Volvemos?
¿Bajamos?
¿Subimos?
¿Nos sentamos?
¿Nos reunimos?
¿Descendemos?
¿Contestamos?
¿Exhibimos?
¿Sembramos?
¿Resistimos?

c. Contesten a las preguntas según el modelo.

¿Quiere Ud. que yo venga?
Claro que sí. ¡Venga Ud.!
¿Quiere Ud. que nosotros vengamos?
Claro que sí. ¡Vengan Uds.!

¿Quiere Ud. que yo venga?
¿Quiere Ud. que nosotros vengamos?
¿Quiere Ud. que nosotros lo construyamos?
¿Quiere Ud. que yo le diga cómo ocurrió?
¿Quiere Ud. que hagamos otros?
¿Quiere Ud. que yo pague la cuenta?
¿Quiere Ud. que nos pongamos el sombrero?
¿Quiere Ud. que yo sea bueno?
¿Quiere Ud. que saquemos buenas notas?
¿Quiere Ud. que me siente?
¿Quiere Ud. que tengamos cuidado?
¿Quiere Ud. que yo traiga comida?
¿Quiere Ud. que salgamos con Uds.?
¿Quiere Ud. que yo venga mañana también?

d. Sigan las instrucciones.

Alfredo, mande a los muchachos que traigan limonada.

Angela, dígale a doña Mercedes que tenga paciencia.

Javier, mande a los niños que se pongan el abrigo.

Daniel, dígale al señor que venga mañana.

Miguel, mande a los estudiantes que no hagan ruido.

Pedro, dígales a los señores que le paguen hoy.

Rosa, mande a la señorita que le diga lo que ocurre.

Martín, mande a los niños que sean buenos.

Isabel, dígale a la señora que salga por la puerta principal.

Arturo, dígales a los hombres que no tengan miedo.

LA MEZQUITA DE CORDOBA

sobrenombre apodo (nickname)

sultana mujer del sultán

señorial majestuoso, noble

jardincillo jardín pequeño

surtidor chorro de agua que sale hacia arriba

ambiente lo que rodea a las personas o cosas

serenidad tranquilidad

naranjo árbol que produce naranjas (orange tree)

abundar tener en gran cantidad

oscuridad falta de luz y claridad

espacio extensión de terreno, sitio o lugar

califa título de los príncipes sarracenos

lámpara utensilio para dar luz

aceite líquido de color verde que se saca de la aceituna, la fruta del olivo

perfumar dar fragancia

colgar suspender

techo parte interior y superior de un edificio que lo cubre y lo cierra

cadena (chain)

esclavo persona bajo el dominio de otro; no tiene libertad

quemar consumir con fuego (burn)

incienso substancia que al quemar da olor; se usa en las iglesias

recinto espacio comprendido de ciertos límites

fuera a o en la parte exterior de cualquier espacio

tallar hacer obras de escultura en madera, mármol u otros materiales

En la parte antigua de Córdoba, ciudad que lleva el sobrenombre de «La Sultana,» está la famosísima mezquita-catedral. Si vamos andando hasta la mezquita veremos unas casas señoriales con el clásico patio andaluz, un precioso jardincillo en el interior de la casa. Cada patio suele contener, además de sus flores, un pequeño surtidor o fuente que presta al ambiente una deliciosa serenidad.

Construyeron los moros su mezquita en el mismo lugar donde antes había un templo romano y más tarde una iglesia visigótica.

Desde la calle la vista de la mezquita es poco impresionante. Se entra por el patio de los naranjos, cuyo nombre viene de los árboles que allí abundan. En el patio corren por todas partes los niños con sus juegos infantiles. A la mezquita misma hay siete entradas. Tomamos una. Entramos. Silencio. En la oscuridad sentimos el fresco. Esperamos un momento para que se acostumbren los ojos a la oscuridad. Ahora podemos ver un espacio de cuatrocientos cuarenta pies de largo por veinte de ancho que contiene un bosque de columnas de mármol . . . ochocientas cincuenta en total.

Abderramán I, califa de Córdoba en el año 785, mandó construir la mezquita. Terminó la construcción su hijo Hixem I.

Hay que imaginarse la mezquita en tiempos de los árabes . . . ochocientas lámparas de plata con aceite perfumado colgadas del techo por cadenas también de plata, más trescientos esclavos quemando incienso.

El 29 de junio de 1236, Córdoba y su mezquita cayeron en manos cristianas. Entró en la ciudad el rey de Castilla y León, Fernando III, llamado el Santo.

Aunque los cristianos construyeron una catedral en el mismo recinto de la mezquita, todavía se puede ver y maravillar ante el arte musulmán. Sólo hay que ver el Mihrab . . . por fuera mosaicos hermosos y por dentro un pequeño santuario con una cúpula ricamente tallada de un solo pedazo de mármol.

La mezquita, el patio de los naranjos, las casas señoriales y mucho más se pueden ver en Córdoba «la Sultana.»

Preguntas

1. ¿Dónde en Córdoba se encuentra la mezquita?
2. ¿En esta lectura a qué se refiere la palabra «Sultana»?
3. ¿Dónde se encuentran las casas señoriales?
4. ¿Cómo cree Ud. que serán estas casas?
5. Describa Ud. el patio andaluz. ¿Qué hay en un jardín?
6. ¿Qué son las cosas que dan al patio una sensación de serenidad?
7. ¿De quiénes es obra la mezquita?
8. En dónde hoy está la mezquita-catedral, ¿qué había antes?
9. ¿Cuáles son, pues, las religiones que tenían sus ceremonias en este mismo lugar?
10. Antes de entrar en la propia mezquita, ¿por dónde se pasa?
11. ¿Qué hay allí?
12. ¿Qué hacen los niños?
13. ¿Por cuántas puertas se puede entrar a la mezquita?
14. Al entrar a la mezquita, ¿qué se nota en seguida?
15. Después de entrar, ¿por qué hay que pararse unos momentos antes de seguir por el edificio?
16. ¿Cuáles son las dimensiones interiores de la mezquita?
17. ¿Qué hay en gran cantidad en la mezquita?
18. ¿De qué material son?
19. ¿Qué tiene que ver Abderramán I con la mezquita?
20. ¿Quién era Abderramán?

21. ¿Qué fecha señala el comienzo de la construcción de la mezquita?
22. ¿Quién era Hixem I?
23. En la época de los moros, ¿cómo se iluminaba la mezquita?
24. ¿Qué metal abundaba en el edificio?
25. ¿Qué hacían los trescientos esclavos?
26. ¿Para qué?

27. ¿Cuándo perdieron los moros Córdoba y su mezquita?
28. ¿Quién los conquistó?
29. ¿Cuál es el sobrenombre de aquel rey castellano?
30. ¿Qué levantaron los cristianos dentro de la mezquita?
31. ¿Qué es el «Mihrab»?

PARA ESCRIBIR

a. Emplee las siguientes palabras en oraciones originales según el modelo.

pirámide
Hay pirámides famosas en México igual que en Egipto.

1. pirámide
2. especie
3. terraza
4. sagrado
5. gradería
6. conducir
7. templo

b. Emplee los imperativos según el modelo.

(tú)   ¡Mira esto!
(Ud.) ¡Mire esto!
(Uds.) ¡Miren esto!

1. (tú)   ¡Mira esto!
   (Ud.) ¡————!
   (Uds.) ¡————!

2. (tú)   ¡————!
   (Ud.) ¡Tenga cuidado!
   (Uds.) ¡————!

3. (tú)   ¡————!
   (Ud.) ¡————!
   (Uds.) ¡Acostúmbrense!

4. (tú)   ¡Arregla el horno!
   (Ud.) ¡————!
   (Uds.) ¡————!

5. (tú)   ¡————!
   (Ud.) ¡No diga Ud. más!
   (Uds.) ¡————!

6. (tú)   ¡————!
   (Ud.) ¡————!
   (Uds.) ¡Repitan Uds. la última oración!

7. (tú)   ¡Siéntate!
   (Ud.) ¡————!
   (Uds.) ¡————!

8. (tú)   ¡————!
   (Ud.) ¡No saque Ud. más libros!
   (Uds.) ¡————!

9. (tú)   ¡Sal de aquí!
   (Ud.) ¡————!
   (Uds.) ¡————!

10. (tú)   ¡————!
    (Ud.) ¡No haga Ud. tanto trabajo!
    (Uds.) ¡————!

11. (tú)   ¡————!
    (Ud.) ¡————!
    (Uds.) ¡Escríbanme en seguida!

12. (tú)   ¡Dirígete al presidente!
    (Ud.) ¡————!
    (Uds.) ¡————!

Visitando las pirámides   **183**

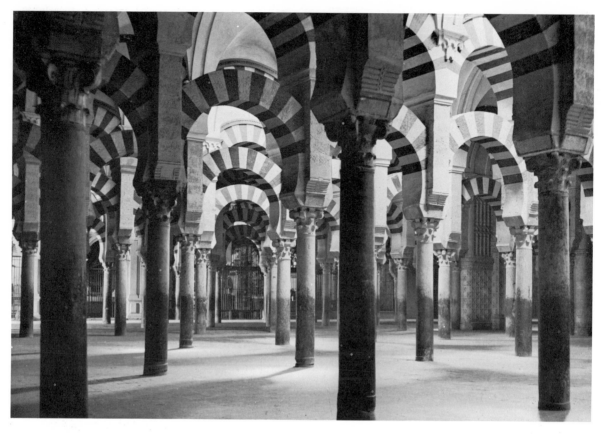

Arcos de la Mezquita, Córdoba

13. (tú)   ¡—————————!
    (Ud.) ¡No le enseñe Ud. la casa!
    (Uds.) ¡—————————!

14. (tú)   ¡——————————————!
    (Ud.) ¡——————————————!
    (Uds.) ¡Váyanse por la carretera nueva!

15. (tú)   ¡Lávate la cara!
    (Ud.) ¡—————!
    (Uds.) ¡—————!

16. (tú)   ¡————!
    (Ud.) ¡Sea bueno!
    (Uds.) ¡————!

17. (tú)   ¡——————————!
    (Ud.) ¡——————————!
    (Uds.) ¡Levántense temprano!

18. (tú)   ¡Ven con nosotros!
    (Ud.) ¡——————!
    (Uds.) ¡——————!

c. Conteste a las preguntas.

1. ¿Quién es más alto, Juan o Paco?
2. ¿Quién es más simpática, María o Teresa?
3. ¿Quiénes son más inteligentes, los chicos o las chicas?

4. ¿Quién es el más alto, Carlos, Juan o Paco?
5. ¿Quién es la más simpática, Carmen, María o Teresa?
6. ¿Qué animal es más feroz, el gato o el tigre?
7. ¿Qué animal es más grande, el perro o el caballo?
8. ¿Qué país es más grande, España o el Brasil?
9. ¿Cuál es la ciudad más grande de los Estados Unidos?
10. ¿Cuál es el chico más alto de la clase de español?

d. Conteste a las preguntas según el modelo.

¿Quieres este libro o aquel libro?
Quiero éste. No quiero aquél.

1. ¿Quieres este libro o aquel libro?
2. ¿Lees esta novela o esa novela?
3. ¿Tomas este autobús o aquel autobús?
4. ¿Prefieres esta casa o aquella casa?
5. ¿Conoces a este chico o a ese chico?
6. ¿Hablas de esta carta o de aquella carta?
7. ¿Vas a comprar este abrigo o aquel abrigo?
8. ¿Comes en este restaurante o en aquel restaurante?
9. ¿Te gustan estas flores o aquellas flores?
10. ¿Vas a plantar estas semillas o aquellas semillas?
11. ¿Quieres estos zapatos o aquellos zapatos?
12. ¿Conoces a esos alumnos o a aquellos alumnos?
13. ¿Cultivas estos granos o aquellos granos?

Patio Cordobés   Spanish National Tourist Office

e. Emplee las siguientes palabras en oraciones originales según el modelo.

base
La base de la pirámide es mucho más grande que la cima.

1. base
2. cima
3. paisaje
4. descender
5. imposible
6. pacer
7. partir

f. Conteste por escrito a las siguientes preguntas según el modelo.

¿Compra Jorge el coche?
Es imposible que Jorge lo compre.
Es necesario que Jorge lo compre.

1. ¿Compra Jorge el coche?
2. ¿Se viste Joselito?

Visitando las pirámides   **185**

Banco Central, Madrid *Iberia Air Lines*

3. ¿Terminan los labradores?
4. ¿Lo comprendes?
5. ¿Se levanta la señora?
6. ¿Miguel Angel y su primo sufren la prueba?
7. ¿Regresa tu amigo?
8. ¿Llegan los oficiales?
9. ¿Hace Ud. bien las cuentas?
10. ¿Examinan Uds. todos los documentos?
11. ¿Envuelve el regalo la vendedora?
12. ¿Dispersan a los rebeldes?
13. ¿Se acostumbran Uds. a la oscuridad?
14. ¿Bajan los jugadores?
15. ¿Se despide don Fernando?

g. Complete con la forma apropiada del verbo.

1. Es posible que él los _____. *ver*

2. Es mejor que tú no _____ esa máquina. *comprar*
3. Es probable que no le _____ la idea. *gustar*
4. Es imposible que ellos _____ a tiempo. *llegar*
5. Es difícil que ellos _____ buena cosecha. *tener*
6. Es raro que ellos no nos _____ a ver. *venir*
7. Es bueno que nosotros _____ tan pronto. *terminar*
8. Es fácil que ellos _____ a hablar con unos amigos. *pararse*

h. Siga el modelo.

Yo / preferir / tú / trabajar
Yo prefiero que tú no trabajes tanto.

1. yo / preferir / tú / trabajar
2. ellos / saber / nosotros / terminar
3. ¿tú / querer / ir / concierto?
4. posible / Pedro / venir
5. nosotros / temer / Uds. / salir
6. Carlos / volver / lunes
7. Antes de que / él / llamar / yo / escribir
8. Juan y yo / subir / para / ver / paisaje
9. Juan y yo / subir / para que / tú / ver / paisaje
10. señor / anunciar / llegada / avión
11. ¿tú / tener miedo / oscuridad?

i. Describa Ud. con un mínimo de 150 palabras un monumento que ha visitado Ud., sea en los EE.UU. o el extranjero. Haga una descripción de la construcción y explique cuál es su uso o qué es lo que conmemora.

PARA CONVERSAR

EN EL BANCO

MARIA: ¿Puedo cobrar este cheque?

EMPLEADO: ¿Por cuánto es?

MARIA: Cien dólares.

EMPLEADO: Sí, favor de endosarlo.

MARIA: Quiero poner cincuenta dólares en mi cuenta de ahorros
y mandar un giro postal de veinticinco. ¿Tiene Ud.
cheques de viajero?

EMPLEADO: Sí, ¿los quiere ahora?

MARIA: No, los compro mañana. ¿Cuál es el cambio de dólares
en pesetas?

EMPLEADO: Cincuenta y ocho pesetas el dólar.

MARIA: Bien, gracias.

EN EL RANCHO GRANDE

AQUI VEMOS A UN ESPECTADOR que está comprando una entrada para asistir a la competencia de charros que hoy tiene lugar en el Rancho Grande de México. El público espera. Los charros, montados en sus caballos fuertes y hermosos, dan una vuelta y siguen hacia los corrales. El locutor con el micrófono en la mano presenta al juez de la competencia de hoy y anuncia el desfile.

competencia *(s.f.)* rivalidad
charro *(s.m.)* un caballista o jinete especial de México
locutor *(s.m.)* persona que habla ante el micrófono
juez *(s.m.)* el que tiene autoridad para juzgar y sentenciar en las cortes
desfile *(s.f.)* acción de marchar en orden y formación

A la cabeza viene un charro que trae los colores nacionales de México: el estandarte verde, blanco y rojo. El presidente del Rancho se pone de pie y saluda con su gran sombrero negro al público que aplaude.

Los charros van de un lado a otro del redondel. Unos caballos pasan corriendo y dos charros a caballo persiguen a dos potros sueltos.

saludar *(v.)* hablar a otro deseándole salud
redondel *(s.m.)* círculo, terreno destinado a la corrida de toros
perseguir *(v.)* seguir al que trata de escapar
potro *(s.m.)* caballo de menos de cuatro años de edad
suelto *(adj.)* rápido, veloz, libre

Preguntas

1. ¿Qué hace el espectador que vemos?
2. ¿Para qué la compra?
3. ¿Qué clase de espectáculo quiere ver?
4. ¿En dónde será la competencia?
5. ¿Qué es lo que espera el público?
6. ¿Cómo se llaman estos caballistas?
7. ¿Qué hace el locutor?
8. ¿Qué lleva el primer caballista?
9. ¿Qué hace la gente cuando el juez los saluda?
10. ¿Qué hacen los charros en el círculo?
11. ¿Cómo corren los potros?
12. ¿Qué hacen dos de los charros con los potros?

EXPANSION

a. Sigan el modelo.

Todos los espectadores miran con atención.
          concurrentes
Todos los concurrentes miran con atención.

Todos los | espectadores / concurrentes / señores | miran con atención.

Es | la competencia / la rivalidad / el combate / la lucha | entre dos grupos iguales.

El | charro / jinete / gaucho / caballista / montador / vaquero | monta a caballo maravillosamente.

Todos escuchan al | locutor. / hablante. / lector.

Emplea el | micrófono / altavoz | para que le podamos oír.

Al ver | el estandarte / el emblema / la insignia / la bandera | supimos el grupo que era.

En el Rancho Grande   189

ESTRUCTURA

EL MODO POTENCIAL

a. Repitan.

Juan compraría el coche.
Ella comería allí.
El asistiría a la competencia.

b. Contesten a las preguntas.

¿Compraría Juan el coche?
¿Miraría Teresa la televisión?
¿Sembraría el labrador en abril?
¿Cenaría temprano tu familia?
¿Esperaría Carlos mucho tiempo?
¿Pasaría por aquí el desfile?
¿Comería allí Elena?
¿Vendería el coche tu hermano?
¿Leería María el periódico?
¿Correría por el corral el potro?
¿Asistiría ella a la competencia?
¿Viviría Enrique en Madrid?
¿Escribiría Carmen la carta?

c. Repitan.

Juan y Carlos comprarían el coche.
Ellas comerían allí.
Ellos asistirían a la competencia.

d. Contesten a las preguntas.

¿Hablarían español los alumnos?
¿Jugarían los chicos al fútbol?
¿Trabajarían los labradores?
¿Llegarían ellos en el invierno?
¿Beberían limonada los niños?
¿Venderían ellos la casa?
¿Traerían ellos los refrescos?
¿Servirían tortillas María y Teresa?
¿Asistirían ellos al desfile?
¿Cubrirían el surco los labradores?

e. Repitan.

Yo compraría el coche.
Comería allí.
Asistiría a la competencia.

f. Contesten a las preguntas.

¿Comprarías las entradas?
¿Esperarías el desfile?
¿Anunciarías el programa?
¿Invitarías a Carlos y a María?
¿Bailarías con él?
¿Comerías en aquel restaurante?
¿Beberías leche?
¿Leerías ese libro?
¿Vivirías en Guatemala?
¿Seguirías estudiando?

g. Repitan.

¿Comprarías el coche?
¿Comerías allí?
¿Asistirías a la competencia?

h. Sigan las instrucciones.

María, pregúntele a Carlos si compraría las entradas.

Carlos, contéstele que compraría las entradas.

Tomás, pregúntele a Carmen si esperaría media hora.

Carmen, contéstele que Ud. esperaría media hora.

Isabel, pregúntele a Enrique si vendería el coche.

Enrique, contéstele que Ud. vendería el coche.

María, pregúntele a Juana si volvería para la
fiesta.
Juana, contéstele que Ud. volvería para la
fiesta.

Carlos, pregúntele a Tomás si preferiría
estudiar ahora.
Tomás, contéstele que Ud. preferiría estudiar
mañana.

Anita, pregúntele a Patricia si serviría la
comida.
Patricia, contéstele que Ud. serviría la comida.

i. Repitan.

Nosotros compraríamos el coche.
Comeríamos allí.
Asistiríamos a la competencia.

j. Contesten a las preguntas.

¿Estudiarían Uds.?
¿Jugarían Uds.?
¿Cortarían Uds. el césped?
¿Trabajarían Uds. en la ciudad?
¿Comerían Uds. aquí?
¿Venderían Uds. el cuadro?
¿Traerían Uds. la limonada?
¿Vivirían Uds. en Bolivia?
¿Escribirían Uds. la carta?
¿Sufrirían Uds. la prueba?

k. Repitan.

¿Comprarían Uds. el coche?
¿Comerían Uds. allí?
¿Asistirían Uds. a la competencia?

l. Sigan las instrucciones.

Carlos, pregúnteles a Tomás y a Paco si
jugarían al béisbol.
Paco, contéstele que Uds. jugarían al béisbol.

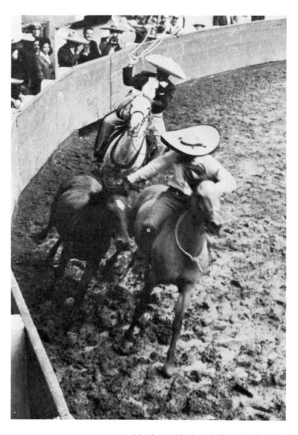

Mexican National Tourist Council
Los Charros, México

María, pregúnteles a Teresa y a Dona si esperarían a Tomás.
Dona, contéstele que Uds. lo esperarían.

Pepa, pregúnteles a Ignacio y a Manuel si
venderían el coche.
Manuel, contéstele que Uds. venderían el
coche.

Roberto, pregúnteles a Josefa y a Ricardo si
leerían el artículo.
Ricardo, contéstele que Uds. leerían el artículo.

Luisa, pregúnteles a Bárbara y a Alicia si
vivirían en Chile.
Bárbara, contéstele que Uds. vivirían en Chile.

En el Rancho Grande **191**

José, pregúnteles a Emilio y a Gustavo si preferirían salir ahora.

Gustavo, contéstele que Uds. preferirían salir ahora.

m. Sigan el modelo.

Es posible que Juan lo compre.
Es posible que Juan lo compre pero yo no lo compraría.

Es posible que Juan lo compre.
Es posible que Juan trabaje.
Es posible que Juan los pinte.
Es posible que Juan observe.
Es posible que Juan lo arregle.
Es posible que Juan baje.
Es posible que Juan corte el césped.
Es posible que Juan cene temprano.
Es posible que Juan lo deje para mañana.
Es posible que Juan coma allí.
Es posible que Juan venda el coche.
Es posible que Juan lo beba.
Es posible que Juan escriba la carta.
Es posible que Juan viva en Santiago.
Es posible que Juan cubra el surco.

n. Cambien las oraciones en preguntas según el modelo.

Nosotros no estudiaríamos más.
¿Estudiarías tú más?

Nosotros no estudiaríamos más.
Nosotros no esperaríamos.
Nosotros no le hablaríamos.
Nosotros no los invitaríamos.
Nosotros no jugaríamos el viernes.
Nosotros no limpiaríamos el corral.
Nosotros no regresaríamos tan pronto.
Nosotros no nos pararíamos allí.
Nosotros no nos sentaríamos en frente.
Nosotros no ofreceríamos el dinero.

Nosotros no comeríamos allí.
Nosotros no venderíamos la casa.
Nosotros no traeríamos tanto dinero.
Nosotros no beberíamos café.
Nosotros no escribiríamos nada.
Nosotros no viviríamos allí.
Nosotros no serviríamos chorizos.

o. Contesten a las preguntas según el modelo.

Yo no escribiría nada, ¿y Uds.?
Nosotros no escribiríamos nada tampoco.

Yo no escribiría nada, ¿y Uds.?
Pedro no resistiría el frío, ¿y tú?
Ellos no asistirían a la ópera, ¿y Ud.?
Ella no se vestiría de negro, ¿y las señoras?
Yo no viviría allí, ¿y Ud. y su familia?
Uds. no sufrirían esa prueba, ¿y los estudiantes?
Tú no servirías tortillas, ¿y yo?
Ud. no cubriría el surco, ¿y los labradores?
Yo no estudiaría, ¿y Uds.?
El no trabajaría, ¿y Eduardo?
Ellos no llamarían, ¿y nosotros?
Carlos no lo compraría, ¿y tú?
María no lo ofrecería, ¿y Uds.?
Yo no comería allí, ¿y ellos?
Ellos no lo venderían, ¿y tú?

p. Sigan las instrucciones.

Benjamín, pregúntele a Salvador cuál de los coches compraría.

Benjamín, contéstele que compraría el verde.

Susana, pregúntele a Sarita con cuál de los chicos bailaría.

Sarita, contéstele que Ud. bailaría con todos.

Antonio, pregúnteles a los chicos a quiénes llamarían.

Felipe, contéstele que Uds. llamarían a los estudiantes nuevos.

Gerardo, pregúntele a Tomás si escribiría otro artículo.

Tomás, dígale que lo escribiría sólo para una revista importante.

Anita, pregúnteles a las chicas cómo dividirían el trabajo.

Elisa, contéstele que Uds. lo dividirían en partes iguales.

Elvira, pregúntele a Ignacio en qué parte de Madrid viviría.

Ignacio, contéstele que Ud. preferiría vivir en el Madrid viejo.

Enrique, pregúntele a Paquito cuál de las máquinas escogería.

Paquito, contéstele que Ud. escogería la alemana.

The conditional mood is formed by adding appropriate endings to the infinitive of the verb. Note that the endings for the conditional mood are the same as those used for the imperfect tense of **-er** and **-ir** verbs.

hablaría	**comería**
hablarías	**comerías**
hablaría	**comería**
hablaríamos	**comeríamos**
(hablaríais)	**(comeríais)**
hablarían	**comerían**

viviría
vivirías
viviría
viviríamos
(viviríais)
vivirían

Cambien las oraciones del presente en el potencial.

Estudiamos ahora.
Escriben cartas a sus padres.
No bebo agua.
Compra un coche enorme.
Asiste a la ópera.
Hablan español en Madrid.

¿DONDE ESTA RAMON?

LUIS: ¿Has hablado con Ramón?

CARMEN: No, porque no ha estado aquí
          hoy.

LUIS: ¿Te han informado de adónde
          ha ido?

CARMEN: No. Sin duda se ha marchado
          al campo.

LUIS: ¡Y no le hemos hablado todavía!

Preguntas

1. ¿Ha hablado Carmen con Ramón?
2. ¿Por qué no ha hablado con él?
3. ¿Le han informado a Carmen?
4. ¿Adónde cree Carmen que se ha marchado
   Ramón?

ESTRUCTURA

EL PRESENTE PERFECTO

a. Cambien las oraciones para emplear los verbos indicados según el modelo.

> Ramón ha hablado.
>
> (acabar) Ramón ha acabado.

Ramón ha hablado.

(acabar) _____.
(bajar) _____.
(caminar) _____.
(cambiar) _____.
(comenzar) _____.
(jugar) _____.
(esperar) _____.

¿Qué han notado ellos?

(observar) ¿_____?
(preparar) ¿_____?
(pintar) ¿_____?
(pensar) ¿_____?

¿Has hablado?

(acabar) ¿_____?
(viajar) ¿_____?
(trabajar) ¿_____?
(recordar) ¿_____?

Me he levantado.

(sentarse) _____.
(acostarse) _____.
(lavarse) _____.
(trasladarse) _____.

Tú y yo no hemos dejado nada.

(descansar) _____.
(enseñar) _____.
(estudiar) _____.
(limpiar) _____.
(necesitar) _____.

b. Contesten a las preguntas según el modelo.

> ¿Qué han notado ellos?
> Ellos no han notado nada.

¿Qué han notado ellos?
¿Qué han observado ellos?
¿Qué han arreglado ellos?
¿Qué han anunciado ellos?
¿Qué han comprado ellos?

c. Contesten a las preguntas según el modelo.

> ¿Cuánto ha entregado Leopoldo?
> Leopoldo ha entregado mucho.

¿Cuánto ha entregado Leopoldo?
¿Cuánto ha estudiado Leopoldo?
¿Cuánto ha jugado Leopoldo?
¿Cuánto ha mostrado Leopoldo?

d. Contesten a las preguntas según el modelo.

> ¿Han hablado Uds. antes?
> No, nunca hemos hablado.

¿Han hablado Uds. antes?
¿Han pagado Uds. antes?
¿Han sembrado Uds. antes?
¿Han descansado Uds. antes?

e. Contesten a las preguntas según el modelo.

> ¿Te has levantado?
> Sí, ya me he levantado.

¿Te has levantado?
¿Te has lavado?

Los Charros, México

Mexican National Tourist Council

¿Te has acostumbrado?
¿Te has parado?
¿Te has refugiado?
¿Te has sentado?
¿Te has trasladado?

f. Sigan las instrucciones.

Andrés, pregúntele a Florinda si ha comprado otro vestido.

Florinda, dígale que Ud. todavía no ha comprado nada.

Alicia, pregúnteles a las amigas si han preparado la lista.

Ana, dígale que hace tiempo que la han preparado.

Jacinta, pregúntele a Agustín si ha comprado los chorizos.

Agustín, contéstele que Ud. ha comprado los chorizos.

Carlos, pregúntele a Juan por qué no ha terminado la tarea.

Juan, dígale que porque Ud. ha estado enfermo.

The present tense of the verb **haber** [haver] is conjugated as follows:

he	hemos
has	habéis
ha	han

The past participle of **–ar** verbs is formed by dropping the infinitive ending and adding **–ado.**

hablar	hablado
mirar	mirado
esperar	esperado
estudiar	estudiado

The present perfect tense is formed by using the present tense of the verb **haber** plus the past participle.

he hablado	hemos hablado
has hablado	(habéis hablado)
ha hablado	han hablado

The past participle is invariable when used with the verb **haber.** All object pronouns precede the verb **haber.**

Me he levantado.
Carlos me ha hablado.
Lo hemos estudiado.
Las han comprado.

The present perfect tense is used to express an action that was completed in the recent past.

Carlos ha llegado esta mañana.
Hace poco que le he hablado.

Cambien las oraciones en el presente perfecto.

Tomás no habla.
Los invitamos a la fiesta.
Mis amigos compran libros.
María espera mucho.
Estudio la lección.
Jugamos en el parque.
Le dan un regalo.

UNA VISITA

ABUELA: Pepito, ¿cuándo has venido?

PEPE: Esta mañana. He conducido toda la noche.

ABUELA: ¿Has comido?

PEPE: He bebido una limonada.

ABUELA: ¿Te he entendido bien?

PEPE: Es que no he tenido hambre, abuelita.

ABUELA: No digas más. Sube, sube. Todos querrán verte.

Preguntas

1. ¿A quién visita Pepito?
2. ¿Cuándo ha venido él?
3. ¿Cómo ha viajado?
4. ¿Quién ha conducido?
5. ¿Ha comido el muchacho?
6. Según Pepe, ¿por qué ha o no ha comido?
7. ¿Le cree la abuela?
8. ¿Qué quiere la abuela que haga Pepe? ¿Por qué?

ESTRUCTURA

PRESENTE PERFECTO – VERBOS EN –ER E –IR

a. Cambien las oraciones para emplear los verbos indicados según el modelo.

Alfonso no ha venido.
(comer)
Alfonso no ha comido.

Alfonso no ha venido.

(comer)   _____.
(poder)   _____.
(descender)   _____.
(comprender)   _____.
(leer)   _____.

¿Qué han escogido tus padres?

(entender)   ¿_____?
(servir)   ¿_____?
(recibir)   ¿_____?
(pedir)   ¿_____?
(preferir)   ¿_____?
(leer)   ¿_____?

¿Has venido?

(comer)   ¿_____?
(asistir)   ¿_____?
(salir)   ¿_____?
(subir)   ¿_____?
(entender)   ¿_____?

Lo he repetido.

(convertir)   _____.
(conducir)   _____.
(vender)   _____.
(traer)   _____.
(entender)   _____.
(recibir)   _____.

No hemos vendido nada.

(beber)   _____.
(dividir)   _____.
(compartir)   _____.
(leer)   _____.
(entender)   _____.
(comer)   _____.

b. Contesten a las preguntas según el modelo.

¿Quién no ha comido?
Fernando no ha comido.

¿Quién no ha comido?
¿Quién no ha podido ir?
¿Quién no ha oído?
¿Quién no ha escogido?
¿Quién no se ha detenido?

c. Contesten a las preguntas según el modelo.

¿Han comido ellos?
No, todavía no han comido.

¿Han comido ellos?
¿Han leído ellos?
¿Lo han recibido ellos?
¿Lo han dividido ellos?
¿Han escogido ellos?
¿Han entendido ellos?

d. Contesten a las preguntas según el modelo.

¿Has descendido?
No, todavía no he descendido.

¿Has descendido?
¿Has conducido?

En el Rancho Grande   **199**

¿Has exhibido?
¿Has entendido?
¿Has leído?

e. Contesten a las preguntas según el modelo.

¿Han asistido Uds. antes?
Sí, ya hemos asistido.

¿Han asistido Uds. antes?
¿Han venido Uds. antes?
¿Han subido Uds. antes?
¿Han pedido Uds. antes?

f. Sigan las instrucciones.

Constancia, pregúntele a Arnaldo si ha recibido la carta.
Arnaldo, contéstele que hasta ahora no la ha recibido.

Ignacio, pregúnteles a los amigos si han sufrido la prueba.
Julián, dígale que todavía no la han sufrido.

Victoria, dígale a mamá que Ud. no ha podido preparar la comida.
Mamá, dígale que Ud. ya la ha preparado.

Carolina, pregúntele a Marta si los niños se han acostado.
Marta, dígale que Ud. cree que se han acostado.

Cristóbal, pregúntele a Timoteo si se ha protegido del sol.
Timoteo, contéstele que sí, que Ud. se ha protegido.

Rubén, pregúntele a José qué es lo que ha querido ese señor.
José, dígale que ha querido cambiar dinero.

The past participle of **–er** and **–ir** verbs is formed by dropping the infinitive ending and adding **–ido.**

comer	**comido**
beber	**bebido**
entender	**entendido**
vivir	**vivido**
subir	**subido**
recibir	**recibido**

Cambien las oraciones en el presente perfecto.

Nosotros recibimos buenas notas.
Carlos subió.
Comimos muchas frutas.
Entendieron.
¿Viviste en Chile?
Lupe salió con su familia.

EN OBRAS

GOMEZ: ¿Has visto lo que han hecho?

ORTIZ: No, no lo he visto.

GOMEZ: Han cubierto toda la acera.

ORTIZ: Pero han dicho que no lo iban a hacer.

GOMEZ: Mira el anuncio que han puesto.

ORTIZ: ¿Qué han escrito?

GOMEZ: Han escrito que se prohibe la entrada.

Preguntas

1. ¿Qué es lo que han hecho?
2. ¿Quién lo ha visto?
3. ¿Quién no lo ha visto?
4. ¿Qué han dicho en el anuncio?

En el Rancho Grande   201

ESTRUCTURA

PRESENTE PERFECTO DE LOS VERBOS IRREGULARES

a. Sigan el modelo.

Ya lo he dicho.
         puesto.
Ya lo he puesto.

Ya lo he
| puesto.
| escrito.
| hecho.
| dicho.
| cubierto.
| descubierto.
| visto.

b. Contesten a las preguntas según el modelo.

¿Lo vas a decir?
Pero, muchacho, ya lo he dicho.

¿Lo vas a decir?
¿Lo vas a hacer?
¿Lo vas a cubrir?
¿Lo vas a descubrir?
¿Lo vas a escribir?
¿Lo vas a ver?

c. Sigan el modelo.

No van a ver eso otra vez porque
No van a ver eso otra vez porque ya lo han
  visto.

No van a ver eso otra vez porque
No van a escribir eso otra vez porque
No van a descubrir eso otra vez porque
No van a cubrir eso otra vez porque
No van a hacer eso otra vez porque
No van a decir eso otra vez porque

d. Contesten a las preguntas según el modelo.

¿Es verdad que se murió Gregorio?
Sí, pobre Gregorio se ha muerto.

¿Es verdad que se murió Gregorio?
¿Es verdad que se murieron los Villa?
¿Es verdad que se murió tu tío?
¿Es verdad que se murieron sus abuelos?
¿Es verdad que se murió el perro?

e. Contesten a las preguntas según el modelo.

¿Dónde van a poner el escritorio?
Si ya lo han puesto aquí.

¿Dónde van a poner el escritorio?
¿Dónde van a poner los pescados?
¿Dónde van a poner los novillos?
¿Dónde van a poner la paja?
¿Dónde van a poner los platos?

f. Contesten a las preguntas según el modelo.

¿Cuándo volvió Ramón?
Hace tiempo que ha vuelto.

¿Cuándo volvió Ramón?
¿Cuándo volvieron tus amigos?
¿Cuándo volvió la señorita?
¿Cuándo volvieron tus padres?
¿Cuándo volviste?
¿Cuándo volvieron Uds.?

g. Sigan las instrucciones.

Luisa, pregúntele a María si ha vuelto su hermana.

María, contéstele que no, que todavía no ha vuelto.

Tomás, pregúntele al niño si es verdad que ha muerto el perro.

Luisito, dígale que sí, que ha muerto.

Señor, pregúnteles a los obreros dónde han puesto las máquinas.

Sánchez, dígale que Uds. las han puesto abajo.

Marcos, pregúntele a Lola si ha visto la comedia nueva.

Lola, dígale que sí, que Ud. ya la ha visto.

Pablo, pregúntele a Rafael quién ha descubierto la razón.

Rafael, dígale que Leonor la ha descubierto.

Anita, pregúnteles a los muchachos si han hecho todo el trabajo.

Manuel, dígale que todavía no lo han hecho.

Lorenzo, pregúntele a Emilia si ha escrito a sus tíos.

Emilia, dígale que hace una semana que Ud. les ha escrito.

Antonio, pregúntele a José si ha cubierto todas las semillas.

José, dígale que Ud. ha cubierto todas.

Francisco, dígale a Juan que Ud. no ha visto lo que él ha hecho.

Juan, dígale que Ud. no ha hecho nada.

The following verbs have irregular past participles:

escribir	escrito
cubrir	cubierto
descubrir	descubierto
hacer	hecho
decir	dicho
poner	puesto
volver	vuelto
morir	muerto
ver	visto

Cambien cada oración en el presente perfecto.

Arnaldo escribe unas cartas.

La niña cubre la mesa.

Los indios descubren mucho oro.

¿Qué hace Juan?

Mamá nos lo dice.

¿A quién ven las niñas?

EL PRESENTE PERFECTO DEL SUBJUNTIVO

a. Sigan el modelo.

Es posible que lo hayamos conocido.
        haya
Es posible que lo haya conocido.

Es posible que lo | hayamos | conocido.
                  | haya |
                  | hayas |
                  | hayan |

b. Contesten a cada pregunta, empleando en la respuesta el verbo en el presente perfecto del subjuntivo según el modelo.

¿Ha llegado Ricardo?
Es probable que haya llegado.

¿Ha llegado Ricardo?
¿Lo han entendido Uds.?
¿Se han acostado los niños?
¿Has sacado mala nota en la prueba?

Bailando Durante una Charreada

Mexican National Tourist Council

¿Pepe ha visto el desfile?
¿Han subido los señores?
¿He hecho bien el trabajo?
¿Se han ido los muchachos?
¿Ha escrito Ud. a tiempo?
¿Han descubierto el secreto?
¿La señorita ha envuelto el regalo?
¿Han cubierto el surco bien tú y Manuel?
¿Rodríguez ha dicho la verdad?

c. Contesten a las preguntas según el modelo.

¿Has sacado un sobresaliente en el examen?
Espero que lo haya sacado.

¿Has sacado un sobresaliente en el examen?
¿Ha llegado Juan?
¿Han recibido Uds. las entradas para la corrida?
¿Se ha levantado Roberto?
¿Teresa ha limpiado la cocina?
¿Han notado los cambios aquellos señores?
¿Ha pagado Ud. esa cuenta?
¿Los estudiantes se han quedado contentos?
¿Ha vuelto del frente el general?
¿Por fin has dominado el inglés?

d. Cambien las oraciones según el modelo.

Luis sacó un sobresaliente.
Es posible que Luis haya sacado un sobresaliente.

Luis sacó un sobresaliente.
No lo dijimos bien.
Ellos viajaron por Europa.
Marta trajo su televisor.
La profesora vivió en Chile.
Ese señor salió hace poco.
Ernesto vendió su coche.
Pablo y Juan regresaron de Portugal.
Ocurrió en febrero.

Mexican National Tourist Council

Shottis, Baile del Norte de México

e. Cambien las oraciones según el modelo.

Esperan que tú lo compres.
Esperan que tú lo hayas comprado.

Esperan que tú lo compres.
Es posible que no lleguen a tiempo.
Temo que tú no leas la lección.
Papá se alegra de que nosotras aprendamos el español.
Me alegro de que Uds. puedan exhibir sus cuadros.
Deseamos que tengas una buena cosecha.
Todos esperan que bajen los precios.
No creo que acaben tan pronto con la construcción.
Temen que no hagamos bien el trabajo.

En el Rancho Grande **205**

The present subjunctive of the verb **haber** is conjugated as follows:

> **haya**   *might have*
> **hayas**
> **haya**
>
> **hayamos**
> **(hayáis)**
> **hayan**

To form the present perfect subjunctive, the present subjunctive of **haber** is used with the past participle.

> **haya dicho**
> **hayas dicho**
> **haya dicho**
>
> **hayamos dicho**
> **(hayáis dicho)**
> **hayan dicho.**

The present perfect subjunctive is used if the action in the dependent clause took place prior to that of the main clause.

> **Espero que hayan llegado.**
> **Es probable que alguien se lo haya dicho.**

Cambien las siguientes frases según el modelo.

Espero que Carlos llegue.
Espero que Carlos haya llegado.

Espero que Carlos llegue.
Es posible que Teresa termine.
Espero que Uds. lo digan.
Es posible que estés enfermo.
Esperan que yo comprenda.

EN EL RANCHO GRANDE (CONTINUACION)

LOS NOVILLOS salen dando saltos y tratando de derribar a los jinetes que llevan sobre el lomo. El novillo blanco es rápido y mañoso. El público contempla el espectáculo con admiración. Miran a los charros que rodean al novillo blanco hasta que lo sacan del redondel. Otro jinete tira la soga a un novillo para enlazarlo por las patas.

Ahora comienza el pase a la raya, en el cual el charro, tirando de la cola al novillo, trata de derribarlo antes de que éste llegue a la raya que marca la entrada del redondel. Este charro ha ganado la competencia.

En el centro del redondel se ha colocado una tarima donde dos jóvenes bailan al compás de la banda mariachi. El joven, vestido de charro, baila con las manos cogidas por detrás. La joven, levantando la ancha falda campesina, da vueltas al compás de la música.

Todo este espectáculo tiene lugar en un ambiente de alegría que nos revela un aspecto importante del alma mexicana.

novillo *(s.m.)* toro de menos de tres años
salto *(s.m.)* acción de levantarse del suelo para dejarse caer en el mismo sitio
derribar *(v.)* tirar al suelo
lomo *(s.m.)* la espalda de un animal cuadrúpedo
mañoso *(adj.)* que tiene vicio o malas costumbres
enlazar *(v.)* aprisionar un animal tirándole el lazo de la soga (to lasso)
pata *(s.f.)* pie y pierna de los animales
raya *(s.f.)* una línea
cola *(s.f.)* extremidad posterior del cuerpo de algunos animales
colocar *(v.)* poner a una persona o cosa en su lugar
tarima *(s.f.)* plataforma
coger *(v.)* tomar, recoger
alma *(s.f.)* substancia espiritual e inmortal del hombre

Preguntas

1. ¿Qué hacen los novillos al salir?
2. ¿Dónde están los jinetes?
3. ¿Cómo es el novillo blanco?
4. ¿Cuál es la actitud de los espectadores?
5. ¿Quiénes sacan al novillo del redondel?
6. ¿Qué hace el charro para derribar al novillo?
7. ¿Qué hace el charro cuando comienza el pase a la raya?
8. ¿Dónde se encuentra la tarima?
9. ¿Para qué sirve la tarima?
10. ¿Quiénes tocan la música?
11. ¿Quiénes bailan?
12. ¿Qué ropa llevan?
13. ¿Cuál es el ambiente en el Rancho Grande?

EXPANSION

a. Sigan el modelo.

El novillo salió corriendo del corral.
    toro
El toro salió corriendo del corral.

El novillo	
El toro	
El ternero	salió corriendo del corral.
La vaca	
La vaquilla	

De repente el caballo dio un	salto.
	brinco.

El charro trataba de	tirar	al novillo.
	derribar	
	hacer caer	
	voltear	

Con la soga	enlazó	a los novillos.
	ató	
	ligó	
	unió	
	amarró	

Nuestro partido	ganó	otra vez.
	triunfó	
	salió vencedor	
	se llevó la palma	
	salió triunfante	
	cantó victoria	

Los jóvenes bailaban en	la tarima.
	el suelo.
	la plataforma.
	el tablado.

No es cuestión del cuerpo sino del	espiritú.
	alma.
	interior.
	ánimo.

ESTRUCTURA

EL MODO POTENCIAL — VERBOS IRREGULARES

a. Cambien las oraciones del tiempo futuro en el modo potencial según el modelo.

Parece que Raúl saldrá mañana.   *(yo)*
Pues, yo saldría mañana.

Parece que Raúl saldrá mañana.   *(yo)*

Parece que ellos tendrán que asistir.   *(tú)*

Parece que Martín los pondrá allí.   *(ellos)*

Parece que Luisa dirá la verdad.   *(nosotros)*

Parece que Tomás hará el trabajo.   *(Uds.)*

Parece que Uds. podrán acabar mañana.
    (Juan y yo)

Parece que tu mamá vendrá a vernos.   *(tus padres)*

b. Sigan las instrucciones.

Alberto, pregúntele a Jorge si podría hacer el trabajo pronto.

Jorge, dígale que Ud. lo haría.

Bárbara, pregúnteles a las señoritas dónde pondrían ellas el frigorífico.

Elena, contéstele que Uds. lo pondrían en el rincón.

Javier, pregúntele a Carlos si él saldría de esa casa.

Carlos, contéstele que no, que Ud. nunca saldría de allí.

Ignacio, pregúntele a Tadeo quién tendría que terminar la construcción.

Tadeo, contéstele que otra compañía lo haría.

Juanita, pregúntele a Sara si la vendría a ver al campo.

Sara, dígale que Ud. iría a verla con mucho gusto.

Jaime, pregúntele a Nicolás si le podría prestar veinte pesos.

Nicolás, contéstele que Ud. se los prestaría pero sólo tiene quince.

Carolina, pregúnteles a los señores qué harían en ese caso.

Señores, contéstenle que Uds. harían lo necesario.

Julio, pregúntele a Mariano cuánto tendría Ud. que pagar.

Mariano, contéstele que él tendría que pagar veinte mil pesetas.

En el Rancho Grande   **209**

Each of the following verbs has an irregular stem for the conditional mood. Note that the stem for the conditional is the same as that for the future.

salir	saldría
tener	tendría
poner	pondría
venir	vendría
poder	podría
hacer	haría
decir	diría
querer	querría

Contesten a las preguntas según el modelo.

¿Ya salió Hortensia?
No sé, pero dijo que saldría.

¿Ya salió Hortensia?
¿Tuvo que ir Alberto?
¿Hicieron todo el trabajo los peones?
¿Vino Alfonso?
¿Dijeron ellos lo que ocurrió?
¿Pusieron las máquinas en el camión?
¿Hizo Pablo su tarea?
¿Pudo Alicia ir al baile?

REPASO DEL PRETERITO — VERBOS IRREGULARES

a. Sigan el modelo.

Ellos no estuvieron ayer.
         supieron
Ellos no supieron ayer.

Ellos no | estuvieron / supieron / anduvieron / pudieron | ayer.

¿Anduviste / ¿Tuviste / ¿Estuviste / ¿Supiste | bastante?

Yo no | pude / supe / tuve que | ir.

Fiesta colombiana

South America Travel Digest

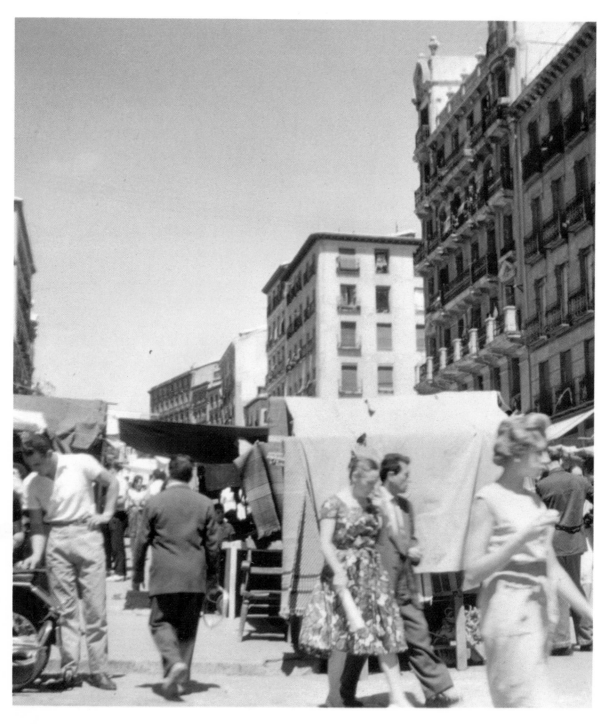

El Rastro, Madrid

P. E. Woodford

Juan | pudo
anduvo
supo
estuvo | la semana pasada.

Todos | dijimos
hicimos
quisimos
pusimos | lo mismo.

Ellos no | dijeron
hicieron
quisieron
pusieron | más.

Guillermo | dijo
hizo
quiso
puso | demasiado.

b. Contesten a las preguntas según el modelo.

Juan pudo ir, ¿y tú?
Yo pude ir también.

Juan pudo ir, ¿y tú?
Yo anduve toda la tarde, ¿y Uds.?
Yo supe la verdad, ¿y ellos?
Nosotros estuvimos ocho horas, ¿y Uds.?
Tú tuviste que regresar, ¿y Ramón?
Rosalía supo quien era, ¿y Ud.?
Pablo anduvo, ¿y Elena?
Ellos estuvieron hasta el fin, ¿y Lorenzo?
Miguel tuvo bastante tiempo, ¿y tus amigos?
Ana estuvo con nosotros, ¿y Pepe y Clarita?
Marcos pudo terminar, ¿y Uds.?
Yo tuve que trasladarme, ¿y tú?
Ignacio pudo acostumbrarse, ¿y Uds.?
Ellos anduvieron mucho, ¿y tú?

c. Sigan el modelo.

¿Qué dijiste?
hiciste?
¿Qué hiciste?

¿Qué | dijiste?
hiciste?
quisiste?
pusiste?

No | dije
hice
quise
puse | nada.

d. Contesten a las preguntas según el modelo.

¿Tú harás el trabajo?
Hombre, ya lo hice.

¿Tú harás el trabajo?
¿Ellos dirán lo que ocurrió?
¿Pedro querrá marcharse?
¿Carolina se pondrá la falda nueva?
¿Dirá Ud. la verdad?
¿Lo pondrán Uds. allí?
¿Hará Ud. las herraduras?
¿Haré yo el mejor dibujo?
¿Dirán Uds. todo?

e. Sigan las instrucciones.

Claudio, pregúntele a Clara qué hizo entonces.
Clara, contéstele que entonces Ud. le dijo la verdad.

Antonio, pregúnteles a los chicos qué es lo que quisieron hacer.
Geofredo, dígale que Uds. quisieron ir a la playa.

Susana, pregúntele a su amiga por qué se puso tan contenta.

Inés, contéstele que se puso contenta porque Ud. pudo ir a la fiesta.

Adela, pregúntele a Mariana si se puso el sombrero nuevo.

Mariana, contéstele que no, que Ud. se puso el verde.

Rodrigo, pregúntele a Julián qué quisieron comprar los turistas.

Julián, dígale que quisieron comprar canastas.

f. Contesten a las preguntas según el modelo.

Pedro no fue a Veracruz, ¿fue Luis?
No, Luis no fue tampoco.

Pedro no fue a Veracruz, ¿fue Luis?
Nosotros no fuimos a la capital, ¿fueron Uds.?

Uds. no fueron a las pirámides, ¿fueron los turistas?

Yo no fui ayer, ¿tú fuiste?

Hortensia no fue a la fiesta, ¿fueron Ud. y Leonor?

Carlos no fue al parque, ¿fue Timoteo?

Bárbara y yo no fuimos al museo, ¿fue Ud.?

Federico no fue, ¿fueron tú y Martín?

g. Contesten a las preguntas según el modelo.

¿Quién fue el que llamó? ¿Tú?
Sí, fui yo el que llamó.

¿Quién fue el que llamó? ¿Tú?
¿Quién fue el que salió? ¿Benjamín?
¿Quiénes fueron los que llegaron? ¿Los Gómez?
¿Quién fue la que asistió? ¿Enriqueta?
¿Quiénes fueron los que contestaron? ¿Uds.?
¿Quiénes fueron las que prepararon la cena? ¿Tus hermanas?

Baile de las Plumas, Oaxaca

Mexican National Tourist Council

EL REJONEO

habilidad   capacidad para hacer una cosa
lidiar   correr o sortear toros u otras fieras
diversión   recreo, pasatiempo
criado   persona que sirve, sobre todo en el servicio doméstico
papel   carácter, representación
traje campero   el traje que se usan los toreros en los festivales o en el campo
brioso   que tiene fuerza, espíritu y valor
rocinante   caballo de trabajo, viejo y en malas condiciones

clarín   instrumento musical que se parece a la trompeta
encabezar   ponerse al principio de una cosa
airoso   elegante, alegre y brioso
pasodoble   marcha musical
toril   sitio donde tienen encerrados los toros que se van a lidiar
torazo   toro grande
ojo   atención, cuidado
rejón   palo largo con punta de lanza
suerte   fortuna

Montado en un hermoso caballo, está para entrar en la plaza el rejoneador. El público lo ovacionará y se asombrará del animal cuando muestre su tremenda habilidad.

El arte del rejoneo es moderno y a la vez antiguo. Tiene su origen en la Edad Media cuando los caballeros lidiaban toros a caballo. El toreo, en su origen, fue diversión para los nobles. Los criados o peones ayudaban a sus señores. Para colocar los toros o hacerlos correr empleaban una capa o capote. Ya en el siglo XVIII empieza a sobresalir el papel del peón y dentro de poco el toreo se convierte en espectáculo de profesionales.

El rejoneador entra en la plaza.

Son los alguacilillos.

El rejoneo comienza con el paseíllo.

Es el banderiller

Es el picador montado en su decrépito rocinante.

Son los areneros.

Son las mulillas y los mulilleros que sacan al toro muerto.

Es el redondel.

El toro sale del toril.

En 1923, don Antonio Cañero introdujo en las plazas el rejoneo que hoy vemos practicar.

En éste, el rejoneador, profesional igual que el torero de a pie, viste el traje campero y monta unos briosos caballos. ¡Qué contraste entre los bellos animales del rejoneador y los decrépitos rocinantes de los picadores!

Ha sonado el clarín. Salen los alguacilillos y comienza el paseíllo. Los alguacilillos encabezan el desfile. Detrás de ellos va el rejoneador y detrás de él, en tradicional orden, los matadores, banderilleros, picadores, monosabios, areneros y por último las mulillas con los mulilleros.

La banda toca un airoso pasodoble y el público se entusiasma.

Terminados el paseíllo y los saludos de los toreros, se oye de nuevo el clarín. El silencio domina la plaza cuando se abre el toril y sale al redondel el toro. Quinientos kilos de fiereza y valor salvaje. Con una sola voz suspiran los espectadores. Luego los comentarios: —¡Fíjate qué torazo! ¡Es una catedral! ¡Mucho ojo, muchacho!

Al encuentro con «la catedral» van caballo y jinete. Bajo el ala ancha del sombrero, los ojos del rejoneador lo ven todo. ¿Será difícil este bruto? ¿Podrá plantarle unos bonitos rejones? Pronto sabremos. ¡Suerte, vista y . . . al toro!

Preguntas

1. ¿Cómo va a entrar el rejoneador?
2. ¿Por qué le va a aplaudir el público?
3. ¿Cuál fue el principio del rejoneo?
4. ¿El rejoneo es, en realidad, otra forma de qué?
5. ¿Cómo cambió el toreo desde su principio hasta el presente?
6. ¿Qué hacían los peones antiguamente?
7. ¿Qué significa el siglo XVIII para el toreo?
8. ¿Qué importancia para el rejoneo tiene don Antonio Cañero?
9. ¿Qué lleva el rejoneador en la plaza?
10. ¿Es profesional o aficionado el rejoneador?
11. ¿Es bello el traje campero?
12. ¿Cuál es la diferencia entre los caballos del rejoneador y los del picador?
13. ¿Qué da principio a la corrida?
14. ¿Cómo se llama el desfile al comienzo de la corrida?
15. ¿Quiénes toman parte en el desfile?
16. ¿Quiénes van enfrente en el desfile?
17. ¿Quiénes van detrás?
18. ¿Cómo se llama la música que se toca en la corrida?
19. ¿Qué ocurre la segunda vez que se oye el clarín?
20. ¿Qué hay en el toril?
21. ¿Cuánto pesa un toro?
22. ¿Qué es, un torazo o una catedral?
23. ¿En qué piensa el rejoneador?
24. ¿Hacia dónde va el rejoneador?

EXPANSION

a. Sigan el modelo.

El público se asombrará del animal.
            se entusiasmará con
El público se entusiasmará con el animal.

El público	se asombrará del	animal.
	se entusiasmará con el	
	admirará el	

	habilidad.
El animal mostrará su	destreza.
	capacidad.
	facilidad.

	lidiaban	
Los caballeros	corrían	toros.
	toreaban	

	pasatiempo	
	recreo	
Fue	diversión	para los nobles.
	distracción	
	recreación	

	criado	
	sirviente	
El	mozo	servía a su señor.
	doméstico	
	familiar	

	peón	
	trabajador	
El	obrero	está trabajando en el campo.
	labrador	

	se convierten en	
Los aficionados	se cambian en	pro-
	vuelven	fesio-
	se transforman en	nales.

	el clarín.
El músico toca	la trompeta.
	la corneta.

	encabezan	
Los alguacilillos	comienzan	el desfile.
	principian	

	airoso	
Me gusta oír un	alegre	pasodoble.
	brioso	
	garboso	

	los comentarios	
Oímos	los comentos	que hacen.
	las críticas	

ESTRUCTURA

EL SUBJUNTIVO CON VERBOS O EXPRESIONES DE DUDA

a. Sigan el modelo.

Dudo que Leopoldo hable inglés.
No creo
No creo que Leopoldo hable inglés.

Dudo	
No creo	que Leopoldo hable inglés.
Es incierto	

No creen	
Dudan	que nosotros leamos tanto.

Es dudoso	
No creemos	que tú asistas siempre.
Dudamos	
Es incierto	

Se duda	
No se cree	que ellos tengan la oportunidad.
Es dudoso	
Es incierto	

b. Contesten a las preguntas según el modelo.

¿Vuelve Pepe esta tarde?
Dudo que vuelva esta tarde.

¿Vuelve Pepe esta tarde?
¿Acaban Uds. hoy?
¿Juana saca buenas notas?
¿El público los aplaude?
¿Siembran sólo maíz?
¿Ganan el partido los portugueses?
¿Felipe puede leer el francés?
¿Le ocurre lo mismo a Madero?
¿Piden los documentos?

c. Contesten a las preguntas según el modelo.

¿Van a venir los otros?
No creo que vengan los otros.

¿Van a venir los otros?
¿Van a tener Uds. bastante tiempo?
¿Va a salir Luis hoy mismo?
¿Van a ponerse nerviosos los charros?
¿Uds. van a ir a la corrida?
¿Ese chico va a decir la verdad?
¿Ellos van a hacerlo todo hoy?
¿Tu amigo va a oír el clarín desde allí?

d. Cambien las frases en la forma negativa según el modelo.

Creo que Juan habla español.
No creo que Juan hable español.

Creo que Juan habla español.
Creo que Juan mira la televisión.
Creo que Juan estudia mucho.
Creo que Juan come poco.
Creo que Juan lee el periódico.
Creo que Juan escribe una carta.
Creo que Juan vive cerca de aquí.
Creo que Juan viene.

Creo que Juan lo tiene.
Creo que Juan lo sabe.

e. Cambien las frases en la forma afirmativa según el modelo.

No creo que Juan lo diga.
Creo que Juan lo dice.

No creo que Juan lo diga.
No creo que Juan venga.
No creo que Juan lo sepa.
No creo que Juan lo traiga.
No creo que Juan lo conozca.
No creo que Juan lo quiera.

f. Contesten a las preguntas según el modelo.

¿Llegaron los toreros?
Es dudoso que hayan llegado todavía.

¿Llegaron los toreros?
¿Terminó Ricardo?
¿Lo conocieron Uds.?
¿Quemaron la paja los labradores?
¿Se acostumbró Ud. al frío de aquí?
¿Asistieron Uds. a las conferencias de Pérez?
¿El hombre arregló la máquina?
¿Le entregaron las listas a Alvarez?
¿Cenó el señor Fernández?
¿Construyeron el edificio comercial?
¿Descendieron los turistas?

g. Sigan las instrucciones.

Eugenio, pregúntele al muchacho si cree que ganarán los colombianos.
Arturo, dígale que Ud. no cree que ganen los colombianos.

Lola, pregúnteles a sus amigas si el avión va a llegar a tiempo.
Bárbara, contéstele que es dudoso que llegue a tiempo hoy.

Gualterio, dígale a Federico que Ud. no cree que llueva hoy.

Federico, dígale que Ud. duda que llueva en toda la semana.

Bartolomé, pregúntele a Elisa si las señoras compraron las canastas.

Elisa, dígale que Ud. no cree que hayan comprado nada.

The subjunctive mood is used after expressions of doubt.

Dudo que él venga.
Es dudoso que él lo sepa.
No creo que María esté enferma.

Note that when no doubt is expressed, the indicative mood is used.

No dudo que él viene.
No es dudoso que él lo sabe.
Creo que María está enferma.

Cambien las oraciones según el modelo.

Yo creo que vienen hoy.
Pues yo dudo que vengan.

Yo creo que vienen hoy.
Yo creo que Perico saca buenas notas.
Yo creo que Uds. hacen bastante.
Yo creo que Miguel puede ir.

PARA ESCRIBIR

a. Emplee las siguientes palabras en oraciones completas según el modelo.

espectador
Vimos a miles de espectadores aplaudiendo.

1. espectador	6. corral	11. locutor
2. competencia	7. charro	12. micrófono
3. juez	8. aplaudir	13. desfile
4. redondel	9. estandarte	14. perseguir
5. saludar	10. potro	15. suelto

b. Siga el modelo.

Es difícil trabajar.
Pues, ellos no trabajarían.

1. Es difícil trabajar.
2. Es difícil caminar.
3. Es difícil asistir.
4. Es difícil trasladarse.
5. Es difícil protegerse.
6. Es difícil pararse.

En el Rancho Grande   **219**

7. Es difícil levantarse.
8. Es difícil incorporarse.
9. Es difícil descender.
10. Es difícil despedirse.
11. Es difícil escribir.
12. Es difícil luchar.
13. Es difícil interesarse.

c. Siga el modelo.

¿Qué escribirá Juan?
No sé. Yo no escribiría nada.

1. ¿Qué escribirá Juan?
2. ¿Qué dirán los otros?
3. ¿Qué hará tu hermano?
4. ¿Qué traerá Luis?
5. ¿Qué servirán los muchachos?
6. ¿Qué repetirá ella?
7. ¿Qué necesitarán los hombres?
8. ¿Qué leerá Pablo?

d. Siga el modelo.

Por fin llegó Ramón.
Sí. Y yo creí que nunca llegaría.

1. Por fin llegó Ramón.
2. Por fin terminaron la construcción.
3. Por fin recibiste el dinero.
4. Por fin recordó Ud. el nombre.
5. Por fin comprendieron Uds. el cuento.
6. Por fin hablé con el director.
7. Por fin se acostumbró el norteamericano.
8. Por fin bajaron al río.
9. Por fin escogiste un traje.
10. Por fin asistimos Lorenzo y yo.

e. Siga el modelo.

¿Quién lo comprará?   *(papá)*
No sé. Papá no lo compraría.

1. ¿Quién lo comprará?   *(papá)*
2. ¿Quién asistirá?   *(Uds.)*

3. ¿Quién los venderá?   *(yo)*
4. ¿Quién trabajará tantas horas?
    (ellos)
5. ¿Quién le servirá?   *(tú)*
6. ¿Quién se sentará enfrente?
    (nosotros)
7. ¿Quién saldrá primero?   *(Ud.)*
8. ¿Quién regresará pronto?   *(Juanita)*
9. ¿Quién lo pondrá en su lugar?
    (tú y yo)
10. ¿Quién pagará la cuenta?   *(Ud. y Luis)*
11. ¿Quién prestará dinero?   *(tú)*
12. ¿Quién les ofrecerá trabajo?
    (nosotros)
13. ¿Quién encabezará el desfile?
    (Martín)
14. ¿Quién se levantará temprano?
    (tú y Pedro)
15. ¿Quién introducirá el sistema?
    (González)
16. ¿Quién hará el trabajo?   *(mis amigos)*
17. ¿Quién lidiará ese toro?   *(El Piri)*

f. Siga el modelo.

¿Ya salió Hortensia?
No sé, pero dijo que saldría.

1. ¿Ya salió Hortensia?
2. ¿Ellos pudieron entenderlo?
3. ¿Te ofrecieron café?
4. ¿Recibiste mi carta?
5. ¿Sufrieron los estudiantes la prueba de inglés?
6. ¿Sirvió Ud. el helado?
7. ¿Hizo Pablo el trabajo?
8. ¿Pudo ir Alicia?
9. ¿Puso la mesa Carmen?

g. Cambie las oraciones según el modelo.

Carlos llega.
Carlos ha llegado.

1. Carlos llega.
2. Hablo con él.
3. Estamos en México.
4. Viven en Chile.
5. ¿Quién lo bebe?
6. ¿Lo compras?
7. Comemos en aquel restaurante.
8. Reciben las noticias.
9. Puedo verlo.
10. No pensamos en eso.

h. Siga el modelo.

Yo los he puesto aquí, ¿y Tomás?
Tomás los ha puesto aquí también.

1. Yo los he puesto aquí, ¿y Tomás?
2. Yo he dicho la verdad, ¿y Uds.?
3. Yo he cubierto el surco, ¿y ellos?
4. Yo he descubierto el autor, ¿y tú?
5. Yo he hecho mucho, ¿y Ud.?
6. Yo he escrito para revistas, ¿y Alejandro?
7. Yo he visto una corrida, ¿y tus padres?
8. Yo he vuelto en dos horas, ¿y los señores?
9. Yo he dicho que no, ¿y el padre de Jorge?
10. Yo me he puesto el abrigo, ¿y tú?
11. Yo me he muerto de hambre allí, ¿y Uds.?
12. Yo he compuesto máquinas, ¿y Gómez?
13. Yo he hecho bastante, ¿y los otros?
14. Yo he escrito a Ramona, ¿y Ud.?

i. Emplee las siguientes palabras en oraciones originales según el modelo.

asombrar
Lo que me dices me asombra. Es increíble.

1. asombrar
2. criado
3. suerte
4. convertir
5. brioso
6. pasodoble
7. diversión
8. habilidad
9. decrépito

Calle de Madrid   Spanish National Tourist Office

10. matador
11. toril
12. papel
13. rocinante
14. encabezar
15. airoso
16. comentario
17. bruto

j. Siga el modelo.

Yo creo que vienen hoy.
Pues yo dudo que vengan.

1. Yo creo que vienen hoy.
2. Yo creo que Miguel puede hacerlo.
3. Yo creo que ellos llegan pronto.
4. Yo creo que Luis cumple con su palabra.
5. Yo creo que Uds. hacen muy bien el trabajo.
6. Yo creo que Marcos se va temprano.
7. Yo creo que ellas estudian demasiado.
8. Yo creo que Pablo y yo lo entendemos.
9. Yo creo que los chicos recuerdan.

Calle de Madrid

Iberia Air Lines

10. Yo creo que eso se repite.
11. Yo creo que Perico saca buenas notas.
12. Yo creo que Uds. hacen bastante.

k. Siga el modelo.

¿Ha llegado Pepe?
No, no creo que haya llegado.

1. ¿Ha llegado Pepe?
2. ¿Han terminado los labradores?
3. ¿Has conocido a Eloísa?
4. ¿Se ha trasladado la compañía?
5. ¿Han comprendido Uds. todo?
6. ¿Ha tenido suerte Alberto?

7. ¿Han hecho bastante los estudiantes?
8. ¿Has notado los cambios?
9. ¿Han salido Uds. bien en la prueba?
10. ¿Han anunciado los resultados?
11. ¿Tu padre ha visto tus notas?
12. ¿Ellos han leído tu artículo?
13. ¿Yo lo he dicho bien?
14. ¿Ya se ha ido González?
15. ¿Alguna vez ha faltado agua?
16. ¿Han envuelto los regalos?
17. ¿Ha vuelto el capitán?
18. ¿Has descubierto la verdad?
19. ¿Los niños han asistido a clase hoy?
20. ¿Ha terminado la corrida?

21. ¿Juan y yo lo hemos conocido?
22. ¿Han cubierto el hoyo?
23. ¿Has hecho bien?

l. Escriba oraciones originales empleando todas las palabras según el modelo.

yo / dudar / tú / comprender / lección

Yo dudo que tú comprendas la lección.

1. yo / dudar / tú / comprender / lección
2. ellos / no creer / nosotros / poder / asistir / noche
3. ¿creer / Uds. / yo / sacar / bueno / notas?
4. Ramón / saber / tú / venir / mañana
5. nosotros / no / dudar / Juan / llegar
6. yo / no / creer / José / gustar / camisa / rojo
7. nosotros / dudar / ellos / haber / salir
8. ¿qué / haber / hacer / tú?
9. ser / dudoso / él / repetir / resultados
10. ser / probable / Luis / haber / escribir / carta
11. ser / verdad / Luis / haber / decir / sí
12. Méndez / haber / descubrir / península

m. Siga el modelo.

Elena lo sabe.

Elena lo supo ayer.

1. Elena lo sabe.
2. ¿Quién lo dice?

3. No puedo salir.
4. Juan y María están en la biblioteca.
5. Lo ponemos en la mesa.
6. María anda por el parque.
7. ¿Vas a Nicaragua?
8. No queremos estudiar.
9. El tiene suerte.
10. ¿Quiénes traen los refrescos?
11. Ellos vienen.

n. Conteste por escrito a las preguntas.

1. ¿Qué es un charro?
2. ¿De dónde son los charros?
3. ¿Montan a caballo los charros?
4. ¿Con qué industria se relaciona el charro?
5. ¿Qué tenemos en los EE.UU. que se puede comparar con el charro? ¿En la Argentina?
6. ¿Cómo se llama uno de los bailes folklóricos de México?

o. Escriba con un mínimo de 100 palabras una pequeña descripción de un charro.

p. Conteste por escrito a las preguntas.

1. ¿Cuáles son tres diferentes tipos de toreros?
2. ¿Cuáles son los toreros de a caballo?
3. ¿Cómo se llama el desfile con que comienza la corrida?
4. ¿Cuál es el orden en que salen los toreros?
5. Haga Ud. una comparación entre el caballo del picador y el del rejoneador.
6. ¿Cuáles son algunas personas que toman parte en la corrida aunque no son toreros?
7. ¿Qué música se toca durante la corrida?

q. Describa con un mínimo de 100 palabras el comienzo de una corrida de toros. Describa a algunos de los que toman parte y su papel en la corrida.

En el Rancho Grande   **223**

PARA CONVERSAR

EN LA CALLE

TERESA:	¿Dónde está la Calle de .Quevedo?
AGENTE DE POLICIA:	Está a tres cuadras de aquí. Doble Ud. la primera esquina y siga derecho.
TERESA:	Gracias, señor.
CARMEN:	Cuidado, Teresa. No puedes cruzar ahora.
TERESA:	Hay tanto tráfico.
CARMEN:	Sí, los peatones tienen que cruzar con cuidado.
TERESA:	Mira. Allí hay una terraza (de un café). Sentémonos un rato.
CARMEN:	Buena idea. Nunca vamos a llegar a la Calle de Quevedo.

OBRA DE VICENTE BLASCO IBAÑEZ

NACIO Vicente Blasco Ibáñez en la capital valenciana en 1867. Siguió la carrera de derecho como tantos otros hombres de letras españolas. Metido siempre en la cuestión política, era republicano del partido radical. Defendía los ideales republicanos en la tribuna y en los periódicos. En las turbulencias callejeras tomaba parte, luchando en defensa de sus ideales políticos. Su lucha política le regaló más de una vez prisión y destierro.

A partir de 1903 se dedicó más a la pluma y menos a la política. En 1909 hizo un viaje a Sudamérica con el propósito de dar conferencias. Lo recibieron en todas partes con gran entusiasmo. El viaje fue un tremendo éxito.

callejera *(adj.)*   de la calle

destierro *(s.m.)*   expulsión de su tierra

Preguntas

1. ¿En qué ciudad nació Blasco Ibáñez?
2. ¿En qué año nació?
3. ¿Qué cursos siguió en la universidad?
4. ¿Qué hace un «hombre de letras»?
5. ¿Era monarquista Blasco Ibáñez?
6. ¿Cómo defendía sus ideales políticos?
7. ¿Luchaba también con las manos? ¿Dónde?
8. ¿Por qué le metieron en la prisión?
9. ¿Qué significa 1903 en la carrera de Blasco Ibáñez?
10. ¿Para qué fue a Sudamérica en 1909?
11. ¿Eran buenos o malos los resultados del viaje?

LA OBRA LITERARIA de Blasco Ibáñez se puede dividir en tres partes: la valenciana, la española y la universal. A la primera pertenecen los cuentos *Cuentos valencianos* y *La condenada y otros cuentos* y las novelas *Cañas y barro*, *Flor de mayo* y *Entre naranjos*. Todas las obras mencionadas y aún otras toman lugar en Valencia.

En la segunda categoría el autor sale de los límites regionales y emplea a la España entera como escenario. En esta época escribió *La catedral* (Toledo), *El intruso* (Bilbao), *La horda* (Madrid) y *La bodega* (Jerez). En estas novelas Blasco Ibáñez, luchador político, sigue con su batalla contra las injusticias sociales con su poderosa pluma.

poderosa *(adj.)* fuerte

Como es de esperar, la tercera parte salta las fronteras de la patria y hace que el mundo entero sirva de escenario. Varias son las obras de esta categoría; *Los argonautas*, *Mare Nostrum* y *La tierra de todos* son algunas.

La obra maestra del valenciano es *Los cuatro jinetes del apocalipsis*. Ha pasado a la literatura universal. Se ha traducido a casi todas las lenguas. Sólo en inglés ha habido más de doscientas ediciones. En los Estados Unidos se han hecho dos películas basadas en la novela. *Los cuatro jinetes del apocalipsis* es, quizá, la novela más importante que haya salido de la Primera Guerra Mundial.

De los autores españoles de este siglo, Blasco Ibáñez es, probablemente, el más conocido en el extranjero.

El cuento *Lobos de mar* pertenece a la época valenciana de la obra del autor. Este cuento se encuentra en la colección de cuentos que lleva el título *La condenada y otros cuentos*. Se publicó en el año 1896.

Preguntas

1. ¿Qué clase de división puede hacerse de la obra de Blasco Ibáñez?
2. ¿A qué categoría pertenecen los *Cuentos valencianos* y *La condenada y otros cuentos?*
3. ¿A qué categoría pertenece *Mare Nostrum?*
4. ¿A qué categoría pertenece *La catedral?*
5. ¿Cuál es la obra más importante del autor?
6. ¿De qué trata?
7. ¿Cuál es su obra más popular fuera de España?

VALENCIA

LA REGION VALENCIANA consiste en tres provincias: Castellón de la Plana, Valencia y Alicante. Se tratará aquí sólo de la provincia de Valencia.

La costa de Valencia es llana casi por completo. No muy lejos de las playas se puede ver una brillante vegetación de naranjos, limoneros, olivos y otros árboles frutales. Bajando por la costa desde el norte, el primer puerto que se encuentra es Sagunto. En tiempo de los romanos era una ciudad muy importante. Todavía conserva restos de antiguas construcciones romanas: un teatro y un acueducto, por ejemplo.

Siguiendo hacia el sur pasamos por unos cuantos pueblos como Puzol, Malfasar, Cabañal y otros antes de llegar a la capital a orillas del río Turia.

Al salir de Valencia encontramos playas de una belleza impresionante, pueblos costeros, la Albufera (un lago de agua salada de unos quince kilómetros de largo) y la Dehesa, un hermoso pinar (sitio donde hay muchos pinos). Siguiendo el camino de la costa hacia el sur se pasa por numerosos pueblecitos de pescadores hasta llegar a la fértil llanura cerca de Gandesa. De allí hasta la frontera alicantina queda muy poco.

Además de los frutales antes mencionados, esta tierra abunda en arroz y maíz. Aunque el clima es más bien seco que húmedo, los valencianos, desde hace siglos, han usado las aguas del suelo y subsuelo. Sus sistemas de riego (echar agua a las plantas) son famosos en todo el mundo, igual que su «Tribunal de las Aguas.» Las cosechas son continuas en Valencia. Cada dos años hay cuatro. Tan rica es la tierra que entre cosechas sólo descansa unos cuatro meses. Apenas hay invierno en Valencia.

En el *Poema del Cid* (siglo XIII) llega doña Jimena, la esposa del héroe, a la ciudad de Valencia, que el Cid acaba de conquistar de los moros. Se reunen los dos y suben a una torre del alcázar para ver la ciudad y los ricos alrededores. El verso está escrito en el español del siglo XIII.

Adeliñó mío Cid con ellas a alcaçar,
allá las subió en el más alto logar.
Ojos vellidos catan a todas partes.
Miran Valencia como yace la ciudad,
e del otra parte a ojo han el mar.
Miran la huerta, espesa e grand,
e todas las otras cosas que eran de solaz;
alçan las manos por a Dios rogar,
desta ganancia como es buena e grand.
Mío Cid e sus compañas, tan a gran sabor están.

Quiere decir:

Mío Cid fue con ellas al alcázar.
Allá subió con ellas, al lugar más alto.
Sus ojos miran por todas partes.
Miran Valencia como es la ciudad,
y de la otra parte tienen a la vista el mar,
Miran la huerta, densa y grande,
y todas las otras cosas que eran de placer.
Levantan las manos para dar gracias a Dios,
por esta ganancia porque es buena y grande.
Mío Cid y los que van con él están muy a gusto.

Obra de Vicente Blasco Ibáñez **229**

Tanto hoy como en la época medieval es Valencia la más fértil y fecunda de las regiones españolas.

Los valencianos tienen su propia lengua, el valenciano, que se parece al catalán. Es una lengua románica que no se parece al castellano. Casi todos los valencianos entienden y hablan el castellano, pero entre ellos suelen hablar valenciano.

Preguntas

1. ¿Cuántas provincias hay en la región de Valencia?
2. ¿Es montañosa la costa de Valencia?
3. ¿Qué árboles abundan en la provincia?
4. ¿Qué ciudad se encuentra en la provincia de Valencia al norte de la capital?
5. ¿Qué se puede ver en esa ciudad?

Vista de Valencia

6. ¿Qué son Puzol, Malfasar y Cabañal? √
7. ¿Qué río pasa por la ciudad de Valencia? √
8. ¿Qué es la Albufera? ¿La Dehesa? √
9. ¿Qué granos se cultivan en cantidad en √ Valencia?
10. ¿Llueve mucho en la provincia?
11. ¿Hay bastante agua para la agricultura?
12. ¿De dónde viene?
13. ¿Cómo es el clima de Valencia?
14. ¿Es muy fértil la tierra?
15. ¿Cuándo se escribió el *Poema del Cid*?

16. ¿De quiénes conquistó el Cid Valencia?
17. Cuando llegó doña Jimena, ¿adónde la llevó el Cid?
18. ¿Para qué?
19. ¿Por qué es difícil comprender el verso?
20. ¿Qué impresión tuvieron el Cid y los suyos de Valencia?
21. ¿Qué lenguas hablan los valencianos?
22. ¿Qué es el catalán?
23. ¿De qué lengua vienen el catalán y el valenciano?

ESTRUCTURA

REPASO DEL IMPERFECTO — VERBOS EN –AR

a. Sigan el modelo.

Pablo siempre los llamaba.
admiraba.
Pablo siempre los admiraba.

Pablo siempre los | llamaba.
admiraba.
arreglaba.
presentaba.

Ellos | bajaban
avanzaban
contestaban
derribaban | continuamente.
entusiasmaban
ganaban
luchaban

En Venezuela, ¿dónde | trabajabas?
pintabas?
observabas?
enseñabas?

Yo siempre | acababa
comenzaba
llegaba
pagaba | a tiempo.
regresaba
terminaba

Cuando éramos niños, | jugábamos
conversábamos
descansábamos | mucho.
estudiábamos
hablábamos

b. Sigan el modelo.

¿Quién estaba allí? ¿Tú?
Sí, yo estaba allí.

¿Quién estaba allí? ¿Tú?
¿Quién hablaba tanto? ¿Guillermo?
¿Quiénes se levantaban temprano? ¿Uds.?
¿Quiénes faltaban? ¿Pablo y Luis?
¿Quién sacaba buenas notas? ¿Ud.?
¿Quiénes sembraban maíz? ¿Los labradores?
¿Quién trabajaba menos? ¿Yo?
¿Quiénes viajaban más? ¿Marcos y yo?

c. Sigan las instrucciones.

Antonio, pregúnteles a las chicas si estudiaban mucho en España.

María, dígale que Uds. estudiaban bastante.

Benjamín, pregúntele a Rafael si él visitaba los museos con frecuencia.

Rafael, contéstele que Ud. los visitaba cada semana.

Alicia, pregúntele a Marta si ella viajaba más antes.

Marta, dígale que antes Ud. viajaba muy poco.

Timoteo, pregúnteles a los amigos si veraneaban en Valencia.

Andrés, dígale que Uds. nunca veraneaban en Valencia.

REPASO DEL IMPERFECTO – VERBOS EN –ER E –IR

a. Sigan el modelo.

Pablo siempre le entendía.
             escribía.
Pablo siempre le escribía.

Pablo siempre le
| entendía.
| escribía.
| servía.
| comprendía.

Ellos
| descendían
| repetían
| se protegían | continuamente.
| se reunían
| se detenían

En Guatemala, ¿dónde
| vivías?
| exhibías?
| conducías?
| leías?

Yo siempre
| venía
| acudía
| cumplía | a tiempo.
| volvía
| salía

Cuando éramos niños,
| asistíamos
| comíamos
| resistíamos | mucho.
| salíamos
| corríamos

b. Sigan el modelo.

¿Quién asistía siempre? ¿Tú?
Sí, yo asistía siempre.

¿Quién asistía siempre? ¿Tú?

¿Quiénes subían por la tarde? ¿Los trabajadores?

¿Quién servía el almuerzo? ¿La muchacha?

¿Quiénes vendían el maíz? ¿Las mujeres?

¿Quién comía temprano? ¿Ud.?

¿Quiénes siempre decían la verdad? ¿Los niños?

¿Quién dividía la tarea? ¿Don Manuel?

¿Quiénes no entendían? ¿Los marineros?

¿Quién te escribía más? ¿Yo?

¿Quiénes ofrecían sus casas? ¿Uds.?

¿Quién nunca podía jugar? ¿Lorenzo?

¿Quiénes recibían todos los aplausos? ¿Tú y José?

¿Quién hacía todo el trabajo? ¿Yo?

c. Sigan las instrucciones.

Alonso, pregúntele a Leonor si bebía vino en España.

Leonor, dígale que Ud. no bebía vino pero sí tomaba mucho café.

Ana, pregúnteles a las chicas si asistían mucho al teatro en la ciudad.

Teresa, dígale que Uds. asistían siempre que podían.

Nicolás, pregúnteles a los amigos si entendían a los valencianos.

Paco, dígale que no, que Uds. no los entendían porque siempre hablaban valenciano.

Benito, pregúntele a José si sabía hablar español antes.

José, dígale que Ud. no sabía hablar español hasta hace poco.

Vicente, pregúntele a Bárbara quién hervía tanta agua.

Bárbara, dígale que Ud. hervía el agua.

Andrés, pregúntele a Norma qué ocurría cuando Ud. llegó.

Norma, dígale que en ese momento pasaba el desfile.

Elena, pregúntele a Marta dónde se reunían las muchachas.

Marta, dígale que se reunían en casa de Luisa.

Spanish National Tourist Office
Plaza de la Catedral, Valencia

Francisco, pregúntele a Carlos si él repartía el dinero.

Carlos, dígale que Ud. lo repartía, pero ahora lo reparte Mario.

REPASO DEL IMPERFECTO — VERBOS IRREGULARES

a. Sigan el modelo.

Juan siempre iba los jueves, ¿y tú?
Yo iba los jueves también.

Juan siempre iba los jueves, ¿y tú?
Tú siempre ibas los jueves, ¿y los otros?
Los otros siempre iban los jueves, ¿y Uds.?

Uds. siempre iban los jueves, ¿y yo?
Yo siempre iba los jueves, ¿y tú y Luis?
Tú y Luis siempre iban los jueves, ¿y tus hermanos?
Tus hermanos siempre iban los jueves, ¿y ella?
Ella siempre iba los jueves, ¿y Ud.?

Obra de Vicente Blasco Ibáñez   **233**

b. Sigan el modelo.

Ellos eran muy traviesos, ¿y Ud.?
Yo era muy travieso también.

Ellos eran muy traviesos, ¿y Ud.?
Ud. era muy travieso, ¿y Marcos?
Marcos era muy travieso, ¿y Uds.?
Uds. eran muy traviesos, ¿y yo?
Yo era muy travieso, ¿y mis hermanos?
Mis hermanos eran muy traviesos, ¿y tú?
Tú eras muy travieso, ¿y Elena?
Elena era muy traviesa, ¿y las otras niñas?

c. Sigan el modelo.

Yo siempre la veía en clase, ¿y tú?
Yo la veía en clase también.

Yo siempre la veía en clase, ¿y tú?
Tú siempre la veías en clase, ¿y Pedro?
Pedro siempre la veía en clase, ¿y Uds.?
Uds. siempre la veían en clase, ¿y los estudiantes?
Los estudiantes siempre la veían en clase, ¿y el profesor?
El profesor siempre la veía en clase, ¿y yo?
Yo siempre la veía en clase, ¿y Ud.?

REPASO DEL PRETERITO E IMPERFECTO

a. Sigan el modelo.

Yo siempre comía tarde. ¿Y ayer?
Ayer tú comiste tarde también.

Yo siempre comía tarde. ¿Y ayer?
Ellos siempre caminaban a la oficina. ¿Y ayer?
Roberto siempre cumplía con su deber. ¿Y ayer?

Nosotros siempre íbamos por la mañana. ¿Y ayer?
Anita siempre preparaba el café. ¿Y ayer?
Morales siempre nos veía cuando pasaba por aquí. ¿Y ayer?
Tú siempre preferías sentarte enfrente. ¿Y ayer?
Uds. siempre regresaban muy temprano. ¿Y ayer?
Gómez siempre establecía las normas. ¿Y ayer?
Allí siempre faltaba vino. ¿Y ayer?
Carmen siempre se despedía antes. ¿Y ayer?
Ud. siempre se quedaba hasta muy tarde. ¿Y ayer?

b. Sigan el modelo.

Ayer hablé con Juan.
con frecuencia
Hablaba con Juan con frecuencia.

Ayer hablé con Juan.

con frecuencia
el otro día
siempre
hace dos días
de vez en cuando

Estatua del Cid, Burgos

Alicante, Vista General

Siempre comíamos en aquel restaurante.

anoche
a menudo
el viernes pasado
los viernes
muchas veces
una vez

Carlos me escribió anoche.

a veces
con frecuencia
ayer por la mañana
la semana pasada

Ellos hicieron un viaje el año pasado.

siempre
cada verano
el verano pasado

El me lo decía a menudo.

ayer
siempre
hace poco
con frecuencia

Fuimos al cine anoche.

a menudo
los sábados
ayer
el otro día

Obra de Vicente Blasco Ibáñez   235

LOBOS DE MAR

(El cuento *Lobos de mar,* de Vicente Blasco Ibáñez, es
la historia de cierto capitán llamado Llovet. Llovet era
un hombre apasionado — cuyas características fluctuaban
entre lo benigno y lo cruel.)

RETIRADO DE los negocios después de cuarenta años
de navegación con toda clase de riesgos y aventuras, el
Capitán Llovet era el vecino más importante del Cabañal
— una población de casas blancas de un solo piso, de calles
anchas, rectas y ardientes de sol.

La gente de Valencia que veraneaba allí miraba con
curiosidad al viejo lobo de mar. Le observaban sentado
en un gran sillón en la sombra a la puerta de su casa.
Por cuarenta años, en la cubierta de un buque, había
sufrido la lluvia y las aguas del mar. La humedad le

negocio (*s.m.*) ocupación, empleo o trabajo
riesgo (*s.m.*) posibilidad de que suceda algún mal
vecino (*s.m.*) persona que vive cerca, como en la misma calle
veranear (*v.*) pasar el verano en alguna parte
lobo (*s.m.*) animal carnicero que se parece a un perro grande
sillón (*s.m.*) silla grande
buque (*s.m.*) barco con cubierta, grande, sólido y fuerte

había infiltrado hasta los mismos huesos. Esclavo del reuma, el anciano capitán se quedaba los más de los días inmóvil en su sillón. Las pocas veces que se ponía en pie prorrumpía en quejidos y juramentos. Un hombre alto, musculoso, con la cara bronceada por el sol y cuidadosamente afeitada, el capitán parecía un cura en vacaciones, tranquilo y bonachón en la puerta de su casa. Tenía ojos grises, de mirada fija e imperativa. Eran los ojos de un hombre habituado al mando — ojos que justificaban la fama del Capitán Llovet.

Había pasado la vida en continua lucha con la Marina Real inglesa. Se reía de los cruceros que le perseguían en su famoso bergantín — repleto de esclavos que transportaba desde la costa de Africa hasta las Antillas. Audaz y de una frialdad inalterable, sus marineros jamás le vieron oscilar.

Contaban de él cosas horribles. Lanzaba al agua cargamentos enteros de esclavos para escaparse del crucero que le seguía. Los tiburones del Atlántico acudían a bandadas. Se repartían a dentelladas los esclavos que agitaban con desesperación sus brazos fuera del agua. Contenía sublevaciones de tripulación sólo a tiros y hachazos — y junto con esto, inesperados arranques de generosidad. Ayudaba a las familias de los marineros. En un arrebato de cólera era capaz de matar a uno de los suyos; pero si alguien caía al agua, se tiraba para salvarle, sin miedo al mar ni a sus voraces bestias. Se enfurecía si los compradores de esclavos le engañaban en unas cuantas pesetas y en la misma noche gastaba tres o cuatro mil duros celebrando una de aquellas fiestas que le habían hecho famoso en la Habana. Era un hombre divertidísimo, a pesar de su cara hosca y su mirada dura. En la playa del Cabañal, la gente, reunida a la sombra de los barcos, reía recordando sus bromas. Una vez, viendo que le perseguía un crucero británico, desfiguró su buque en una sola noche, pintándolo de otro color. Los capitanes ingleses tenían datos en abundancia para conocer el buque del audaz capitán; pero, como si no tuvieran nada. El Capitán Llovet, como decían en la playa, era un gitano del mar y trataba su barco como

hueso (*s.m.*) cada una de las piezas que forman el esqueleto de los vertebrados

reuma (*s.m. o s.f.*) reumatismo

prorrumpir (*v.*) salir con fuerza y de repente una voz, u otra demostración de dolor o pasión vehemente

quejido (*s.m.*) voz motivada por un dolor u otra cosa que atormenta

juramento (*s.m.*) maldición, palabra indecente

bronceado (*adj.*) de color del metal bronce

afeitar (*v.*) quitar con navaja el pelo de la cara

bonachón (*adj.*) amable, benigno, benévolo

marina (*s.f.*) conjunto de los buques de una nación

crucero (*s.m.*) buque de guerra de potente artillería

bergantín (*s.m.*) tipo de buque

audaz (*adj.*) valiente

cargamento (*s.m.*) conjunto de mercancías que carga un buque

tiburón (*s.m.*) pez largo con muchos dientes (shark)

acudir (*v.*) ir a un sitio determinado de antemano

bandada (*s.f.*) gran número de aves que vuelan juntas

sublevación (*s.f.*) rebelión

tripulación (*s.f.*) personas que van en un barco o avión y se dedican a su servicio

tiro (*s.m.*) disparo de un arma de fuego

hachazo (*s.m.*) golpe dado con el hacha, instrumento que se usa para cortar árboles

arranque (*s.m.*) ocurrencia viva o pronta que no se esperaba

arrebato (*s.m.*) furor, el estar uno fuera de sí, faltarle la razón a causa de la vehemencia de alguna pasión

hosco (*adj.*) amenazador, intratable

a un burro de feria, haciéndole sufrir transformaciones maravillosas.[1]

Cruel y generoso, duro para el negocio y manirroto para el placer, los negociantes de Cuba le habían apodado el «Capitán Magnífico.» Así seguían llamándole los pocos marineros de su antigua tripulación que todavía arrastraban por la playa las piernas reumáticas.

Casi arruinado por empresas comerciales, se había retirado a su casa del Cabañal, viendo pasar la vida ante su puerta. No tenía otra distracción que jurar como un condenado cuando el reuma le hacía permanecer inmóvil en su asiento. Por una respetuosa admiración, algunos de aquellos viejos que en otros tiempos habían recibido de él órdenes y palos, venían a sentarse con él. Juntos hablaban con cierta melancolía de la «gran calle», como el capitán llamaba al Atlántico. En verano, los días en que no era mucho el dolor y las piernas estaban fuertes, bajaban a la playa. El capitán, enardecido a la vista del mar, desahogaba sus odios. Odiaba a Inglaterra por haber oído más de una vez sus cañones. Odiaba la navegación a vapor como un sacrilegio marítimo. Ya no quedaban sobre el agua hombres de oficio; ahora el mar era de los fogoneros.

Una mañana lluviosa, vio correr la gente hacia el mar. Allá fue el capitán, contestando con gruñidos a la familia que le hablaba de su reuma. El mar estaba revuelto, cubierto de espuma. Lejos, en la oscuridad, corrían como ovejas asustadas las barcas pescadoras, sosteniendo una lucha de terribles saltos en el irritado mar.

Una barca, que trataba de entrar en el puerto, iba como pelota de ola en ola. La gente gritaba en la playa viendo a los tripulantes en la cubierta. Se hablaba de ir hasta la

manirroto (adj.) demasiado dispuesto a gastar dinero
apodar (v.) dar otro nombre a una persona

palo (s.m.) golpe

enardecer (v.) entusiasmar, inspirar
desahogar (v.) dejar salir, anunciar, declarar
odio (s.m.) aversión hacia alguna persona o cosa
fogonero (s.m.) el hombre que cuida de los fogones (sitio donde están los fuegos en un barco a vapor)
gruñido (s.m.) voz del cerdo, sonidos roncos que da una persona como señal de ira
asustado (adj.) con miedo, aterrorizado

---

[1] Los gitanos son gentes de una raza errante. Parece que su origen fue en la India. Hace muchos siglos se dividieron en dos bandos. Un bando se marchó hacia el este de Europa: Rumania, Hungría y otros países balcánicos. El otro bando pasó por Africa hacia España. Los gitanos españoles viven siempre juntos. Algunos han sido importantes artistas de cante y baile flamencos. También ha habido unos cuantos toreros gitanos. Los más se dedican a la compra y venta de ganado, mayormente de caballería. Se dice de ellos que pueden transformar un caballo viejo, ruin, en un hermoso animal para venderlo en alguna feria.

barca, de echarle una cuerda, de atraerla a la playa. Aún los más audaces, mirando las olas que se caían llenando el espacio de polvo de agua, se callaban atemorizados.

—A ver: ¡Gente que me siga! Hay que salvar a esos pobres.— Era la voz ruda e imperiosa del Capitán Llovet. Se erguía sobre sus pesadas piernas, la mirada brillante y fiera. Las mujeres le miraban asombradas. Los hombres retrocedían. Al capitán le enfurecía el silencio de aquella gente como si estuviera ante una tripulación insubordinada.

—¿Desde cuándo el Capitán Llovet no encuentra en su pueblo hombres que le sigan al mar?— Lo dijo como un tirano que se ve desobedecido. Hablaba en castellano, lo que era en él señal de ciega cólera.

—Presente, «Capitá» — gritaron a un tiempo unas voces temblonas.

Abriéndose paso, aparecieron en el centro cinco viejos, cinco esqueletos comidos por el mar y las tempestades, todos antiguos marineros del Capitán Llovet. Avanzaron unos arrastrando los pies; otros, con saltitos de pájaro, todos temblorosos de frío. Era la vieja guardia corriendo a morir junto a su ídolo. Salían mujeres y niños para detenerlos.

—¡Agüelo!—gritaban los nietos.— ¡Padre!—gemían las mocetonas.

agüelo *(s.m.)* abuelo
gemir *(v.)* expresar naturalmente, con sonido y voz en que se nota la tristeza o el dolor
mocetona *(s.f.)* mujer joven, alta y fuerte
cuello *(s.m.)* parte del cuerpo que une la cabeza con el tronco

Los animosos viejos repelían los brazos que se anudaban a sus cuellos y piernas, y gritaban, contestando a la voz de su jefe: —«Presente, Capitá.»

Los lobos de mar, con su ídolo al frente, se abrieron paso para echar al mar una de las barcas. Rojos, congestionados por el esfuerzo, sólo consiguieron mover la barca algunos pasos. Irritados contra su vejez, intentaron un nuevo esfuerzo. La gente protestaba contra su locura y cayó sobre ellos.

locura *(s.f.)* falta del uso de la razón, estado de loco

—¡Dejadme, cobardes! ¡Al que me toque le mato! —rugía el Capitán Llovet.

Pero por primera vez aquel pueblo, que le adoraba al capitán, puso la mano en él. Le sujetaron como a un loco, sordos a sus súplicas.

La barca, abandonada a todo auxilio, corría a la muerte

auxilio *(s.m.)* socorro, ayuda

Obra de Vicente Blasco Ibáñez **239**

dando tumbos sobre las olas. Y aquel hombre, que había nutrido a los tiburones con tribus enteras y llevaba un nombre aterrador, se revolvía furioso, sujeto por cien manos. Blasfemaba porque no le dejaban arriesgar su vida salvando a unos desconocidos, hasta que, acabadas sus fuerzas, acabó llorando como un niño.

nutrir *(v.)* alimentar, dar de comer
aterrador *(adj.)* que causa terror

ESTRUCTURA

EL IMPERFECTO DEL SUBJUNTIVO – VERBOS QUE TERMINAN EN –AR

a. Sigan el modelo.

Ellos temían que yo hablara.
                    bajara.
Ellos temían que yo bajara.

Ellos temían que yo | hablara.
bajara.
contestara.
faltara.
ganara.

¿Papá quería que tú | jugaras?
llamaras?
montaras?
pagaras?

Le pedí a Ignacio que | veraneara
trabajara
se quedara
se levantara
se sentara
se refugiara | con nosotros.

Paseo, Alicante

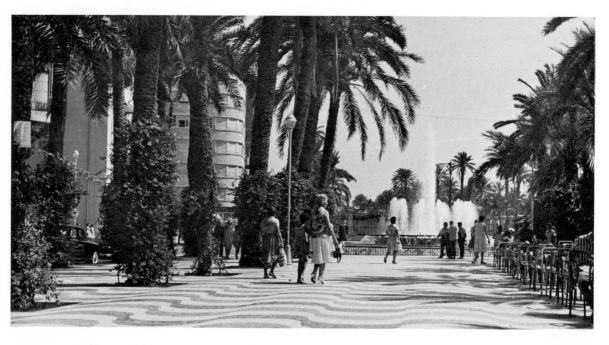

Mandaron que nosotros

| regresáramos. |
| retiráramos. |
| trabajáramos. |
| viajáramos. |
| acabáramos. |
| estudiáramos. |

Dudaste que ellos lo

| transformaran. |
| anunciaran. |
| continuaran. |
| compraran. |
| notaran. |
| quemaran. |
| cambiaran. |

b. Sigan el modelo.

Era preciso que Juan llegara, ¿y tú?
Sí, era preciso que yo llegara.

Era preciso que Juan llegara, ¿y tú?
Era preciso que tú llegaras, ¿y yo?
Era preciso que yo llegara, ¿y Uds.?
Era preciso que Uds. llegaran, ¿y Tomás?
Era preciso que Tomás llegara, ¿y nosotros?
Era preciso que nosotros llegáramos, ¿y Ud.?
Era preciso que Ud. llegara, ¿y ellas?
Era preciso que ellas llegaran, ¿y los muchachos?
Era preciso que los muchachos llegaran, ¿y tú y yo?
Era preciso que tú y yo llegáramos, ¿y María?

c. Sigan el modelo.

¿Quiso hablar Martínez?
Sí, pero no permitieron que hablara.

¿Quiso hablar Martínez?
¿Quiso avanzar el capitán?
¿Quisieron sembrar los labradores?
¿Quisieron Uds. jugar?
¿Quisiste llamar?

¿Quisieron Uds. bajar?
¿Quiso Alberto comenzar?
¿Quiso Ud. observar?
¿Quisieron ellos pagar?
¿Quiso Gómez regresar?
¿Quisiste triunfar?
¿Quisieron Uds. viajar?
¿Quiso Ud. contestar?

d. Sigan el modelo.

¿Dudas que ellos bajen?
No. Aunque antes dudaba que bajaran.

¿Dudas que ellos bajen?
¿Dudas que Pablo regrese?
¿Dudas que yo acabe?
¿Dudas que Juan y yo ganemos?
¿Dudas que ellas recuerden?
¿Dudas que María conteste?
¿Dudas que cierren?
¿Dudas que esperen?
¿Dudas que Luisa llegue?
¿Dudas que nosotros sembremos?
¿Dudas que Pepe termine?
¿Dudas que ellos se queden?

e. Sigan las instrucciones.

Antonio, pregúntele a Elena si quería que Ud. la llamara.
Elena, dígale que sí, que Ud. esperaba que él llamara ayer.

Francisco, pregúnteles a los chicos si era necesario que ellos sacaran buenas notas.
Luis, dígale que era necesario que Uds. sacaran notas decentes.

Martín, pregúntele a Diana si quería que Juan la invitara.

Diana, dígale a Martín que Ud. quería que él la invitara.

Gerardo, pregúnteles a los amigos si preferían que Ud. lo anunciara.

Juan, dígale que Uds. preferían que nadie anunciara nada.

Mariana, pregúntele a José si él dudaba que Ud. ganara.

José, dígale que sí, que Ud. dudaba que ella ganara.

Miguel, pregúntele a Susana si ella deseaba que Ud. la esperara.

Susana, dígale que Ud. esperaba que alguien la esperara.

The imperfect subjunctive of –ar verbs is formed as follows:

hablara
hablaras
hablara

habláramos
(hablarais)
hablaran

The stem of the third person plural of the preterite is the imperfect subjunctive stem.

The imperfect subjunctive is used when the verb in the main clause is in the preterite, imperfect or conditional. Study the following sentences:

Fue necesario que yo estudiara.
Era necesario que yo estudiara.
Sería necesario que yo estudiara.

Prefirieron que ayudáramos.
Preferían que ayudáramos.
Preferirían que ayudáramos.

Les pedí que no fumaran.
Les pedía que no fumaran.
Les pediría que no fumaran.

Machu Picchu, Perú

Lima, Perú

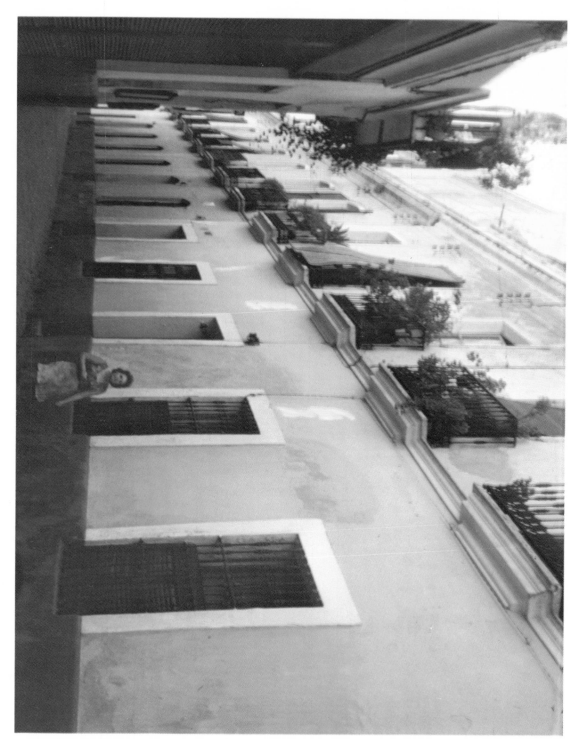

Calle de Sevilla

P. E. Woodford

When the verb of the main clause is in the present or the future, the present subjunctive is used. Study the following sentences:

Es necesario que yo estudie.
Será necesario que yo estudie.

Prefieren que ayudemos.
Preferirán que ayudemos.

Les pido que no fumen.
Les pediré que no fumen.

Sigan los modelos.

Quiero que él estudie.
Quería que él estudiara.

Será necesario que trabajen.
Sería necesario que trabajaran.

Dudo que acaben.
Es preciso que contestemos.
Temen que no regreses a tiempo.
Preferirán que no fumemos.
Será necesario que hables con él.
Les pediré que pasen por aquí.

IMPERFECTO DEL SUBJUNTIVO — VERBOS QUE TERMINAN EN –ER E –IR

a. Sigan el modelo.

Ellos tenían miedo de que yo volviera.
*   asistiera.*
Ellos tenían miedo de que yo asistiera.

Ellos tenían miedo de que yo | volviera.
asistiera.
descendiera.
subiera.

Papá quería que tú | escribieras.
comieras.
entendieras.
salieras.

Le rogué a Fernando que | resistiera
repitiera
escogiera
cumpliera
se vistiera
se despidiera | como nosotros.

Mandaron que nosotros | acudiéramos.
aplaudiéramos.
subiéramos.
resistiéramos.
bebiéramos.

No quise que ellos lo | vieran.
cubrieran.
vendieran.
dividieran.
recibieran.
sirvieran.
conocieran.

Obra de Vicente Blasco Ibáñez   243

b. Sigan el modelo.

Era necesario que Juan asistiera, ¿y tú?
No, no era necesario que yo asistiera.

Era necesario que Juan asistiera, ¿y tú?
Era necesario que tú asistieras, ¿y ellas?
Era necesario que ellas asistieran, ¿y Uds.?
Era necesario que Uds. asistieran, ¿y nosotros?
Era necesario que nosotros asistiéramos, ¿y Ud.?
Era necesario que Ud. asistiera, ¿y yo?
Era necesario que yo asistiera, ¿y Eloísa?
Era necesario que Eloísa asistiera, ¿y los otros?
Era necesario que los otros asistieran, ¿y tu amigo?
Era necesario que tu amigo asistiera, ¿y Carlos y yo?
Era necesario que Carlos y yo asistiéramos, ¿y tú y Pepe?
Era necesario que tú y Pepe asistieran, ¿y Pedro y Ramón?
Era necesario que Pedro y Ramón asistieran, ¿y tú y yo?

c. Sigan el modelo.

¿Pensaba salir Tomás?
Sí, pero no dejaron que saliera.

¿Pensaba salir Tomás?
¿Pensabas asistir?
¿Pensaban Uds. acudir?
¿Pensaban ellos repetir?
¿Pensaban las chicas escribir?
¿Pensaba Ud. volver?
¿Pensaban los artistas exhibir?
¿Pensaba el señor descender?
¿Pensaban ellos desaparecer?
¿Pensaba Luis dividir el trabajo?
¿Pensabas despedirte?

d. Sigan el modelo.

¿Quiere Ud. que vuelva Luis?
No. Quise que volviera ayer.

¿Quiere Ud. que vuelva Luis?
¿Quiere Ud. que ellos asistan?
¿Quiere Ud. que yo abra la casa?
¿Quiere Ud. que cubran el hoyo?
¿Quiere Ud. que dividan el dinero?
¿Quiere Ud. que nosotros escribamos?
¿Quiere Ud. que yo envuelva el regalo?
¿Quiere Ud. que él exhiba los cuadros?
¿Quiere Ud. que ellos invadan?
¿Quiere Ud. que Pedro corra?
¿Quiere Ud. que nosotros salgamos?
¿Quiere Ud. que ellos sirvan?
¿Quiere Ud. que los muchachos sufran la prueba?
¿Quiere Ud. que ellos se unan?
¿Quiere Ud. que yo venda las máquinas?
¿Quiere Ud. que se vistan de blanco?
¿Quiere Ud. que veamos los resultados?
¿Quiere Ud. que García lo repita?
¿Quiere Ud. que todos aplaudan?
¿Quiere Ud. que escojamos un dibujo?

e. Sigan las instrucciones.

Arturo, pregúntele a Miguel si quería que Ud. lo vendiera.
Miguel, dígale que sí, que Ud. prefería que lo vendiera.

Margarita, pregúnteles a las chicas si mandaron que les escribiera José.
Elena, dígale que no, que Uds. no mandaron que José les escribiera.

Josefina, pregúntele a Martín si Papá le dijo que volviera temprano.
Martín, dígale que Papá le dijo que volviera antes de las once.

The imperfect subjunctive of **–er** and **–ir** verbs is formed as follows:

comiera	**escribiera**
comieras	**escribieras**
comiera	**escribiera**
comiéramos	**escribiéramos**
(comierais)	**(escribierais)**
comieran	**escribieran**

Because the third person plural of the preterite forms the stem for the imperfect subjunctive, any stem change that appears in the third person plural preterite is retained throughout the imperfect subjunctive.

pidieron	**pidiera**
sirvieron	**sirviera**

Note that verbs having **y** in the stem omit the **i** of the imperfect subjunctive endings:

leyeron	**leyera**
construyeron	**construyera**

Sigan los modelos.

Quiero que lo repitan.
Quería que lo repitieran.

Será posible que lo cubramos.
Sería posible que lo cubriéramos.

Quiero que lo repitan.
Será posible que lo cubramos.
Quiere que yo suba.
Prefieren que asistamos.
Duda que vuelvas a tiempo.
Esperan que Carlos viva en el mismo pueblo.
Será necesario que lo dividamos.
Mandarán que yo sirva la comida.
Les pediré que me lo vendan.

IMPERFECTO DEL SUBJUNTIVO — VERBOS IRREGULARES

a. Sigan el modelo.

¿Vino José?
No, porque Papá no quiso que viniera.

¿Vino José?
¿Vinieron los otros?
¿Viniste?
¿Vino Ud.?
¿Vinieron Uds.?
¿Vino tu amigo?
¿Vinieron los muchachos?

b. Sigan el modelo.

¿Ellos lo dijeron?
Fue necesario que lo dijeran.

¿Ellos lo dijeron?
¿Juan lo dijo?
¿Esos hombres lo dijeron?
¿María y Carmen lo dijeron?
¿Yo lo dije?
¿Lo dijimos?

c. Sigan el modelo.

¿Qué hizo Alfonso?
No permitieron que hiciera nada.

¿Qué hizo Alfonso?
¿Qué hicieron Uds.?
¿Qué hiciste?
¿Qué hizo Méndez?
¿Qué hicieron los señores?
¿Qué hizo Ud.?
¿Qué hicieron los amigos?

d. Sigan el modelo.

¿Pepe tuvo buena suerte?
Ojalá que la tuviera.

¿Pepe tuvo buena suerte?

¿Tuvieron Uds. buena suerte?
¿Tuviste buena suerte?
¿Tuve buena suerte?
¿Tuvieron ellos buena suerte?
¿Tuvimos buena suerte?
¿Tuvieron buena suerte los gitanos?
¿Tuvo buena suerte el capitán?

e. Sigan el modelo.

¿Estuvo aquí Ramírez?
No, no era posible que estuviera.

¿Estuvo aquí Ramírez?
¿Estuviste aquí?
¿Estuvieron Uds. aquí?
¿Estuvo José aquí?
¿Estuvieron tus amigos aquí?
¿Estuvo tu abuelo aquí?
¿Estuvo Ud. aquí?
¿Estuvieron ellos aquí?

f. Sigan el modelo.

¿Supo Carlos la verdad?
Yo dudaba que la supiera.

¿Supo Carlos la verdad?
¿Supieron Uds. la verdad?
¿Supiste la verdad?
¿Supe yo la verdad?
¿Supieron las autoridades la verdad?
¿Supo Ud. la verdad?
¿Supimos la verdad?

g. Sigan el modelo.

¿Fue José a la capital?
Sí. Mandaron que fuera.

¿Fue José a la capital?
¿Fueron Uds. a la capital?

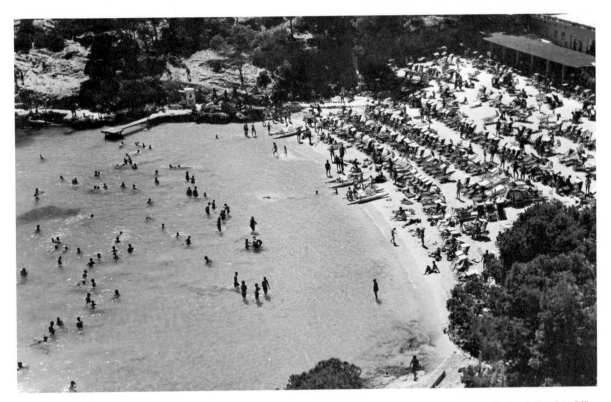

Playa de Illetas, Mallorca

¿Fuiste a la capital?
¿Fue tu amigo a la capital?
¿Fue Ud. a la capital?
¿Fueron ellos a la capital?

h. Sigan el modelo.

¿Lo trajeron?
Era imposible que lo trajeran.

¿Lo trajeron?
¿Lo trajiste?
¿Lo trajeron Uds.?
¿Lo trajo Pedro?
¿Lo trajeron los peones?
¿Lo trajo tu hermano?
¿Lo traje yo?

i. Sigan el modelo.

¿Pudo llamar Alicia?
Era difícil que pudiera.

¿Pudo llamar Alicia?
¿Pudieron llamar Uds.?
¿Pudo llamar Federico?
¿Pudiste llamar?
¿Pudieron llamar los otros?

j. Sigan el modelo.

Lo pusieron muy bien.
Pues, mandé que lo pusieran bien.

Lo pusieron muy bien.
Andrés lo puso muy bien.
Los obreros lo pusieron muy bien.

Obra de Vicente Blasco Ibáñez 247

The stem of the imperfect subjunctive of irregular verbs is the same as the stem of the third person plural of the preterite.

venir	vinieron	viniera
hacer	hicieron	hiciera
tener	tuvieron	tuviera
estar	estuvieron	estuviera
andar	anduvieron	anduviera
saber	supieron	supiera
poder	pudieron	pudiera
poner	pusieron	pusiera
ser	fueron	fuera
ir	fueron	fuera
decir	dijeron	dijera
traer	trajeron	trajera
traducir	tradujeron	tradujera
conducir	condujeron	condujera

Cambien las oraciones según el modelo.

Quiero que vengan.
Quise que vinieran.

Quiero que vengan.
Prefiero que lo sepan.
Mandamos que lo hagan.
Le pido que esté aquí.
Quieren que pongamos la mesa.
Es necesario que vayan a Madrid.
Me aconsejan que se lo diga.
Les digo que hagan el trabajo.

CLAUSULAS CON *SI*

a. Repitan.

Si tengo bastante dinero, iré a España.
Si tuviera bastante dinero, iría a España.

b. Contesten a las preguntas.

Si tienes bastante dinero, ¿irás a España?
Si tuvieras bastante dinero, ¿irías a España?

Si ves a Miguel, ¿le hablarás?
Si vieras a Miguel, ¿le hablarías?
Si lo terminan, ¿lo tendremos mañana?
Si lo terminaran, ¿lo tendríamos mañana?
Si están aquí, ¿asistirán a la reunión?
Si estuvieran aquí, ¿asistirían a la reunión?

Analyze the following sentences:

Si tengo el dinero, compraré el coche.
Si tuviera el dinero, compraría el coche.

With **si** clauses there is a very definite sequence of tenses. If in the main clause the future is used, **si** must be followed by the present indicative. If in the main clause the conditional is used, **si** must be followed by the imperfect subjunctive. **Si** is never followed by the present subjunctive.

Sigan el modelo.

Si tengo el dinero, compraré el coche.
Si tuviera el dinero, compraría el coche.

Si tengo el dinero, compraré el coche.
Si lo veo, se lo diré.
Si vienen, les hablaremos.
Si me pagan, te daré el dinero.
Si están aquí, los veremos.
Si lo tengo, te lo mandaré.

PARA ESCRIBIR

a. Emplee las siguientes palabras en oraciones originales según el modelo.

negocio
El negocio de mi padre es la compra y venta de coches.

1. negocio
2. riesgo
3. vecino
4. veranear
5. sillón
6. buque
7. humedad
8. hueso
9. bronceado
10. afeitar
11. bonachón
12. marina
13. crucero
14. audaz
15. oscilar
16. cargamento
17. tiburón
18. acudir
19. sublevación
20. tripulación
21. tiro
22. capaz
23. gitano
24. apodar
25. desahogar
26. odio
27. fogonero
28. gruñido
29. rugir
30. esqueleto
31. avanzar
32. gemir
33. mocetona
34. cuello
35. locura
36. cobardes
37. auxilio
38. nutrir

b. Conteste a las preguntas acerca de Valencia.

1. ¿En qué parte de España está Valencia?
2. ¿Cuál es el clima de la provincia?
3. ¿Qué provincia queda al norte? ¿Al sur?
4. ¿Dónde en la provincia se puede encontrar restos romanos?
5. ¿Qué es el Turia?
6. ¿Qué granos se cultivan allí?
7. ¿Por qué emplean sistemas de riego en Valencia?

Obra de Vicente Blasco Ibáñez   **249**

Valencia, Barraca

8. ¿Quién les quitó Valencia a los moros?
9. ¿A qué mar da Valencia?
10. ¿Qué relación tienen el catalán y el valenciano?
11. El nombre «Valencia» se refiere a tres cosas. ¿Cuáles son?

c. *Describa a los siguientes, de* Lobos de Mar, *en dos o tres frases.*

1. El Capitán Llovet.
2. El Cabañal.
3. Los viejos marineros de la tripulación de Llovet.

d. *Conteste a las preguntas.*

1. ¿En qué negocio estaba Llovet antiguamente?

2. ¿Cuál era el carácter del capitán . . . impetuoso, pacífico? Dé Ud. razones.
3. ¿Cómo era la vida del capitán en los últimos años?
4. ¿Puede Ud. comparar al capitán con otro personaje histórico o literario? ¿Con quién?
5. ¿Era valiente o cobarde Llovet? Dé razones.
6. ¿Cuál era la actitud de sus marineros para con él? ¿Le querían, le respetaban, le tenían miedo?
7. ¿Qué quería decir la gente cuando le llamaban «gitano del mar»?
8. ¿Por qué odiaba la navegación a vapor?
9. El día de la tormenta, ¿por qué no le ayudó la gente de la playa?
10. ¿Por qué no pudieron hacer nada sus antiguos marineros?
11. ¿Hay una diferencia entre como pensaba el capitán acerca de la vida humana en su juventud y en su vejez? Si hay, ¿cuál es?
12. ¿Por qué no detuvieron en seguida sus familias a los viejos marineros?
13. ¿Cree Ud. que los viejos marineros querían salir al mar? ¿Por qué? ¿Por el capitán? ¿Para salvar a los que estaban en peligro? ¿Otra razón?
14. El autor dice, «venían a sentarse en la acera algunos de aquellos viejos que habían recibido de él en otros tiempos órdenes y palos.» ¿Qué quiere decir esa frase?
15. ¿Qué quiere decir el capitán cuando dice, «ahora el mar es de los fogoneros»?
16. Si Ud. estuviera en la playa, ¿dejaría a los viejos llevar una barca al agua?

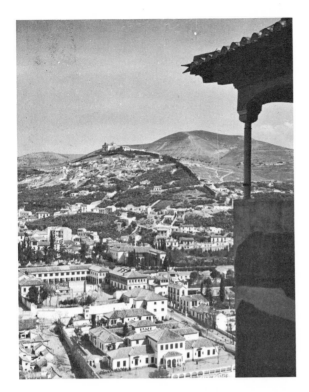

Barrio de Sacromonte, Granada

e. Siga el modelo.

Rafael — afeitarse
Antes Rafael siempre se afeitaba pero ayer no
se afeitó.

1. Rafael — afeitarse
2. ellos — acudir
3. el público — aplaudir
4. los Gómez — servir café
5. el labrador — cubrir el surco
6. tú — repartir el trabajo
7. Uds. — pagar
8. los muchachos — necesitar dinero
9. mamá — leer
10. los chilenos — jugar
11. mis amigos — llamar
12. Ud. — ir

13. tú y yo — ganar
14. Pérez — exhibir cuadros nuevos
15. yo — entender al profesor
16. los mineros — descender hasta el fondo
17. las nubes — desaparecer
18. tú y Andrés — ser los mejores
19. las tropas — avanzar
20. nosotros — asistir
21. los negociantes — fijar los precios

f. Siga el modelo.

El profesor no quiere que hablemos.
El profesor no quería que habláramos.

1. El profesor no quiere que hablemos.
2. Prefiero que tú lo escribas.
3. Quieren que yo acabe.
4. ¿Dudas que puedan entenderlo?
5. Es preciso que ellos comprendan.
6. No creemos que Ud. vuelva.
7. Temen que Uds. no terminen.
8. ¿Quiere Ud. que lo sembremos?
9. ¿Es necesario que yo repita?
10. Quieren que nosotros observemos.
11. Quiero que lo leas bien.
12. Tengo miedo de que no lo vendan.
13. Es difícil que lo hagan.
14. No quiere que digamos nada.
15. Prefieren que Uds. vengan.
16. Espero que tú los traigas.
17. Es imposible que no lo tengan.
18. Ellos prefieren que no vayamos.
19. Espero que aplaudan.
20. ¿Crees que resistan?
21. No creo que Luis lo sepa.
22. Es posible que no lo sujeten.
23. Es difícil que los componga.
24. Tienen miedo de que tú y yo nos detengamos.
25. Deseamos que tú ganes.
26. Temen que Uds. no puedan asistir.

Obra de Vicente Blasco Ibáñez   **251**

g. Siga el modelo.

Ayer / él / querer / yo / trabajar
Ayer él quiso que yo trabajara.

1. ayer / él / querer / yo / trabajar
2. semana pasada / yo / mandar / tú / terminar
3. año pasado / ellos / querer / nosotros / vender / casa
4. anoche / Uds. / pedir / yo / cantar
5. antes / ser / difícil / tú / comprender
6. ¿qué / tú / querer / él / hacer / lunes pasado?
7. hace meses / Juan / mandar / Uds. / escribir
8. verano pasado / Papá / querer / tú / visitar
9. ayer / ser imposible / ellos / ir
10. yo / dudar / niños / ser / quienes / llamar / anoche
11. antes / él / no creer / tú / poder / hacer / trabajo
12. martes pasado / nosotros / pedir / tú / traer / libros

h. Complete las oraciones con la forma apropiada del verbo.

1. Si ellos _____ aquí, los veremos.   *estar*
2. Si Carlos lo _____, me lo diría.   *saber*
3. Si yo _____ a España, te compraré un regalo.   *ir*
4. Si Uds. _____, estudiaríamos juntos.   *venir*
5. Si él _____ enfermo, no estaría aquí.   *estar*
6. Si Enrique lo _____, me lo daría.   *tener*
7. Si ellos _____, lo tendremos mañana.   *terminar*

i. Describa en un mínimo de 150 palabras alguna región, provincia o algún estado de cualquier país que conoce. Describa dónde está, el clima, la vegetación, la topografía y otros detalles importantes.

j. Tenga en mente a algún señor viejo. Imagine y escriba en 200 palabras o más, alguna aventura que él pudiera haber tenido cuando joven. Puede ser completamente imaginaria. Describa al señor, a los otros, el sitio donde ocurre y lo que pasa.

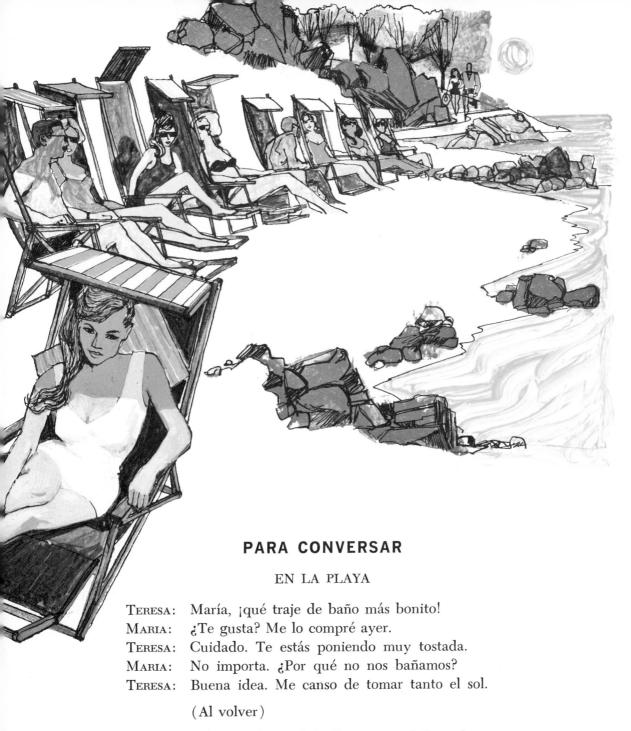

PARA CONVERSAR

EN LA PLAYA

TERESA: María, ¡qué traje de baño más bonito!

MARIA: ¿Te gusta? Me lo compré ayer.

TERESA: Cuidado. Te estás poniendo muy tostada.

MARIA: No importa. ¿Por qué no nos bañamos?

TERESA: Buena idea. Me canso de tomar tanto el sol.

(Al volver)

MARIA: Mira. ¡Qué sucia! La hamaca está llena de arena.

TERESA: Voy por un refresco. ¿Quieres algo?

MARIA: Sí, tráeme una limonada, por favor.

Obra de Vicente Blasco Ibáñez   253

VERBS

REGULAR VERBS — SIMPLE TENSES

Infinitive	**hablar** *to speak*	**comer** *to eat*	**vivir** *to live*
Present participle	hablando	comiendo	viviendo
Past participle	hablado	comido	vivido
Present indicative	hablo	como	vivo
	hablas	comes	vives
	habla	come	vive
	hablamos	comemos	vivimos
	habláis	coméis	vivís
	hablan	comen	viven
Imperfect	hablaba	comía	vivía
	hablabas	comías	vivías
	hablaba	comía	vivía
	hablábamos	comíamos	vivíamos
	hablabais	comíais	vivíais
	hablaban	comían	vivían
Preterite	hablé	comí	viví
	hablaste	comiste	viviste
	habló	comió	vivió
	hablamos	comimos	vivimos
	hablasteis	comisteis	vivisteis
	hablaron	comieron	vivieron
Future	hablaré	comeré	viviré
	hablarás	comerás	vivirás
	hablará	comerá	vivirá
	hablaremos	comeremos	viviremos
	hablaréis	comeréis	viviréis
	hablarán	comerán	vivirán

Conditional	hablaría	comería	viviría
	hablarías	comerías	vivirías
	hablaría	comería	viviría
	hablaríamos	comeríamos	viviríamos
	hablaríais	comeríais	viviríais
	hablarían	comerían	vivirían

Present subjunctive	hable	coma	viva
	hables	comas	vivas
	hable	coma	viva
	hablemos	comamos	vivamos
	habléis	comáis	viváis
	hablen	coman	vivan

Past subjunctive	hablara	comiera	viviera
	hablaras	comieras	vivieras
	hablara	comiera	viviera
	habláramos	comiéramos	viviéramos
	hablarais	comierais	vivierais
	hablaran	comieran	vivieran

COMPOUND TENSES

Present	he			
	has			
	ha	hablado	comido	vivido
	hemos			
	habéis			
	han			

Past	había			
	habías			
	había	hablado	comido	vivido
	habíamos			
	habíais			
	habían			

Future	habré habrás habrá habremos habréis habrán	hablado	comido	vivido
Conditional	habría habrías habría habríamos habríais habrían	hablado	comido	vivido
Present subjunctive	haya hayas haya hayamos hayáis hayan	hablado	comido	vivido
Past subjunctive	hubiera hubieras hubiera hubiéramos hubierais hubieran	hablado	comido	vivido

DIRECT COMMANDS

Informal
(Tú and vosotros forms)

Affirmative	habla (tú) hablad	come (tú) comed	vive (tú) vivid
Negative	no hables no habléis	no comas no comáis	no vivas no viváis
Formal	hable Ud. hablen Uds.	coma Ud. coman Uds.	viva Ud. vivan Uds.

STEM-CHANGING VERBS

First Class

	-ar verbs		-er verbs	
	e → ie	o → ue	e → ie	o → ue
Infinitive	**sentar**[1] *to seat*	**contar**[2] *to tell*	**perder**[3] *to lose*	**soler**[4] *to be accustomed*
Present participle	sentando	contando	perdiendo	soliendo
Past participle	sentado	contado	perdido	solido
Present indicative	siento sientas sienta sentamos sentáis sientan	cuento cuentas cuenta contamos contáis cuentan	pierdo pierdes pierde perdemos perdéis pierden	suelo sueles suele solemos soléis suelen
Present subjunctive	siente sientes siente sentemos sentéis sienten	cuente cuentes cuente contemos contéis cuenten	pierda pierdas pierda perdamos perdáis pierdan	suela suelas suela solamos soláis suelan

[1] *Cerrar, comenzar, despertar, empezar* and *pensar* are similar.
[2] *Acordar, acostar, almorzar, apostar, colgar, costar, encontrar, jugar, mostrar, probar, recordar, rogar* and *volar* are similar.
[3] *Defender* and *entender* are similar.
[4] *Disolver, doler, envolver, llover* and *volver* are similar.

	Second Class		Third Class
	e → ie, i	o → ue, u	e → i
Infinitive	**sentir**[5] *to regret*	**morir**[6] *to die*	**pedir**[7] *to ask for, to request*
Present participle	sintiendo	muriendo	pidiendo
Past participle	sentido	muerto	pedido
Present Indicative	siento sientes siente sentimos sentís sienten	muero mueres muere morimos morís mueren	pido pides pide pedimos pedís piden
Preterite	sentí sentiste sintió sentimos sentisteis sintieron	morí moriste murió morimos moristeis murieron	pedí pediste pidió pedimos pedisteis pidieron
Present subjunctive	sienta sientas sienta sintamos sintáis sientan	muera mueras muera muramos muráis mueran	pida pidas pida pidamos pidáis pidan
Past subjunctive	sintiera sintieras sintiera sintiéramos sintierais sintieran	muriera murieras muriera muriéramos murierais murieran	pidiera pidieras pidiera pidiéramos pidierais pidieran

[5] *Mentir, preferir* and *sugerir* are similar.

[6] *Dormir* is similar; however, the past participle is regular—*dormido*.

[7] *Conseguir, despedir, elegir, perseguir, reír, repetir* and *seguir* are similar.

IRREGULAR VERBS

The following list of irregular verb forms includes only those tenses in which a disparity occurs. This does not include such present subjunctive forms as *caiga, diga, haga, influya, oiga, ponga, salga, tenga, traiga, valga, vea* and *venga* because these follow a set pattern and are not therefore actually irregular. Nor does this list include such imperfect subjunctive forms as *cayera, diera, dijera, estuviera, hubiera, hiciera, influyera, fuera, pudiera, pusiera, produjera, quisiera, supiera, tuviera, trajera* and *viniera* for the same reason.

Orthographic-changing verbs, some of whose forms undergo a spelling adjustment to maintain the original sound of the infinitive, are not included in this list either. Verb forms which undergo a spelling change for reasons other than sound maintenance are included in footnotes.

	andar　*to walk, to go*
Preterite	anduve, anduviste, anduvo, anduvimos, anduvisteis, anduvieron

	caber　*to fit*
Present indicative	quepo, cabes, cabe, cabemos, cabéis, caben
Preterite	cupe, cupiste, cupo, cupimos, cupisteis, cupieron
Future	cabré, cabrás, cabrá, cabremos, cabréis, cabrán
Conditional	cabría, cabrías, cabría, cabríamos, cabríais, cabrían

	caer[8]　*to fall*
Present indicative	caigo, caes, cae, caemos, caéis, caen

	conocer　*to know, to be acquainted with*
Present indicative	conozco, conoces, conoce, conocemos, conocéis, conocen

	dar　*to give*
Present indicative	doy, das, da, damos, dais, dan
Present subjunctive	dé, des, dé, demos, deis, den
Preterite	di, diste, dio, dimos, disteis, dieron

---

[8] Spelling changes are found in the present participle—*cayendo;* past participle — *caído;* and preterite — *caíste, cayó, caímos, caísteis, cayeron.*

decir *to say, to tell*

Present participle	diciendo
Past participle	dicho
Present indicative	digo, dices, dice, decimos, decís, dicen
Preterite	dije, dijiste, dijo, dijimos, dijisteis, dijeron
Future	diré, dirás, dirá, diremos, diréis, dirán
Conditional	diría, dirías, diría, diríamos, diríais, dirían
Direct command (tú)	di

estar *to be*

Present indicative	estoy, estás, está, estamos, estáis, están
Present subjunctive	esté, estés, esté, estemos, estéis, estén
Preterite	estuve, estuviste, estuvo, estuvimos, estuvisteis, estuvieron

haber *to have*

Present indicative	he, has, ha, hemos, habéis, han
Present subjunctive	haya, hayas, haya, hayamos, hayáis, hayan
Preterite	hube, hubiste, hubo, hubimos, hubisteis, hubieron
Future	habré, habrás, habrá, habremos, habréis, habrán
Conditional	habría, habrías, habría, habríamos, habríais, habrían

hacer *to do, to make*

Past participle	hecho
Present indicative	hago, haces, hace, hacemos, hacéis, hacen
Preterite	hice, hiciste, hizo, hicimos, hicisteis, hicieron
Future	haré, harás, hará, haremos, haréis, harán
Conditional	haría, harías, haría, haríamos, haríais, harían
Direct command (tú)	haz

incluir[9] *to include*

Present indicative	incluyo, incluyes, incluye, incluimos, incluís, incluyen

---

[9] Spelling changes are found in the present participle— *incluyendo;* and preterite— *incluyó, incluyeron.* Similar are *atribuir, constituir, contribuir, distribuir, fluir, huir, influir* and *sustituir.*

	ir[10] *to go*
Present indicative	voy, vas, va, vamos, vais, van
Present subjunctive	vaya, vayas, vaya, vayamos, vayáis, vayan
Imperfect	iba, ibas, iba, íbamos, ibais, iban
Preterite	fui, fuiste, fue, fuimos, fuisteis, fueron
Direct command (tú)	ve

	oír[11] *to hear*
Present indicative	oigo, oyes, oye, oimos, oís, oyen

	poder *to be able*
Present participle	pudiendo
Present indicative	puedo, puedes, puede, podemos, podéis, pueden
Preterite	pude, pudiste, pudo, pudimos, pudisteis, pudieron
Future	podré, podrás, podrá, podremos, podréis, podrán
Conditional	podría, podrías, podría, podríamos, podríais, podrían

	poner *to put, to place*
Past participle	puesto
Present indicative	pongo, pones, pone, ponemos, ponéis, ponen
Preterite	puse, pusiste, puso, pusimos, pusisteis, pusieron
Future	pondré, pondrás, pondrá, pondremos, pondréis, pondrán
Conditional	pondría, pondrías, pondría, pondríamos, pondrías, pondrían
Direct command (tú)	pon

	producir *to produce*
Present indicative	produzco, produces, produce, producimos, producís, producen
Preterite	produje, produjiste, produjo, produjimos, produjisteis, produjeron

	querer *to wish, to want*
Present indicative	quiero, quieres, quiere, queremos, queréis, quieren
Preterite	quise, quisiste, quiso, quisimos, quisisteis, quisieron
Future	querré, querrás, querrá, querremos, querréis, querrán
Conditional	querría, querrías, querría, querríamos, querríais, querrían

[10] A spelling change is found in the present participle—*yendo*.
[11] Spelling changes are found in the present participle—*oyendo;* past participle—*oído;* present indicative—*oímos;* and preterite—*oíste, oyó, oímos, oísteis, oyeron.*

	saber *to know*
Present indicative	sé, sabes, sabe, sabemos, sabéis, saben
Present subjunctive	sepa, sepas, sepa, sepamos, sepáis, sepan
Preterite	supe, supiste, supo, supimos, supisteis, supieron
Future	sabré, sabrás, sabrá, sabremos, sabréis, sabrán
Conditional	sabría, sabrías, sabría, sabríamos, sabríais, sabrían

	salir *to leave, to go out*
Present indicative	salgo, sales, sale, salimos, salís, salen
Future	saldré, saldrás, saldrá, saldremos, saldréis, saldrán
Conditional	saldría, saldrías, saldría, saldríamos, saldríais, saldrían
Direct command (tú)	sal

	ser *to be*
Present indicative	soy, eres, es, somos, sois, son
Present subjunctive	sea, seas, sea, seamos, seáis, sean
Imperfect	era, eras, era, éramos, erais, eran
Preterite	fui, fuiste, fue, fuimos, fuisteis, fueron
Direct command (tú)	sé

	tener *to have*
Present indicative	tengo, tienes, tiene, tenemos, tenéis, tienen
Preterite	tuve, tuviste, tuvo, tuvimos, tuvisteis, tuvieron
Future	tendré, tendrás, tendrá, tendremos, tendréis, tendrán
Conditional	tendría, tendrías, tendría, tendríamos, tendríais, tendrían
Direct command (tú)	ten

	traer[12] *to bring*
Present indicative	traigo, traes, trae, traemos, traéis, traen
Preterite	traje, trajiste, trajo, trajimos, trajisteis, trajeron

	valer *to be worth*
Present indicative	valgo, vales, vale, valemos, valéis, valen
Future	valdré, valdrás, valdrá, valdremos, valdréis, valdrán
Conditional	valdría, valdrías, valdría, valdríamos, valdríais, valdrían

[12] Spelling changes are found in the present participle—*trayendo;* and the past participle—*traído.*

	venir *to come*
Present participle	viniendo
Present indicative	vengo, vienes, viene, venimos, venís, vienen
Preterite	vine, viniste, vino, vinimos, vinisteis, vinieron
Future	vendré, vendrás, vendrá, vendremos, vendréis, vendrán
Conditional	vendría, vendrías, vendría, vendríamos, vendríais, vendrían
Direct command (tú)	ven

	ver[13] *to see*
Past participle	visto
Present indicative	veo, ves, ve, vemos, veis, ven
Imperfect	veía, veías, veía, veíamos, veíais, veían

[13] Spelling changes are found in the preterite—*vi, vio.*

VOCABULARY

Included are all the words used in this book except conjugated verb forms. Verbs are listed according to the infinitive. Letters in parentheses after infinitives indicate the kind of irregularity (radical or orthographic change) which appears in conjugation of the verb.

Nouns ending in **o** are masculine and those ending in **a** are feminine. The gender of exceptions to this rule and of nouns ending in other letters is shown in parentheses after the noun: *(m.)*, *(f.)*.

a to, at, by; personal **a** (do not translate into English)

abajo down, below

abrigo overcoat

abril *(m.)* April

abrir to open

abrochar to fasten

abuelo, –a grandfather, grandmother; **abuelos** grandparents

abundar to abound, to be in a large quantity of

aburrido, –a tiresome, boring, bored

acá here; **hacia —** in this direction, toward us

acabar to end, to finish; **— de** to have just

Acapulco resort and port city on the Pacific coast of Mexico

accidente *(m.)* accident

acción *(f.)* action

aceite *(m.)* oil

acento accent

acera sidewalk, walkway

acerca de about, concerning

acercarse a to approach

acompañar to accompany

acostarse (ue) to retire, to go to bed

acostumbrar to accustom; **acostumbrarse** to become accustomed

actividad *(f.)* activity

actor *(m.)* actor

actual actual, present

acudir to assist; **— a** to hasten to

acueducto aqueduct

además moreover, also, in addition; **— de** besides

adiós *(m.)* good-by

adivinar to guess

adjetivo adjective

administración *(f.)* administration; **— de correos** post office

admirar to admire

adolescente adolescent

adonde where, to the place where; **¿adónde?** where?

aeroplano airplane

aeropuerto airport

afeitar to shave

aficionado lover, devotee, sport fan

afilar to sharpen

afuera outside

afueras *(f.pl.)* outskirts, suburbs

agachar to bend, to lean; **agacharse** to stoop down, to bend down agencia de viajes   travel agency

agosto   August

agradable   agreeable

agrado   pleasure

agricultor *(m.)*   farmer

agricultura   agriculture

agrupar   to group;   **agruparse**   to gather

agua (el)   water

agüelo   grandfather (Spain, rustic)

¡ah!   ah! oh!

ahora   now;   **— mismo**   right now

aire *(m.)*   air

airoso   elegant, happy

al   by, at or to the; contraction of **a** and **el**

Alameda, la   a small park in downtown Mexico City;   **alameda**   poplar grove

alcázar *(m.)*   castle, fortress

alegrarse   to be happy

alegre   happy

alemán *(m.)*   German (language), a German

alemán, –ana   German, of Germany

Alemán, Miguel   lawyer and judge (1902–   ) now living in Mexico City; former president of Mexico who built the University City

Alemania   Germany

Algeciras   port city in southern Spain

algo   something, somewhat

alguacil *(m.)*   bailiff, constable

alguien   someone, somebody

algún   shortened form of **alguno**

alguno, –a   some, any; someone

alma   soul

almuerzo   lunch

alrededor   around

alrededores *(m.pl.)*   outskirts, surrounding area

altavoz *(m.)*   loudspeaker

alto, –a   tall, high;   **de —**   high, in height

altura   height

alumbrar   to light

alumno, –a   pupil, student

allá   there

allí   there

amanecer   to dawn

amanecer *(m.)*   dawn;   **al —**   at daybreak

amarillo, –a   yellow

amarrar   to tie

Amazonas *(m.)*   Amazon River

ambiente *(m.)*   environment, surrounding atmosphere

ambos, –as   both

América   America;   **las —s**   the Americas

americano, –a   American

amigo, –a   friend

ancho, –a   wide, broad

Andalucía   large region in southern Spain

andar   to walk, to go

ángel *(m.)*   angel

animal *(m.)*   animal

anoche   last night

antes (de)   before

antigüedad *(f.)*   antiquity, oldness;   **—es** antiques

antiguo, –a   old, ancient, former;   **el más —** oldest

anudar   to knot, to tie

anunciar   to announce, to advertise

añadir   to add

año   year;   **el — que viene**   next year;   **el — pasado**   last year;   **al —**   per year

Año Nuevo   New Year's

apasionado   passionate, suffering

apellido   family name, surname

apenas   scarcely, hardly

aplaudir   to applaud

Apocalipsis   Apocalypse

apodar   to nickname

aporrear   to beat

aprender   to learn

apropiado, –a   proper

apunte *(m.)*   note, annotation

aquel –la   that;   **aquellos, –as**   those

aquél –la   that one, the former

aquello   that, that one

aquí   here

árabe *(m.)*   Arabic (language), an Arab

árabe   Arabian, of Arabia

arado   plow

Aragón   region in northeastern Spain adjacent to Catalonia

árbol (m.)   tree

arco   arch

archipiélago   archipelago

ardiente   fiery, intense

área   area

arena   sand, arena

Argonauta (m.)   Argonaut

aroma (m.)   aroma, fragrance

arquitectura   architecture

arranque (m.)   tantrum, sudden burst of rage or emotion

arrastrar   to drag along the ground

arrebato   surprise, sudden attack

arreglar   to fix, to mend, to arrange

arriba   upstairs, above, up

arriesgar   to risk

arroz (m.)   rice

arruga   wrinkle

arruinado, –a   ruined

arte (m. or f.)   art;   bellas —s   fine arts

artesano   workman

artículo   article

artificial   artificial

artístico, –a   artistic

ascendencia   ascending line, line of ancestors

así   thus;   — es que   therefore

asiento   seat

asistir   to attend

asombrar   to frighten, to astonish, to overshadow

asombro   dread, astonishment

asustado, –a   frightened

atar   to tie, to stop

atemorizado, –a   terrified

atención (f.)   attention

aterrador –a   frightening

aterrizar   to land

Atlántico   Atlantic

atmosférico, –a   atmospheric

atraer   to attract

através   across

audaz   audacious, bold

aunque   although

ausente   absent

autobús (m.)   bus;   en —   by bus

automóvil (m.)   automobile

autor (m.)   author

auxilio   aid, help

avanzar   to advance, to push forward

avenida   avenue

avión (m.)   airplane

ayer   yesterday

ayudar   to aid

azadón (m.)   hoe

azafata   stewardess (Spain)

azteca   Aztec, of the Aztecs, founders of the empire conquered by Cortez in 1519–1520

azul   blue

azulejo   glazed tile which often has hand painted designs of several colors

bailar   to dance

baile (m.)   dance

bajar   to go down, to descend

bajo, –a   low, short

Balsas (m.)   river in southern Mexico which flows into the Pacific Ocean

Báltico (m.)   Baltic Sea

banco   bank, bench

bandada   cóvey, flock (of birds), drove

bandera   flag, pennant

banderillero   banderillero

bañar   to wash;   —se   to bathe

baño   bath

Barcelona   chief port city of Spain, located on the northeast coast

barco   boat;   en —   by boat

barra   bar, rod

barrio   district or section of a town

basar   to base, to fix, to support

bastante enough, quite
batalla battle
beber to drink
bebida drink
béisbol *(m.)* baseball;　jugar al — to play baseball
belleza beauty
bello, –a beautiful, pretty
benigno, –a kind, mild
bergantín *(m.)* brigantine, brig
besar to kiss
bestia beast
biblioteca library
bien well
biftec *(m.)* beefsteak
Bilbao industrial city in northern Spain
billete *(m.)* ticket;　— de ida y vuelta round trip ticket
biográfico, –a biographical
blanco, –a white
blasfemar to blaspheme, to swear
blusa blouse
boca mouth
bodega wine cellar, harvest of wine, warehouse, hold of a ship
bola ball;　bolo tenpin (bowling)
Boloña Bologna, university city in northern Italy
bolso purse
bombilla light bulb, a tube to sip mate
bonachón good-natured (person)
borla tassel
bota boot
botica drugstore, pharmacy
bravura courage, ferocity, bravado
brazo arm, valor
brillante brilliant, shiny
brinco leap;　dar —s to leap
brioso, –a vigorous, full of spirit
británico, –a British
broma clatter, joke, jest
bronceado, –a bronzed, tanned
buen shortened form of bueno

bueno, –a good
bula papal bull
buque *(m.)* boat, vessel
Burgos city in the region of Old Castile, Spain
burlar to ridicule
burro donkey;　— de feria gypsy's donkey
buscar (qu) to look for

caballero gentleman
caballo horse
cabeza head
cada each, every
cadena chain
Cádiz port city located on the southern coast of Spain
caer to fall
café *(m.)* coffee, type of coffee shop, café
cafetera coffeepot, coffeemaker
cafetería cafeteria
caja box, cashier
calcetín *(m.)* sock
cálido, –a hot, warm
caliente hot, warm
califa *(m.)* caliph
calor *(m.)* heat, warmth;　hacer — to be warm (weather);　tener — to be warm (person)
calle *(f.)* street
callejero, –a pertaining to the street; gadabout; loitering
camarero waiter
cambiar to change
camello camel
caminar to walk
camino road, path
camión *(m.)* truck, (Mexican) bus
camisa shirt
campana bell
campanario bell tower
campesino peasant

campo   country, field, countryside

canas   gray hairs

canasta   basket

Cantábrico, –a   Cantabrian;   **Mar —**   Bay of Biscay;   **Montes —s**   Cantabrian Mountains in northern Spain

canica   marble (children's toy)

cantar   to sing

cantidad (f.)   quantity

canto   song, chant

cañón (m.)   tube, cannon, canyon

capa   cloak, layer

capillita   little chapel

capital (f.)   capital, capital city

capote (m.)   bullfighter's cape

característico, –a   typical

caracterizar   to characterize

cardinal   cardinal, principal

cargamento   load, cargo;   **cargar**   to load

Caribe   Caribbean;   **Mar —**   Caribbean Sea

carne (f.)   meat, flesh

carnívoro, –a   carnivorous

caro, –a   expensive, costly

carrera   career; race

carretera   highway

carretero   truckman, cartwright

carta   letter

casa   house, home;   **en —**   at home;   **a —**   home (destination)

casi   almost, nearly

Caspe   a town in the Spanish region of Aragon, near Saragossa

castañeta (also **castañuela**)   castanet

castellano   Castilian

Castilla   name given to the central and north central region of Spain; Castile

casto, –a   pure, chaste

catalán, –ana   Catalan, Catalonian

catálogo   catalog

catedral (f.)   cathedral

catorce   fourteen

caucho   rubber

causa   cause;   **a — de**   because of

causar   to cause

cebo   fodder, animal feed

cebolla   onion

ceibo   a type of tropical tree, a silk-cotton tree

cena   supper

cenar   to have supper, to dine

centavo   cent

central   central;   **Meseta —**   Central Plateau

centro   center, middle, downtown area

cerca (de)   near, near to, nearby

cero   zero

cerrar (ie)   to close

cesar   to stop

césped (m.)   grass, lawn

ciego, –a   blind, a blind person

cielo   sky, heaven

ciencia   science

ciento   one hundred

cierto, –a   certain

cima   summit, peak, top of trees

cinco   five

cincuenta   fifty

cine (m.)   motion picture, cinema

cinturón de seguridad (m.)   safety belt

circular   circular, round

ciudad (f.)   city

Ciudad de México, D. F.   Mexico City, Federal District; the capital and largest city of the country, located on the Central Plateau on the ruins of the old Aztec empire

clarín (m.)   'horn, bugle, trumpet

claro, –a   sure, of course, clear

clase (f.)   class, kind, type

cláusula   clause

cliente (m. or f.)   client, customer

clima (m.)   climate

cobarde   cowardly, timid, coward

cocido, –a   cooked, boiled, skilled

cocina   kitchen

coche (m.)   car;   **en —**   by car

codo   elbow

coger   to catch, to take up
cola   tail
colegio   college (Mexico)
cólera   anger, rage
colgar (ue)   to hang, to suspend
colocar   to arrange, to place
colombiano, –a   Colombian
colonial   colonial
colonizar   to colonize
color (m.)   color
columna   column
combate (m.)   combat
combatir   to fight
combinación (f.)   combination
comedor (m.)   dining room
comenzar (ie)   to begin
comer   to eat
comercial   commercial
cómico   comic, comical
comida   food, meal
comienzo   beginning
como   as, like;   ¿cómo?   how?
compadre   friend, old pal
compañero, –a   companion, friend
compañía   company
comparar   to compare
comparativo, –a   comparative
compartir   to share
compás (m.)   musical time or beat, measure;
   al — in time, keeping step
competencia   competition, rivalry, competence
complemento   complement, grammatical object
completar   to complete
completo, –a   complete
componer   to compose, to repair, to calm
composición (f.)   composition
compra   purchase
comprador –a   buyer, customer
comprar   to buy
común   common, usual, general
comunicación (f.)   communication
comúnmente   commonly, usually

con   with;   — permiso   excuse me;   dar
   — to come upon, to find
concierto   concert
concordancia   agreement
concurrentes (m. pl.)   those present at a gath-
   ering, guests
condenado, –a   condemned
condición (f.)   condition
conducir   to conduct, to lead
conferencia   conference
conjugación (f.)   conjugation
conmemorar   to commemorate
conmigo   with me
conmover (ue)   to move emotionally, to affect
conocer   to know, to be acquainted with
conquista   conquest
conquistar   to conquer
conseguir   to attain, to get
conservar   to conserve, to keep
considerable   considerable
consistir   to consist
construir   to build, to construct
consumir   to consume
contar (ue)   to count, tell
contemplar   to contemplate, to study
contento, –a   content, happy
contestación (f.)   answer
contestar   to answer
contigo (familiar)   with you
continuación (f.)   continuation
continuar   to continue
continuo, –a   continual
contra   against
contrario, –a   contrary, opposite
contrastar   to contrast
contraste (m.)   contrast
conversar   to converse, to speak
convertir   to convert
convulsión (f.)   convulsion
corbata   tie
corneta   cornet
coro   choir, chorus
corral (m.)   yard, corral

correcto   correct
corredor *(m.)*   corridor, hall
correo   mail;   — aéreo   air mail
correr   to run
corrida de toros *(f.)*   bullfight
cortar   to cut
corto, –a   short
cosa   thing
cosecha   harvest
costa   coast
costumbre *(f.)*   custom, habit
crecer   to increase, to bud forth
criado   servant
cristiano   Christian
crucero   warship with powerful guns
cruel   cruel
cruzar (c)   to cross
cuaderno   notebook
cuadro   picture
cual   which;   ¿cuál?   what? which one?
cuando   when;   ¿cuándo?   when?
cuanto, –a   as much as;   ¿cuánto, –a?   how much?
cuantos, –as   as many as;   unos, –as —   a few;   ¿cuántos, –as?   how many?
cuarenta   forty
cuarto, –a   fourth
cuarto   room, quarter, fourth
cuatro   four
cuatrocientos, –as   four hundred
cubierta   deck of a ship
cubierto (de)   covered (with)
cubo   pail, cube, millpond
cubrir   to cover
cuello   neck
cuenta   bill, check;   — de ahorros   bank account
cuento   story
cuerda   cord, string
cuero   leather
cuerpo   body
cuestión *(f.)*   question, issue, problem
cueva   cave, grotto, den

cuidado   care;   tener —   to be careful
cultivar   to cultivate
cumplir   to execute, to fulfill
curiosidad *(f.)*   curiosity
curioso, –a   curious
curso   course
curvo, –a   curved
cuyo, –a   whose, of which, of whom

Chapala   largest lake in Mexico, located in the central part of the country
chaqueta   jacket
charro   Mexican in ornate riding habit
cheque *(m.)*   check;   —s de viajero   traveler's checks
chico, –a   boy, girl
chileno, –a   Chilean
chimenea   fireplace
chocar   to collide, to crash, to conflict
chocolate *(m.)*   chocolate, hot chocolate
chófer *(m.)*   driver
chorizo   hard pork sausage
chuleta   chop (meat)
chupar   to sip
churro   fritter, a kind of doughnut or cruller

D. F.   abbreviation for Distrito Federal, the Federal District which includes Mexico City
dado, –a   given
danza   dance
dar   to give;   —se prisa   to hurry (up);   — las gracias   to thank
de   of, from;   — noche   by night;   — nuevo   again;   — parte de   from, on behalf of;   — pronto   suddenly;   — regreso   return;   — repente   suddenly;   — retorno   on return;   — vuelta   upon return

deber   to owe, to ought to
décimo, –a   tenth
decir (i)   to say, tell
decrépito, –a   decrepit
dedicado, –a   dedicated
dedo   finger, toe
defensa   defense
defensor (m.)   defender
definido, –a   definite
dejar   to leave, to allow
del   of the, from the; contraction of de and el
delante   ahead;   — de   in front of
delgado, –a   thin
demás   other, others, rest of
demasiado   enough, too much
demostrativo, –a   demonstrative
dentellada   bite, gnashing of the teeth
dentro (de)   inside (of)
deporte (m.)   sport
derecha   right;   a la —   on, at or to the right
derecho   law
derribar   to demolish, to overthrow
desafío   challenge, dare
desahogar   to ease pain, to relieve
desayunarse   to breakfast
desayuno   breakfast
descansar   to rest, to sleep
descender   to descend, to go down
desconocido, –a   unknown
describir   to describe
descripción (f.)   description
descubrir   to discover, to come upon
desde   from, since
desembocar   to empty, to flow into
deseo   wish, desire
desesperación (f.)   desperation
desfile (m.)   parade
desierto   desert
desobedecer   to disobey
desolado, –a   desolate
despacio   slowly, little by little
despedirse (i)   to say good-by

despegar   to take off (plane)
desperdiciar   to waste;   —se   to be wasted
después (de)   after
destierro   exile, banishment
destinado, –a   destined
destino   destination
detalle (m.)   detail
detenerse   to stay, to stop
detrás (de)   behind, in back (of)
día (m.)   day
diálogo   dialog
diario   journal, diary, daily news
dibujo   drawing, sketch, description
diccionario   dictionary
diciembre (m.)   December
diez   ten
diferencia   difference
diferente   different
difícil   difficult
dificultad (f.)   difficulty
dinero   money
dirección (f.)   direction;   ponerse en — a   to go toward
directo, –a   direct
director (m.)   director
dirigir (j)   to direct;   —se a   to go toward, to go in the direction of
discípulo   disciple
dispersar   to scatter
distancia   distance
distracción (f.)   distraction
distrito   district;   Distrito Federal (D. F.)   Federal District
diversión (f.)   diversion, distraction, pastime
divertir   to divert, to amuse
dividir   to divide
división (f.)   division
doce   twelve
doctor (m.)   doctor
dólar (m.)   dollar
dolor (m.)   pain, grief, regret
dominar   to dominate
domingo   Sunday

don title used before a man's given name to show respect

donde where; **¿dónde?** where?

doña title of a married woman or widow equivalent to Mrs. but used only before given names

dormir (ue, u) to sleep

dormitorio bedroom

dos two

drago type of tree originally from the Canary Islands

duda doubt

dueña chaperon, female owner of store

Duero *(m.)* the Douro River, which flows through northern Spain into Portugal and empties into the Atlantic

duque *(m.)* duke

duración (f.) duration

durante during

duro, –a hard

e and (used in place of **y** before words beginning with **i** or **hi**)

Ebro *(m.)* the Ebro River, which flows through northern Spain in an easterly direction and empties into the Mediterranean

ecuador *(m.)* equator

echar to cast, to throw; **— la siesta** to sleep the siesta

Edad Media Middle Ages

edición *(f.)* edition

edificio building

educación *(f.)* education

EE.UU. abbreviation for **Estados Unidos de América** United States of America

ejemplo example; **por —** for example

el the; **— (lunes)** on (Monday)

él he; *(prep. obj.)* him

eléctrico, –a electric

elegante elegant

elegir (i) (j) to elect

elevación *(f.)* elevation

ella she; *(prep. obj.)* her

ellos, –as they; *(prep. obj.)* them

emblema *(m.)* emblem, symbol

empezar (ie) to start, to begin

emplear to employ

empresa enterprise, undertaking

en in, at, on, by; **— (autobús)** by (bus); **— casa** at home; **— especial** especially; **— punto** sharp, on the dot; **— seguida** immediately

enardecer to inflame or excite

encabezar to lead, to make up a tax list, to put a heading to

encantador, –a beautiful, enchanting

encima (de) over, above, on top (of)

encargar to charge, to commission

encontrar (ue) to find, to meet; **—se** to be found; **—se con** to come upon

endosar to endorse

enero January

enfrente (de) in front (of), across (from)

enfurecerse to grow boisterous or furious

engañar to deceive, to cheat

enlazar to lasso

enlutado, –a in mourning

ennegrecer to make black

ensalada salad

enseñanza teaching, instruction

enseñar to teach, to show

entender (ie) to understand, to comprehend

entonces then, therefore

entrada entrance

entrar (en) to enter

entre between, among

entregar to deliver, to restore

entusiasmo enthusiasm

época age, era, time, epoch

equipaje *(m.)* baggage, equipment

equivaler to equal

era era, age

erguir to erect, to rise straight up

escenario setting, scenario, stage
esclavo slave
escoger to choose, to select
escondite *(m.)* hide and seek
escribir to write
escritorio desk
escuchar to listen (to)
escuela school; — **superior** secondary school, high school
escultura sculpture
ese, –a that; **esos, –as** those
ése, –a that, that one
esfuerzo effort, force, courage
eso that; **por —** therefore
espacio space
España Spain
español *(m.)* Spanish (language), Spaniard
español, –a Spanish, of Spain
espárrago asparagus
especie *(f.)* species, kind, sort
espectador *(m.)* spectator
esperar to wait (for), to hope
esposo, –a husband, wife
espuma foam
esqueleto skeleton
esquiar to ski
establecer to establish
estación *(f.)* station, condition, season (of the year)
estancia cattle ranch, mansion, stay
estandarte *(m.)* banner, standard
estar to be
estatua statue
este *(m.)* east; **al — de** to the east of
este, –a this; **estos, –as** these
éste, –a this one, the latter
esto this; **por —** for this reason
estrecho, –a narrow
estrella star
estructura structure
estudiante *(m. or f.)* student
estudiar to study
estupendo, –a wonderful

eterno, –a eternal
etiqueta etiquette, formality, label
Europa Europe
examinar to examine
excavación *(f.)* excavation
excelente excellent
exhibir to exhibit
éxito success
expansión *(f.)* expansion
exportar to export
exposición *(f.)* exposition
extenso, –a extensive, vast
extranjero, –a foreign
extremo, –a extreme

fácil easy
facultad *(f.)* faculty, school, branch of a university
falda skirt
faltar to lack, to need
fama fame, reputation
familia family
fantástico, –a fantastic, terrific
faro lighthouse
favor *(m.)* favor
febrero February
fecundo fertile, prolific, fruitful
fecha date
femenino, –a feminine
feo, –a ugly
feroz fierce, ferocious, savage
fértil fertile, fruitful
fiambre *(m.)* cold meat
fiar to trust, to guarantee
fiero fierce, cruel
fiesta party
figura figure, shape
fijar to fix, to secure or fasten
fijo, –a fixed
fila row, line, file

filosofía   philosophy
final *(m.)*   end
finca   property, estate, ranch
físico, –a   physical
flor *(f.)*   flower
fluctuar   to fluctuate, to waver
fogonero   fireman, stoker
fondo   background, bottom, back;   **al —** in the background
forma   shape, form
fosco, –a   dark, gloomy
fotografía   photograph
francés *(m.)*   French (language), Frenchman
francés, –esa   French, of France
Francia   France
franqueo   postage
frase *(f.)*   sentence, phrase
frecuencia   frequency;   **con —** frequently
frente *(m.)*   front;   **al —, por —** in front
fresco   fresco, a type of painting, mural
fresco, –a   fresh, cool;   **hacer —** to be cool
frialdad *(f.)*   coldness, indifference
frío   cold;   **hacer —** to be cold (weather); **tener —** to be cold (person)
frito, –a   fried
frontera   frontier
fruta   fruit
frutal   bearing fruit;   **árbol —** fruit tree
fuente *(f.)*   fountain, spring (of water)
fuera (de)   away from, outside (of)
fuerte   strong, sturdy
fumar   to smoke
fundador, –a   founder
fútbol *(m.)*   football;   **jugar al —** to play football
futuro   future, future tense

galería   gallery
ganadería   livestock, ranch
ganadero   stockbreeder, rancher

ganancia   gain, profit
ganar   to win, to earn
garboso, –a   jaunty, graceful, elegant
gastar   to spend
gaucho   Gaucho, Argentine cowboy
gemir   to groan, to moan, to howl
generalmente   generally
gente *(f.)*   people
geografía   geography
geométrico   geometrical
girar   to revolve
giro   postal money order
golfo   gulf
gordo, –a   fat
gorro   cap, bonnet
gracias   thank you;   **dar las —** to thank
grada   step, tier, row (of seats)
gradería   flight of steps
gran   shortened form of **grande**
grande   big, large, great
grano   grain
gratis   free
griego *(m.)*   Greek (language), a Greek
griego, –a   Greek, of Greece
gris   gray
gritar   to shout, to yell, to cry out
gruñido   grunt, growl, snarl
grupo   group
guapo, –a   handsome, beautiful
guerra   war
guerrero, –a   fighting, warlike
guiso   dish, plate of food (cooking)
guitarra   guitar
gustar   to be pleasing to, to like
gusto   pleasure;   **Mucho —** How do you do? Pleased to meet you;   **Tanto —** How do you do?

haber   to have (auxiliary verb)
habilidad *(f.)*   cleverness, skill

habitación *(f.)* room, dwelling
habitante *(m.)* inhabitant
habituado, –a habitué, accustomed to
hablar to speak
hacer to do, to make; — (buen) tiempo to be (nice) weather; — (calor) to be (hot); — mucho to be a long while ago; — poco to be a little while ago; — un viaje to take a trip
hacia toward, to
hachazo axe-blow, hack
hallar to find
hamaca hammock
hambre *(f.)* hunger; tener — to be hungry
hasta until; — luego See you later.
hay there is, there are (from haber)
hecho done (past participle of hacer)
helado ice cream
helado, –a frozen
hermano, –a brother, sister; hermanos brothers, brothers and sisters
hermoso, –a beautiful
héroe *(m.)* hero
herrador *(m.)* farrier
herradura horseshoe
hervir to boil, to seethe
hielo ice
hierba grass
hijo, –a son, daughter; hijos sons, children
hispanoamericano, –a Spanish-American
historia history
hoja leaf, sheet of paper
hombre *(m.)* man; ¡—! say! hey! man!
hora hour; ¿Qué — es? What time is it?
horda horde
horno oven
horrible horrible
hosco, –a dark, gloomy
hotel *(m.)* hotel
hoy today; — día nowadays, these days
hoyo hole in the ground

huelga strike (labor)
hueso bone
humano human
húmedo, –a wet, humid
humilde humble
humo smoke
humor *(m.)* humor, wit

ibérico, –a Iberian
idea idea
ideal ideal, notional
idioma *(m.)* language, speech
ídolo idol
iglesia church
igual equal
imaginario, –a imaginary
impasible unmoved, impassive
imperativo, –a imperative, command
imperioso, –a imperious, lordly
impersonal impersonal
imponente imposing, impressive
importante important
importar to matter
imposible impossible
incienso incense
incomprensible incomprehensible
incorporar to incorporate, to embody
indefinido, –a indefinite
indicar to indicate
indio Indian
indirecto, –a indirect
industria industry
infiltrado, –a infiltrated
infinitivo infinitive
influencia influence
información *(f.)* information
infundir to infuse, to inspire with
infusión *(f.)* infusion
Inglaterra England
inglés *(m.)* English (language), Englishman

inglés, –esa   English, of England
injusticia   injustice
inmóvil   immobile
inolvidable   unforgettable
insignia   badge, device
insistir en   to insist
instrucción (f.)   instruction
instrumento   instrument
insubordinado   insubordinate
insuperable   insuperable
interesante   interesting
interminable   interminable
intruso, –a   intrusive
inútil   useless
invadir   to invade
inventar   to invent
invierno   winter
invitar   to invite
ir   to go;   irse   to go away
irregular   irregular
Italia   Italy
italiano (m.)   Italian (language), an Italian
italiano, –a   Italian, of Italy
izquierda   left;   a la —   on, at or to the
   left

jamás   never
jardín (m.)   garden
jardincillo   little garden
jefe (m.)   chief, head, boss
jinete (m.)   horseman, rider
joven (m. or f.) (pl. jóvenes)   youth, young man
   or woman
joven   young
judío   Jewish
juego   game
jueves (m.)   Thursday
juez (m.)   judge
jugar (ue)   to play
juguete (m.)   toy

julio   July
junio   June
jurar   to swear, to take an oath

kilómetro   kilometer

la   the;   (f.)   her, you, it
lado   side
ladrillo   brick, tile
lago   lake
lámpara   lamp
lana   wool
lanzar   to throw, to hurl, to cast
lápiz (m.) (pl. lápices)   pencil
largo, –a   long
las   the;   (f.)   them, you
lástima   pity
latín (m.)   Latin (language)
latino, –a   pertaining to peoples who speak
   the Romance languages
lavar   to wash
le   him, to him, for him; you, to you, for you;
   to her, for her
lección (f.)   lesson
lectura   reading
leche (f.)   milk
lecho   bed, litter
leer   to read
lejos   far;   — de   far from
letra   letter;   hombre de —s   writer
letrero   sign
levantarse   to get up, to rise
ley (f.)   law
libertad (f.)   liberty
libro   book
licenciar   to license, to give a permit
lidiar   to fight
ligar   to bind, to tie
limitar   to limit, to be bounded by

limonada   lemonade
limonero   lemon tree
limpiar   to clean
lindo, –a   pretty
línea   line
lista   list, menu
literario, –a   literary
lo   it, him;   — contrario   the opposite;   — que   that which;   — mismo   the same thing
lobo   wolf
locura   madness, lunacy
locutor *(m.)*   announcer
lodo   mud
Londres   London
lomo   back (anatomy)
loro   parrot
los   the;   *(m.)*   you, them
luchar   to fight
luego   then;   Hasta —   See you later.
lugar *(m.)*   place
luna   moon
lunes *(m.)*   Monday
luz *(f.)*   light

llamar   to call;   —se   to be named
llana   trowel
llano, –a   level, flat
llanura   flatness, plain (terrain)
llegar (gu) (a)   to arrive
llevar   to take, to carry, to wear
llover (ue)   to rain
lluvia   rain

madre *(f.)*   mother
madrileño, –a   person from Madrid, pertaining to Madrid

madrugada   early morning
maestro, –a   masterly, main, principal
magnífico, –a   magnificent
maguey   agave, century plant
mahometano   Mohammedan
maíz *(m.)*   corn
mal   shortened form of malo
maleta   suitcase
malo, –a   bad;   estar —   to be ill
mandar   to order, to command, to tell, to send
mando   command, order
manera   manner, way
manirroto, –a   wasteful, too liberal
mano *(f.)*   hand
mañana   tomorrow, morning;   por la —   in the morning;   de la —   A.M.
mañoso, –a   skillful, handy, cunning
mapa *(m.)*   map
máquina   machine
mar *(m.)*   sea;   — Cantábrico   Bay of Biscay
maravillar   to be amazed, to be astonished
maravilloso, –a   marvelous, amazing
marcharse   to go away
mariachi   Mexican band or musician
marina   navy, seacoast
marinero   mariner, sailor
mariposa   butterfly
mármol *(m.)*   marble
martes *(m.)*   Tuesday
marzo   March
más   more;   — de   more than
masa   mass
matricular   to register
mayo   May
mayonesa   mayonnaise
mayoría   majority
me *(v. obj.)*   me, to me
media   stocking
medicina   medicine
medieval   medieval
medir (i)   to measure
mejor   better, best

mencionar   to mention

menor   younger, youngest

menos   less, least, minus;   — **de**   less than; **por lo** —   at least

menudo   small, minute;   **a** —   repeatedly, often

mercado   market

mes *(m.)*   month

mesa   table

mesera   waitress

meter   to place, to put

metro   meter, subway

mexicano   a Mexican

mexicano, –a   Mexican, of Mexico

mezclar   to mix

mi, mis   my

mí *(prep. obj.)*   me

micrófono   microphone, receiver of a telephone

mientras   while;   — **que**   while, whereas

miércoles *(m.)*   Wednesday

mil *(m.)*   thousand

milla   mile

millón *(m.)*   million

mío, mía   mine

mirar   to look at

misa   mass

mismo   same;   **ahora** —   right now;   **lo** —   the same thing

mocetón, –a   a young, robust person

moda   fashion, style

modelo   model, example

moderno, –a   modern

modo   means, manner

monarquista   monarquist

montador   mounting block, one who mounts

montaña   mountain

montar   to mount, to climb on horseback, to amount to

monte *(m.)*   mountain

monumental   monumental

monumento   monument

moreno, –a   dark, brunette

morir (ue)   to die

moro, –a   Moor, Moorish

mosaico   mosaic

mostrar (ue)   to show

mostrador, –a   demonstrator, showcase

mover   to move

movimiento   movement

mozo *(m.)*   youth, lad

muchacho, –a   boy, girl;   **muchachos**   boys, boys and girls

mucho, –a   much, a lot;   —**gusto**   How do you do?   **hace** —   a long time ago

mudo, –a   silent, mute

muerte *(f.)*   death

mujer *(f.)*   woman

mula   mule

mundial   universal

mundo   world;   **todo el** —   everyone; **Nuevo** —   New World

muñeca   wrist, doll

muro   outside wall

musculoso, –a   muscular

museo   museum

música   music

musulmán   Mohammedan

muy   very

nacer   to be born

nación *(f.)*   nation

nacionalidad *(f.)*   national customs, nationality

nada   nothing

nadar   to swim

nadie   nobody, no one

naranjo   orange tree

nariz *(f.)*   nose

narración *(f.)*   narration

navegación *(f.)*   navigation

Navidad *(f.)*   Christmas

necesario, –a   necessary

necesitar to need

negativo, –a negative

negocio business, affair, negotiation

negro, –a black

nevado, –a snow-covered

ni nor, not; **ni . . . ni** neither . . . nor

nicaragüense Nicaraguan

nieto, –a grandson, granddaughter; **nietos** grandsons, grandchildren

nieve *(f.)* snow

niño, –a young boy, young girl

nivel *(m.)* level

no no, not

noche *(f.)* night, evening; **por la —** at night, in the evening; **de la —** P.M.; **de —** at night; **esta —** tonight

Nochebuena Christmas Eve

Nochevieja New Year's Eve

nombre *(m.)* name, noun

noreste *(m.)* northeast

noria chain pump, draw well

norma norm, standard, rule

normal normal

noroeste *(m.)* northwest

norte *(m.)* north

nos *(v. obj.)* us, to us

nosotros, –as we; *(prep. obj.)* us

nota grade

notar to notice, to take note

novecientos, –as nine hundred

novela novel, falsehood

noveno, –a ninth

noventa ninety

noviembre *(m.)* November

novillo young bull

nube *(f.)* cloud

nuestro, –a our, ours

nueve nine

nuevo, –a new; **Año —** New Year; **— Mundo** New World; **de —** again

numeroso, –a numerous

nunca never

nutrir to nourish

o or

obelisco obelisk

obra work

observar to observe, to watch

obtener to obtain, to get

océano ocean

octubre *(m.)* October

ocupación *(f.)* occupation

ocupar to occupy

ocurrir to occur, to happen

ochenta eighty

ocho eight

odiar to hate

odio hatred

oeste *(m.)* west

oficina workshop, office, bureau

oficio office, job

ofrecer to offer

oído hearing, ear

oír to hear

ojo eye, attention, care

ola wave, billow

olivo olive tree

once eleven

ópera opera

operación *(f.)* operation, action

oportunidad *(f.)* opportunity

opuesto, –a opposite

oración *(f.)* sentence

orden *(f.)* order; **a sus órdenes** at your service

oreja ear, hearing

organismo organism

organizar to organize

origen *(m.)* origin, source

original original

orilla side, bank, shore

oscilar to oscillate, to vacilate

oscuridad *(f.)* darkness

otoño autumn, fall

otro, –a other, another

ovación *(f.)* ovation

oveja sheep

pacer to pasture, to graze
paciencia patience
padre (*m.*) father; **padres** parents
pagar (gu) to pay
página page of a book
país (*m.*) country
paisaje (*m.*) landscape
paja straw
pala shovel
palabra word
palacio palace
palo stick, pole
pampa great plain, prairie
pan (*m.*) bread
pantalones (*m.*) pants, trousers
papa potato
papá (*m.*) papa, dad
papel (*m.*) paper, role, part
para for; ¿— qué? Why? For what reason? — siempre always, forever; estar — to be ready for or in the mood for
paraguas (*m.*) umbrella
paralelo parallel
parar to stop; —se to come to a stop, to stand
parecer to seem, to appear
pared (*f.*) wall
pareja pair
pariente (*m. and f.*) relative
parótidas parotid glands, mumps
parque (*m.*) park
parra grapevine
párrafo paragraph
parte (*f.*) part
participación (*f.*) participation
partida departure
partido game
partir to leave
pasado, –a past; la (semana) —a last (week)
pasajero passenger
pasar to pass, to spend, to go, to happen
pasodoble (*m.*) musical rhythm, kind of dance

pata foot and leg of an animal
patio patio
patria country
pausado, –a slow, deliberate, calm
pedazo piece
pedir (i) to ask for, to request
peinar to comb
película film
peligro danger
pelo hair
pelota ball
pena pain, sorrow
península peninsula
pensar (ie) to think
pensión (*f.*) boarding house, board
peón (*m.*) pedestrian, laborer
peor worse, worst
pequeño, –a small
perfectamente perfectly
perfumar to perfume
periódico newspaper
permanente permanent
permitir to permit, to allow
permiso permission; con — with your permission, excuse me
pero but
perro dog
perseguir to pursue a fugitive
persona person
personal personal
pertenecer to appertain to, to belong to
peruano, –a Peruvian
pesar to weigh; a — de in spite of
pescador (*m.*) fisherman
peseta peseta (Spanish monetary unit)
peso peso (Mexican monetary unit)
petróleo petroleum, oil
picador (*m.*) picador (in bullfighting), man on horseback armed with a sharp lance
picar to pierce, to sting
pie (*m.*) foot; a — on foot
piedra stone
pierna leg

pinar *(m.)* grove of pines
pingüino penguin
pintar to paint
pintor *(m.)* painter
pintoresco, –a picturesque
pirata *(m.)* pirate
piropo flattery, especially in flirting
piso floor, story
pista trace, footprint, track
pistola pistol
pizarra blackboard
planta plant, plantation
plantar to plant
plata silver
plátano banana
plato dish, plate
playa beach, resort area
plaza plaza, square
pluma pen
plural plural
población *(f.)* town
poco, –a little; pocos, –as few
poder (ue) to be able
poderoso, –a powerful, eminent
policía police
polo pole
polvo dust, powder
poner to put, place; —se to put on
popular popular
por for, by, through, for the sake of, over,
during, in, per, along; — ejemplo for
example; — eso therefore; — esto
for this reason; — favor please; —
la mañana in the morning; — la noche
at night, in the evening; — la tarde in
the afternoon; — último finally
por qué why; ¿por qué why?
porque because
porteño person from Buenos Aires
portugués, –esa Portuguese
posesivo, –a possessive
posible possible
potencia power

potro colt, foal
pozo well, pit
precio price
precioso, –a beautiful
precipitación *(f.)* precipitation
precolombino before Columbus
preferir (ie, i) to prefer
pregunta question
preguntar to ask (a question)
premio reward, prize
preparar to prepare
preposición *(f.)* preposition
presentar to introduce, to present
presente *(m.)* present tense
presente present
presidente *(m.)* president
prestar to lend
pretérito preterite tense
primavera spring
primero, –a first
primo, –a cousin
principal principal, main, most important
principio beginning
prisa haste; darse — to hurry, to hurry
up; ir de — to hurry along
prisión *(f.)* seizure, capture, prison
problema *(m.)* problem
proceder to proceed
producir to produce
producto product
profesor –a teacher, professor
profeta *(m.)* prophet
pronombre *(m.)* pronoun
pronto soon; de — suddenly
propina tip, gratuity
propósito proposition
prorrumpir to break forth, to burst forth
protagonista *(m. and f.)* protagonist
proteger to protect
provincia province
prueba quiz, test
publicar to publish
público, –a public

pueblo   town
puerta   door
puerto   port
pues   then, well
puesto   shop, booth, newsstand
pulque *(m.)*   pulque (Mexican liquor)
punto   point;   —s cardinales   cardinal points (of the compass — N.E.S.W.);   en — on the dot, sharp
puro, –a   pure

que   that, which, who;   ¿qué? what? ¿— tal?   How are things? How's it going?
quedar   to remain, to be left
quehacer *(m.)*   work, business, job to be done
quejido   complaint, groan
quemado   burned
quemar   to burn, to kindle
querer (ie)   to wish, to want
quicio   hook, hinge (of a door)
quien   who;   a — whom;   de — whose; ¿quién? who?   ¿a —? whom?   ¿de —? whose?
quince   fifteen
quinientos, –as   five hundred
quinto, –a   fifth
quitar   to take away, to remove
quizás   maybe

radio *(m. or f.)*   radio receiver
rampa   ramp
rápidamente   rapidly, fast
rápido, –a   rapid, fast
raro, –a   rare
raqueta   racket
rasgo   trait, stroke, dash, feature
razón *(f.)*   reason;   tener —   to be right

real   royal
recibir   to receive
recinto   precinct, district, enclosure
recoger   to gather
recordar (ue)   to remember
recorrer   to run over, to peruse, to mend
recto, –a   straight
rector, –a   superior of a community or establishment, rector, curate, president of a university
red *(f.)*   net, web
redondel *(m.)*   arena, circle
reducir   to reduce, to exchange
reflexivo, –a   reflexive
refrigerador *(m.)*   refrigerator
refugiar   to shelter;   —se   to take refuge
regalo   gift
región *(f.)*   region
regresar   to return to a place
reino   kingdom, reign
reír   to laugh;   —se de   to laugh at
rejón   long stick with a sharp point
rejoneador   bullfighter on horseback
rejoneo   bullfighting with a spear
relieve *(m.)*   relief, raised work
reloj *(m.)*   clock, watch
reñir (i)   to quarrel
renombrado, –a   renowned
repartir   to distribute, to divide
repaso   review
repente: de —   suddenly
repetir (i)   to repeat
repleto, –a   very full, replete
representar   to represent
resistir   to stand, to endure
respetuoso, –a   respectful
respirar   to breathe
resplandor *(m.)*   splendor, brilliance
respuesta   answer
restaurante *(m.)*   restaurant
resto   remainder, balance
resultado   result
resultar   to result from, to turn out

retirar to withdraw, to retire
retorno: de — on return
retroceder to go backward, to recede
reuma rheumatism
reunirse to meet, to get together
revista magazine
rey *(m.)* king
rezar to pray
rico, –a rich, wealthy
riego irrigation, watering
riesgo danger, risk, jeopardy
rincón *(m.)* corner, nook
río river
risa laugh, laughter
rival *(m. and f.)* rival, competitor
rocinante *(m.)* work horse, nag
rodear to encompass, to surround
rodilla knee, clout
rogar (ue) to beg, to pray
rojo, –a red
romano Roman
romper to break
ropa clothing
rostro countenance, human face
rubio, –a blonde
rueda wheel, roller, circle

sábado Saturday
saber to know
sacar (qu) to get out, to extract, to take out;
  — una nota to get a grade
sacrilegio sacrilege
sagrado, –a sacred
sala living room
salir to go out, to leave
saltito de pájaro birdlike hop
salto leap
saludar to greet
salvaje savage
sangre *(f.)* blood

sarampión *(m.)* measles
sartén *(f.)* frying pan
se oneself, himself, herself, itself, yourself,
  themselves, yourselves; to him, to her, to
  you, to them
seco, –a dry
sed *(f.)* thirst; tener — to be thirsty
segador –a mower, reaper, harvester
seguir (i) to follow, to continue
según according to
segundo, –a second
seis six
seiscientos, –as six hundred
selección *(f.)* selection
selva forest
sello seal, stamp
semana week; la — que viene next
  week; la — pasada last week
sembrar (ie) to sow, to plant
semilla seed
sencillo, –a simple, plain, natural
sentarse (ie) to sit down
señal *(f.)* sign, signal, token
señalar to point out, to show
señor Mr., gentleman, sir
señora Mrs., lady
señorita Miss, young lady
señorial majestic, noble
séptimo, –a seventh
ser to be
serenidad *(f.)* serenity, peace
serpiente *(f.)* serpent, snake
servir (i) to serve
sesenta sixty
setecientos, –as seven hundred
setenta seventy
setiembre *(m.) (also* septiembre*)* September
sexto, –a sixth
si if
sí yes
siempre always
sierra mountain range
siesta afternoon nap

siete   seven
siglo   century
siguiente   following
silla   chair
sillón *(m.)*   large armchair
simbólico, –a   symbolic
simbolizar **(c)**   to symbolize
sin   without
sinagoga   synagogue
sino   but, but rather
sirviente, –a   servant
sistema *(m.)*   system
sitio   place
situar   to situate
sobre   about;   **— todo**   above all, especially
sobrenombre *(m.)*   nickname
sobresalir   to exceed in height, to surpass
socio   member (of an organization)
soga   rope
sol *(m.)*   sun;   **Hace —**   It's sunny. The sun is shining.
solamente   only
soldado   soldier
soler **(ue)**   to be accustomed to
solo, –a   alone, unaccompanied
sólo   only
sombra   shade, shadow
sombrero   hat
sopa   soup
sordo, –a   deaf, silent
soroche   altitude sickness
sorprender   to surprise
sostener **(ie)**   to support, to hold up
su, sus   your, her, his, their
suave   smooth, soft, delicate
subir   to go up, to climb
sublevación *(f.)*   sedition, revolt
subsuelo   subsoil
suburbio   suburb
sucio, –a   dirty
sudeste *(m.)*   southeast
sudoeste *(m.)*   southwest
suelo   soil, ground, pavement

suelto, –a   swift, loose
sueño   sleepiness, sleep;   **tener—**   to be sleepy
suerte *(f.)*   chance, lot, fortune
suéter *(m.)*   sweater
suficiente   sufficient, enough
sufrir   to suffer;   **— una prueba**   to take a test
sujetar   to subjugate
sultán *(m.)*   sultan
superior   superior;   **escuela —**   secondary school
suplicar   to entreat, to pray, to beg
sur *(m.)*   south
surco   furrow
surtido   assortment, supply
surtidor –a   fountain
suyo, –a   his, hers, yours, theirs

tal   such;   **¿Qué —?**   How are things?
tallar   to cut, to chop
taller *(m.)*   workshop, laboratory
también   also
tan   so
tanto, –a   so much;   **— gusto.**   How do you do?   **tantos, –as**   so many
tapete *(m.)*   small carpet
tapia   mud wall, mud fence
tarde   afternoon, late;   **por la —**   in the afternoon;   **de la —**   P.M.;   **más —**   later
tarea   task
tarima   platform
taza   cup
te   you, to you
té *(m.)*   tea
teatro   theater
techo   roof, ceiling, shed
tedio   tediousness, tedium
tejar   to tile, to lay tiles (roofing)

tejedor –a weaver
tela cloth
teléfono telephone
televisión *(f.)* television
temblón, –a trembling
temer to fear, to doubt
templar to temper, to moderate, to cool
templo temple, church
temporada season, period
temporal temporary, temporal
temprano early
tendido row of seats (for the spectators at a bullfight)
tener (ie) to have; **— calor** to be hot; **— cuidado** to be careful, to take care; **— frío** to be cold; **— hambre** to be hungry; **— razón** to be right; **— sed** to be thirsty; **— sueño** to be sleepy; **— que** (+ infinitive) to have to (do something); **— que ver con** to have to do with; **— miedo** to be afraid
tenis *(m.)* tennis
tercer short form of **tercero**
tercero, –a third
terminar to finish, to end
término term, end, limit
ternero, –a calf, veal, heifer
terraza terrace, veranda, sidewalk tables
terreno land
territorial territorial
ti *(prep. obj.)* you
tiburón *(m.)* shark
tiempo time, weather; **hace buen —** the weather is good; **hace mal —** the weather is bad
tienda store, shop
tierra land
tío, –a uncle, aunt
tipo type, model, pattern
tirano tyrant
tirar to throw, to toss, to cast, to pull
tiro cast, throw, shot; prank
título title, name, headline

tiza chalk
todavía still, yet
todo, –a all, everything; **—os los** every; **— el mundo** everyone; **de —as partes** from all over; **sobre —** above all, especially
tomar to take, to eat, to drink
tonto, –a stupid, foolish
topografía topography
torazo large bull
toril *(m.)* place where bulls are shut up prior to a fight, bull pen
toro bull; **corrida de —s** bullfight
torpe dull, heavy, stupid, infamous
torre *(f.)* tower
tortilla omelet (Spain); kind of pancake (Mexico)
tostada slice of toast; open-faced meat tart (Mexico)
tostado, –a parched, sunburned, light brown
trabajador worker, workman
trabajar to work
trabajo work
tradición *(f.)* tradition
traducir to translate
traer to bring
tráfico traffic
traje *(m.)* dress, suit, costume; **— campero** riding outfit; **— de baño** bathing suit
tranquilo, –a tranquil, quiet
transformar to transform
tránsito passage, traffic
tranvía *(m.)* trolley car, streetcar
tras after, behind
trasladar to transport
tratar to treat on a subject, to trade
travieso, –a mischievous, restless
trece thirteen
trecho space, distance of time or place
treinta thirty
tren *(m.)* train; **en —** by train
tres three

tribu *(f.)* tribe
tribuna tribune, platform, rostrum, court
tripulación *(f.)* crew of a ship
tripular to man ships, to fit out
triunfante triumphant, exultant
triunfar to triumph
trompeta trumpet, horn
tropical tropical
trozo chunk, piece
tu, tus *(familiar)* your
tú *(familiar)* you
tumba tomb, grave
turbulencia turbulence, disturbance
turista *(m. or f.)* tourist
tuyo, –a yours

u or (used in place of **o** before words beginning with **o** or **ho**)
Ud., Uds. you (abbreviations for **usted** and **ustedes**)
último, –a last; **por —** finally
un shortened form of **uno**
único, –a only
uniforme uniform
unir to combine, to blend, to mix, to unite
universal universal
universidad *(f.)* university
uno, –a one, a, an; **unos, –as** some
usado, –a used, worn
usar to use
usted *(formal)* you; **ustedes** *(pl. formal and pl. familiar* in Latin America, *pl. formal* in Spain) you
útil useful

vaca cow
vacaciones vacation, vacation time

valenciano, –a Valencian, from Valencia
valer to be worth
valiente valiant, brave, courageous
valla fence, barricade
valle *(m.)* valley
vapor *(m.)* steam; **navegación a —** steamship
vaquilla heifer
vaquero cowboy, herdsman
variación *(f.)* variation
variado, –a varied
variar to vary, to change
varicela *(f.)* chicken-pox
variedad *(f.)* variety
vecino, –a neighboring, near
vecino neighbor, inhabitant
vegetación *(f.)* vegetation
vehículo vehicle
veinte twenty
vejez *(f.)* old age
vela sail
vena vein, blood vessel
vender to sell
venezolano, –a Venezuelan, from Venezuela
venir to come; **el (año) que viene** next (year)
venta sale, selling
ventana window
ventanilla small window, peephole
ver to see
veranear to pass the summer season
verano summer
verbo verb
verdad *(f.)* truth
verdadero, –a true, real, sincere
verde green
vergüenza shame
vestido dress
vestirse (i) to get dressed
vez *(f.) (pl.* **veces***)* time
viajar to travel
viaje *(m.)* trip; **hacer un —** to take a trip; **— de vuelta** return trip

vida life
viejo, –a old
viento wind, air; **hacer —** to be windy
viernes *(m.)* Friday
vino wine
violeta violet
visible visible
visitar to visit
vista view, sight
¡viva! long live! hurrah!
vivir to live
vocabulario vocabulary, dictionary
volante flying, unsettled
volar (ue) to fly
volcán *(m.)* volcano
voltear to whirl, to overturn
volver (ue) to return, to go back
voraz voracious, greedy

voz *(f.)* voice
vuelo flight
vuelta: de — on return
vulgar vulgar, common

y and
ya already, now; **— no** no longer
yacer to lie, to lie down
yo I

zapato shoe
zumbido humming, buzzing sound
zumo sap, juice

INDEX